Peter Demetz

DIKTATOREN IM KINO

Lenin – Mussolini – Hitler
Goebbels – Stalin

Paul Zsolnay Verlag

1. Auflage 2019
ISBN 978-3-552-05928-3
© 2019 Paul Zsolnay Verlag Ges.m.b.H., Wien
Satz: Gaby Michel, Hamburg
Autorenfoto: © Leonhard Hilzensauer / Zsolnay
Umschlag: Anzinger und Rasp, München
Druck und Bindung: GGP Media, Pößneck
Printed in Germany

DIKTATOREN
IM KINO

VORWORT

Manche Bücher sind Kinder des Augenblicks, andere haben eine lange Geschichte, und »Diktatoren im Kino« ist eines von ihnen. Ich war, mit acht oder neun Jahren (1930/31), ein früher Filmfan; zunächst mit meinem tschechischen Kinderfräulein Luise, die mich jeden Samstag zur Kindervorstellung ins Grand Kino oder ins Bio Královo Pole schleppte, und später als Gymnasiast, der mit fünfzehn oder sechzehn (1937/38) fast jeden Nachmittag im einem Kino verbrachte. In Brünn, der Hauptstadt Mährens (damals rund 250 000 Einwohner), war das nicht schwierig, denn die Stadt hatte 38 Kinos.

An manchen Sonntagen führte mich Fräulein Luise ins Varieté auf der Zeile (Na Cejlu), fast schon Vorstadt, aber doch nicht ganz. Im geräumigen Saal saß man an einzelnen Tischen, nicht in den üblichen Stuhlreihen, und zwar deshalb, weil man nach der Pause die Blickrichtung wechseln musste. Die Vorstellung begann (wie anno dazumal) auf einer Bühne, richtiges Varieté, Jongleure, ein Zauberer, der eine Dame verschwinden ließ oder ein Kaninchen aus dem Zylinderhut holte, aber dann wandte sich unsere Aufmerksamkeit dem anderen Ende des Saales zu, wo die Kinoleinwand hing, und die Filmvorstellung begann (zumeist Laurel und Hardy). Man trank auch etwas, Fräulein Luise bestellte mir eine Lesněnka (Waldperle), die grünlich im Glas schäumte und mit einem Strohhalm zu trinken war. Daran dachte ich, als ich ungefähr zehn Jahre später, im Spätherbst 1944, als Häftling in einem Gestapo-Transport für einige Wochen in der Brünner alten Strafanstalt landete, ehe der Transport nach Prag, ins Gefängnis Pankratz, weiterging. Die alte Strafanstalt lag genau gegenüber dem Varieté-Gebäude, und ich stand oft an den vergitterten Fenstern, blickte hinüber und dachte an die Lesněnka, grün wie die fernen Wälder.

Fräulein Luise kam aus einer tschechischen Familie in Alt-Brünn und führte mich gerne in die Vorstadtkinos, wo man nicht nur amerikanische Filme für Kinder zeigte, sondern auch historische Filme mit patriotischem Elan. Im Bio Královo Pole geschah es, dass ich den tschechischen Jubiläumsfilm über den heiligen Wenzel (1929) sah. Ich habe ihn nicht vergessen: Die Könige und Fürsten waren, nach den Hollywooder Gassenjungen, etwas Neues, die Kameraleute (ich habe das alles nachgesehen), Jan Stallich und Otto Heller, waren später international berühmt, die Musik war von Oskar Nedbal und Jaroslav Křička, Zdeněk Štěpánek vom Nationaltheater spielte den heiligen Wenzel, und in den Nebenrollen waren Václav Vydra oder die Berlinerin Dagny Servaes zu sehen.

Ich sollte hier hinzufügen, dass Fräulein Luise im Kino gerne weinte und mich, immer auf eigene Kosten und ohne Mama darüber zu berichten, ins billige Lido Bio und anderswohin mitnahm, wo ich Gelegenheit hatte, die neuesten tschechischen Filme zu sehen, ohne Untertitel, und mir die Gesichter der Stars einzuprägen, denn die gleichen Schauspielerinnen und Akteure, so schien mir, spielten immer dieselben Rollen. Ob der Film nun »Otec Kondelík a ženich Vejvara« (Vater Kondelík und Bräutigam Vejvara) oder anders hieß, der besorgte Vater war immer Theodor Pištěk (beleibt und mit Zwicker), die Mutter aus dem Volke Antonie Nedošinská, der komische Onkel Ferenc Futurista und die blonde Tochter, ob nun auf geraden oder ungeraden Pfaden, Anny Ondráková oder, ein wenig später, Věra Ferbasová. Das hatte seine Folgen. Als ich mit fünfzehn allein von Brünn nach Prag zu reisen begann, um die Schulferien bei Großmutter zu verbringen, wollte ich gleich auf meiner ersten Fahrt den eleganten Speisewagen besuchen, und wen sah ich dort? Theodor Pištěk und Frau Nedošinská, wie im Film, an einem Tisch bei Bier und Kaffee, und da setzte ich mich an einen Platz in ihrer Nähe, bestellte ein Schnitzel, opferte die Hälfte meines Ferientaschengeldes, und Großmutter beschwerte sich später telefonisch bei Mama, weil ich mit allzu wenig Geld angereist kam und die Prager mich finanzieren mussten.

Ein andermal flanierte ich am Brünner Bahnhof vorbei und sah, dass sich eine Menschenmenge um den Ausgang zu scharen begann. »Přijede Ferbaska!« (Die Ferbasová kommt!), und da war sie auch schon, die junge Diva, mit einem Rosenbouquet in den Händen, mitsamt ihrer Entourage, und ich konnte sagen, ich hatte sie gesehen, auf eine Entfernung von sechs oder sieben Metern!

Ich verzeichnete jedenfalls alle Kinobesuche in einem kleinen schwarzen Kalender und hatte in meiner Schulklasse nur einen Konkurrenten, der allerdings unter strengerer väterlicher Kontrolle stand. Sein Name war Körbel, noch mit Umlaut und nicht ohne, wie bei seiner entfernten Verwandten Frau Jana Korbelová, später Mrs. Madeleine Albright, US Secretary of State.

Der frühe Filmfan hatte keinen Grund zur Beschwerde. Das Angebot war wahrhaftig international. Die neuesten amerikanischen Importe, von der unvergesslichen »Broadway Melody of 1936« bis zur Charlie-Chan-Dedektivserie, standen unverzüglich auf dem Programm, und die Kinogeher, alt und jung, hatten die Wahl, ob sie tschechische, deutsche, österreichische, sowjetische, britische, französische oder italienische Filme sehen wollten. Die Regeln, nach welchen die Kinos ihre Programme gestalteten, waren nicht leicht zu entziffern, in den frühen dreißiger Jahren lebten Tschechen und Deutsche (einschließlich der vielen Sozialdemokraten) und Juden noch eher mit- als gegeneinander, und die Perspektiven von 1939 oder gar 1945 begannen sich erst allmählich abzuzeichnen. Jedenfalls spielten die vom Sokol, dem tschechischen Turnverband, verwalteten Kinos vorwiegend tschechische Programme oder ältere Hollywood-Importe (im Sokol-Stadion in der Kaunitzgasse sah ich Laurel und Hardy in »Fra Diavolo«). Die modernen Kinos in der Innenstadt pflegten die Internationalität, und von anderen Kinos, zum Beispiel dem Kapitol oder dem Central, erwartete man eher ein deutsches Repertoire – im Central war einmal die erste Verfilmung der »Dreigroschenoper« (1931) zu sehen, gedreht von G. W. Pabst nach Bertolt Brecht und Kurt Weill (Drehbuch u. a. von Béla Balázs), mit Rudolf Forster, Carola Neher, Reinhold Schünzel und Lotte Lenya in den Hauptrollen. Meine Eltern, eingeschworene Theaterleute, die nie ins Kino gingen, sprachen lange über diesen Film, den auch sie im Central gesehen hatten.

Im Kapitol erlebte ich mein erstes Abenteuer als Kino-Kavalier, eine pure Katastrophe, wenn ich ehrlich sein soll. Ich hatte für ein Mädchen aus der Tanzstunde und für mich Logensitze gekauft, aber sobald die Lichter ausgingen, überfiel mich eine unerklärliche Angst, ich fühlte, dass sich die Aufmerksamkeit aller Zuschauer gerade der Loge zuwandte, in der wir saßen, das Mädchen aus der Tanzstunde und ich. Ich war wie gelähmt, hatte nichts zu sagen, kaufte ihr in der Pause keine Schokolade (kein Taschengeld mehr), und als der Film zu Ende war, drehte sie sich an der Straßenbahnhaltestelle um und verschwand wortlos. Den Titel des Films habe ich aber über die Jahrzehnte hin nicht vergessen, »Königswalzer« mit Carola Höhn in der Hauptrolle (Sisi). Ich muss leider bekennen, dass ich den Namen des Mädchens aus der Tanzstunde nicht mehr weiß.

Ich war in den alten und den neuen Kinos zu finden, und mein eigentliches Problem war die Finanzierung, denn mein

Taschengeld reichte nicht aus. Ich begann zuerst meine nutzlosen Märchen- und Kasperlbücher zu verkaufen und dann so manches aus meines Vaters reichbestückter Bibliothek, vor allem aus den hinteren Reihen, wo die Lücken nicht gleich zu sehen waren; und ein verständnisvoller Antiquar in der Adlergasse war immer bereit, ein paar Kronen zu zahlen. Ich sah die sowjetische Jazzkomödie »Zirkus« (1936) im Moderna, und als ich ungefähr siebzig Jahre später mit Frau Professor Rimgaila Salys (Ph. D. Harvard, University of Boulder, Colorado) über russische Filme zu sprechen wagte, war sie erstaunt, dass ich »Zirkus« (sie hat das beste Buch über Grigori Alexandrows Komödien geschrieben) fast unmittelbar nach Fertigstellung zu Gesicht bekommen hatte; mit dem berühmten jüdischen Schauspieler Solomon Michoels, der ein wenig später dem stalinistischen Terror zum Opfer fallen sollte, noch in einer repräsentativen Rolle.

Ich ging oft ins Dopz (das Gebäude gehörte der Gewerkschaft der Privatangestellten), und ich wusste damals nicht, dass es eigentlich ein historischer Ort war, denn im Café Biber, im ersten Stock, versammelten sich (wie heute eine Gedenktafel, allerdings im Inneren des Kinos, anzeigt) die emigrierten Theoretiker des deutschen und österreichischen Sozialismus, einschließlich Otto Bauer oder Julius Deutsch, ehe sie weiterwandern mussten. Das Programm des Kinos (seit 1935 Scala) war aber amerikanisch; ich erinnere mich an den »Prisoner of Zenda« mit Ronald Colman, und vor allem an »Modern Times«, Charlie Chaplins Protest gegen die Maschinenzivilisation, die den Menschen versklavt. Seltener ging ich ins Metro in der Neugasse, aber an einen Film erinnere ich mich ganz genau, und das war »Show Boat« (1936), die erste Fassung, die ich sogar zwei- oder dreimal sah. Meine Frau Paola, die diesen Film später, mit dreißig Jahren, im Nachtprogramm der Televisione Italiana bewunderte, war überrascht, wie genau ich die Namen der Stars und ihrer Songs rezitieren konnte, Paul Robeson mit seinem »Ol' Man River«, und ich erinnerte mich sogar an Charles Winninger als Captain Andy Hawks in seiner Theateruniform.

Für mich war, als ich fünfzehn war, das Kino Orania, nicht weit vom Glacis, das wichtigste, aber nicht weil es das älteste Brünner Kino war (es existierte seit 1910). Der Grund war ein anderer: Die Damen vom Einlass, alles ältere Jahrgänge in schwarzen Bürokitteln, waren in der Altersfrage sehr tolerant. Wenn die Kassierin nicht genug Eintrittskarten zur Nachmittagsvorstellung verkauft hatte, drückte sie ein Auge zu und ließ, zumindest um halb fünf, auch diejenigen von uns ein, die noch nicht das polizeiliche Alter von sechzehn erreicht hatten. In den frühen dreißiger Jahren war das Orania nicht mehr so elegant, wie es 1910 gewesen war; die ursprünglichen Fotografien zeigen Herren in Strohhüten und Damen in langen Toiletten vor dem Eingang und über dem Tor die Inschrift: »Das größte und vornehmste Kino-Theater Brünns«. Nun war es ein typisches Handtuch-Kino, schmal und lang, mit ein paar Klappstühlen entlang der Wand des Warteraumes (genau so, wie man es im Wiener Bellaria sehen kann, das sich seit 1912 nicht verändert hat) und einem Vorhang vor der Leinwand. Dort sah ich einmal eine deutsch-französische Koproduktion mit Hans Albers und Annabella, die, als Artistin, vor einem kleinen Garderobenspiegel saß und einen Augenblick lang ihre linke Brust entblößte, ein Aufnahme, die bei den Gymnasiasten der Halbfünfvorstellung das lebhafteste Interesse fand.

Die Geschichte selbst machte allerdings meiner Brünner Kino-Idylle ein rasches Ende, denn nach der Errichtung des Protektorats übersiedelte meine Mutter mit mir sogleich nach Prag, um Großmutter näher zu sein, und ich nahm mit dem Skaut am Karlsplatz und dem Juliš und Aleš am Wenzelsplatz vorlieb. Doch es war alles anders; und wenn ich mit meiner

Mutter in einem Park spazieren ging, musste sie ihren Judenstern an der Bluse durch eine große schwarzlackierte Handtasche verbergen.

Ich bin, meinem Berufe nach, zeitlebens (wie man so sagt) ein Literaturlehrer gewesen, der Bücher über Bücher, nicht Filme, schrieb, aber später riefen mir zwei Stimmen meine frühen Kinoerfahrungen ins Gedächtnis zurück und hinderten mich daran, meine kinematografische Jugend ins Anekdotische zu verdrängen. Die eine Stimme war die des Filmprofessors Robert Sklar, der die erste Soziologie des amerkanischen Films publizierte, und die andere die österreichische Schriftstellerin Ilse Aichinger, die mich in ihren Gedanken an Wiener Kinos daran erinnerte, dass auch ich (wie sie) der Mutter nach jüdischer Herkunft war und in gefährlichen Zeiten im Dunkel der Kinos Zuflucht gesucht hatte. Robert Sklar beharrte darauf (1975), dass es nicht mehr genügte, Allgemeinheiten über Filme und Regisseure zu notieren, und beobachtete den Aufstieg des Hollywoodfilms, zugleich mit einem ersten Publikum, den niederen und unbekannten Klassen, ökonomisch und soziologisch genau; und es war sein Verdienst, den Aufstieg des Films zur Massenunterhaltung und zugleich die Verwandlung Amerikas zu einer industriellen und städtischen Gesellschaft zu analysieren. Ich bekenne offen, dass ich Ilse Aichingers Gedankenskizzen, die sie in den Jahren 2000/01 publizierte, nicht allein als Filmkritiken las. Ich suchte die lebhaften und traurigen Erinnerungen an Wiener Gassen und Kinos, das kleine Fasankino (mitsamt der Zugluft, die durch die Vorstellung weht) und das größere Sascha-Palast-Kino; das junge Mädchen, das sich dem dunklen Plüschsessel anvertraut, während sie an die Großmutter denkt, die im Lager Minsk dahinstirbt, und ich im Skaut die Marx Brothers bewunderte und an meine Mutter in Theresienstadt dachte (seit Monaten ohne

Nachricht). Ich bin dankbar, dass mich Ilse Aichinger über Louis Malle, Max Ophüls und Terence Davies belehrte, aber es waren ihre atmosphärischen Erinnerungen an die Kinos (sie kennt den Unterschied zwischen dem Votiv Kino und der Bellaria genau), die mir im Gedächtnis blieben, und die Wahrheit einzelner Sätze, wie zum Beispiel: »Erinnerungen splittern leicht, wenn man sie zu beherrschen sucht.«

Ich begann an meinen Plänen fur ein zukünftiges Filmbuch zu zweifeln, als mir das Buch »Il cinema dei dittatori: Mussolini, Stalin, Hitler« (1992) in die Hände fiel, denn es war von Renzo Renzi, dem Regisseur und Essayisten herausgegeben, und ich las Vittorio Mussolinis lebhaftes Interview über seines Vaters Theater- (nicht Kino-)Leidenschaften mit staunender Aufmerksamkeit. Je mehr ich aber las und studierte, desto deutlicher regte sich mein Widerstand gegen diese informative Anthologie (34 Beiträge, aber nur vier über Hitler und fünfzehn über Stalin); und ich sagte mir, es müsste angemessener sein, das Ganze aus einem einzigen Blickpunkt zu schreiben. Ich dachte mir, dass die Auswahl dreier historischer Figuren nicht genügte, und dass gerade das Vielfache eine einheitliche Perspektive als wünschenswert herausforderte. Die Diktatoren und ihre Dienstleute, auf einer Bühne agierend und aus einem einzigen Blickpunkt gesehen – nur so war es möglich, Vergleiche anzustellen, Kontraste zu betonen und sachliche Unterschiede zu konstatieren. Deshalb hegte ich keine Zweifel daran, den ikonischen Diktatoren Lenin beizugesellen, der das Verhältnis von Staat und Filmwirtschaft streng regulieren wollte – obwohl er Fiktives nicht mochte (wie der Zar) – und industrielle und politische Lehrfilme bevorzugte; und auch Goebbels durfte in meiner Reihe nicht fehlen, denn ich vergaß nicht, wie er das Filmprogramm des Dritten Reiches diktierte, ein ums andere Mal als Autor oder Dramaturg in die Filmproduktion eingriff (wie der ältere Stalin), von seiner Affäre mit der tschechischen Filmschauspielerin Lída Baarová ganz zu schweigen. Das erste Ziel, das ich mir setzte, war es, eine genauere Chronologie zu definieren, denn die Sekundärliteratur erlag oft der Versuchung, den Rhythmus der Diktatorenherrschaft und die Filmgeschichte mehr oder minder gleichzusetzen. Die Historie der Diktatoren ist aber nicht eins mit der Geschichte der modernen Kinematografie, und selbst Lenin, der so wenige Spielfilme sah und stolz darauf war, ein »Barbar« zu sein, der nicht von der Avantgarde behelligt sein wollte, war 37 Jahre alt, als er in den Gesprächen mit seinem philosophischen Rivalen A. A. Bogdanow (in Finnland im Jahre 1907) darauf zu sprechen kam, der Film könnte »in den Händen der Massen« ein mächtiges Propagandamittel werden. Als er an die Macht kam, wurde er nicht müde, die darniederliegende Filmwirtschaft zu regulieren, und ein Wort, das er in einem Gespräch mit Volkskommissar Lunatscharski prägte (1922), »unter Genossen ist der Film die wichtigste der Künste«, erstarrte bald zu einem agitatorischen Schlagwort. Er wollte didaktische Filme, und nichts war ihm lieber als ein technischer Kurzfilm über (hydraulische) Torfgewinnung im Prozess der Elektrifizierung (1920), den er mit allen Mitteln seiner Macht propagierte. Nach dem dritten Schlaganfall (März 1923), als er den Regierungsgeschäften entsagte, sah er noch einige Filme auf dem Krankenbett, und die antireligiöse Komödie »Der Wundertäter« soll ihn erfreut haben.

Deutlicher noch als in Lenins Lebensgeschichte sind die kinematografischen Wendepunkte in der Biografie Stalins sichtbar. Servile Mitarbeiter bemühten sich, Stalin als Filmfreund seit jeher darzustellen, aber nichts weist darauf hin, dass der junge Leser und Revolutionär je ins Kino ging. Nicht zu übersehen, dass er im Frühling 1929 (mit 51 Jahren) zum ersten Mal drei prominente Filmemacher (Sergei Eisenstein, Grigori Alexandrow und E. K. Tissé) plötzlich telefonisch zu sich ins Büro beschied, um ihnen seine Meinung über ihren Film »Die Generallinie« (über die Kollektivierung der Landwirtschaft) zu erklären, Änderungsvorschläge zu machen und, aus politischen Gründen, den neuen Titel des Films zu diktieren, der von nun an »Das Alte und das Neue« hieß. Damit begann auch seine aktive Mitarbeit mit Hilfe der von ihm eingesetzten Filmfunktionäre (Schumjazki), seine Kollaboration an politischen Filmen wie »Tschapajew«, sein Interesse an den »Filmen für Millionen«, die Boris Schumjazki lancierte, und sein Vergnügen an den Jazzkomödien, vor allem »Wolga, Wolga«. Mit der Verhaftung und Hinrichtung von Schumjazki begann die dritte Wandlung – zum allmächtigen Filmzensor, der jeden bedeutenden Film inspizierte oder sogar, nach dem Selbstmord seiner zweiten Gattin, dem gesamten Politbüro in einem renovierten Raum des Kreml vorführte und im Detail diskutierte, ehe die neue Produktion, mit Änderungen, in die Distribution entlassen wurde.

Eine andere Frage, die ich zu beantworten hoffte, war jene nach Nationalität und Internationalität, oder wie die Regierenden bereit waren, die Filmproduktion jenseits ihrer Staatsgrenzen zur Kenntnis zu nehmen, und warum. Mussolini und die faschistische Diktatur sind in diesem Zusammenhang von besonderem Interesse; er war nicht nur einer der Ersten, der (wahrscheinlich gedrängt vom Analphabetismus im Lande) den Film, durch die Gesellschaft Luce (1924), als politisches Kommunikationsmittel zu nutzen suchte. Er war es auch, der staatliche Filminteressen Familienmitgliedern wie seinem Sohn Vittorio oder von ihm eingesetzten Funktionären wie Luigi Freddi, dem Generaldirektor des Filmwesens, anvertraute und sich dann mehr oder minder mit zeremoniellen Auftritten zufriedengab, während seine Delegierten Filme produzierten, Zeitschriften gründeten, die staatliche Filmschule organisierten und Cinecittà zu einem faschistischen Hollywood zu entwickeln suchten. Mit vierzig Jahren suchte Mussolini Einfluss auf das europäische Filmwesen zu gewinnen; ein Jahr nach ihrer Gründung (1925) verstaatlichte er Luciano De Feos Gesellschaft Luce, die später für die Wochenschauen verantwortlich war (in welchen Mussolini selbst, in vielen Kostümen, die Rolle des Stars zufiel), und beharrte darauf, De Feos neuer internationaler Organisation für das pädagogische Filmwesen ICE (Institut international du cinématographe éducatif, 1928–1937) ein Zentrum in Rom zu schenken. Vittorio, sein Sohn, trieb sich schon als Schüler mit seinen Freunden in den Mailander Kinos herum (wie die Polizei täglich an das Büro seines Vaters berichtete), liebte es, Fliegerfilme zu produzieren, suchte, vergeblich, zusammen mit Hal Roach eine amerikanische Produktionsfirma zu gründen, und seine Zeitschrift *Cinema* zog Nonkonformisten und Emigranten aller Schattierungen an: Giuseppe De Santis berichtete über die sowjetischen Jazzkomödien, und einer der Artikel erinnerte an die Herausforderungen eines Schriftstellers namens Franz Kafka. Luigi Freddi, ein früher Faschist, im Jahre 1934 zum Generaldirektor des italienischen Filmwesens bestellt, war zugleich mit Miloš Havel (dem Onkel des zukünftigen Staatspräsidenten) Mitglied der Jury der Venediger internationalen Filmfestspiele und gründete Institutionen, deren Bedeutung den Faschismus überdauerte. Er organisierte, nach Moskauer Beispiel, eine staatliche Filmschule, die eine ganze Generation berühmter Regisseure und Diven heranbildete, und eine Zeitschrift *Bianco e Nero* (1937–1951), in der Emigranten und Kenner des russischen Films zu Wort kamen. Als die alten römischen Ateliers einem Brand zum Opfer fielen, ließ er die neue Cinecittà erbauen, ein italienisches Hollywood, aber vom Staat betrieben. Die klassischen italienischen

Filme unmittelbar nach dem Zweiten Weltkrieg dokumentierten, welche Vorarbeit er geleistet hatte.

Ich wollte genauer wissen, welche Filme und Regisseure die Diktatoren bevorzugten. Goebbels erklärte bereits bei seiner ersten Konferenz (März 1933) als Kulturminister im Hotel Kaiserhof, er hätte Sergei Eisensteins »Panzerkreuzer Potemkin« und Irving Thalbergs »Anna Karenina« (mit Greta Garbo) als nachahmenswerte Beispiele gesehen, und nachdem er später noch fünfzehn oder sechzehn Sowjetfilme inspiziert hatte, fügte er hinzu, Wsewolod Pudowkin sei der Einzige, der an Eisenstein heranreiche. Goebbels' Lieblingsschauspielerinnen waren Greta Garbo und (vor der Machtergreifung) Marlene Dietrich (sein Chef war einer Meinung mit ihm), von den Hollywood-Schauspielern bevorzugte er Clark Gable und vermochte »San Francisco« und »Gone with the Wind« nicht genug zu loben. Goebbels hatte zum ersten Mal 1924 eine Notiz über einen Film (schwedischer, nicht deutscher Provenienz) in sein Tagebuch eingetragen, und in den dreißiger Jahren inspizierte oder »prüfte« er Filme fast jeden Abend mit dem Eifer eines Vorzugsschülers und suchte die besten US-Filme auch seinen Mitarbeitern vorzuführen – so oft, dass Hitler ihm (mitten im Krieg) untersagte, die vom Feind gedrehten Filme als Beispiele zu projizieren. Kein amerikanischer Film (Goebbels hatte zumindest drei Dutzend englischer und amerikanischer Filme geprüft) imponierte Goebbels mehr als »Mrs. Miniver«, dem es auf untheatralische Weise gelang, die Folgen des Luftkriegs für eine englische Familie darzustellen, aber alle Versuche, diesen Film in deutscher Weise nachzuahmen, schlugen fehl, denn sie akzentuierten das Dramatische und, zum Leidwesen Goebbels, nicht das Zivile.

Hitler, der noch später als Goebbels zum Film gekommen war (denn er wurde nicht müde, noch 1926 im zweiten Band von »Mein Kampf« gegen den sündhaften Film zu predigen), gab seine Gewohnheit, Filme mit Adjutanten oder Freunden, nicht zuletzt den Damen, zu konsumieren, bei Kriegsbeginn auf (um sich eher den Wochenschauen zu widmen). Hitler war kein Konsument theoretischer Interessen; er suchte sich eher selbst und entdeckte in Wallace Beerys mexikanischem Volkstribun Pancho Villa eine Figur, die er selbst gerne gewesen wäre – Goebbels ließ den Film »Viva Villa!« nicht zur allgemeinen Distribution zu, weil er ihn politisch zu gefährlich fand. Hitler hatte eine besondere Zuneigung zu den britischen Tories, und deshalb war »The Lives of a Bengal Lancer« einer seiner Lieblingsfilme, weil ihn das Verhältnis des Kommandanten zu seinem Sohn, dem jungen Offizier, an eine mythisch friderizianische Prototypik (der alte und der junge König) erinnerte. Im Gegensatz zu Goebbels oder Hitler war Stalins Kenntnis des internationalen Films eher bescheiden; ihn freute einmal ein Film mit Beniamino Gigli und Magda Schneider, aber das war auch alles. Er war eher darauf konzentriert, sich Gedanken über seine eigene Figur im Film zu machen, und entschied sich doch zuletzt gegen seinen Lieblingsdarsteller Micheil Gelowani (der ihn mit seinem georgischen Akzent an seine Herkunft gemahnte) und für Alexei Diki und seine fehlerlose russische Diktion. Stalin hatte, als Diktator und als Filmfigur, seine eigenen Probleme mit der Frage der Nationalität.

Kapitel 1

LENIN

1.

Als Lenin am 16. April 1917[1], einen Monat nach der Abdankung des Zaren Nikolaus II., aus seinem Schweizer Exil nach Petrograd zurückkehrte, wäre das Kino nicht die erste seiner Sorgen gewesen – hätte er nicht lange schon die Überzeugung gehegt, der Film, das neue technische Medium, sei vorzüglich geeignet, Arbeiter, Soldaten und Bauern über Politik und Arbeit anschaulich zu belehren und zur aktiven Teilnahme an der Revolution anzuspornen. Die Revolution der Bolschewiken (oder eigentlich ihr militärisch organisierter Putsch) vollzog sich Anfang November 1917 in den Zentren der Regierungsapparate in Petrograd und Moskau und hatte wenig Zukunft, wenn der Umsturz nicht die »Massen« für sich gewinnen konnte und mit ihnen diejenigen, die noch nicht lesen und schreiben konnten (drei von fünf Bürgern).

Die Frage war, wie man die politische Physiognomie der neuen Regierenden und Lenins Forderungen nach Frieden, Brot und Land in die noch fernhin umkämpften Regionen des Landes befördern könnte. Mitten in den Konflikten des Bürgerkrieges entstanden in vielen Provinzbahnhöfen »Agit-Punkte« (mitsamt Lesezimmer und Bildungsräumen), und die Armee organisierte »Agit-Züge«, die Redner und Propagandamaterialien in die Provinzen beförderten.[2] Ab Januar 1919 oblag es einer Spezialkommission der Exekutive der Sowjets (die unmittelbar an Lenin berichtete), Agit-Züge und Agit-Dampfer auszustatten und auszusenden. Der Agit-Zug »W. I. Lenin« fuhr, nach einer erfolgreichen Mission an der Kasan-Front, noch im Herbst 1919 nach Litauen und in die Ukraine, ihm folgten der Agit-Zug »Oktoberrevolution«, der Partei- und Regierungsdelegationen in die Provinzen beförderte, der »Rote Kosake« in Richtung Don und der »Rote Osten« mit Agit-Spezialisten für Fragen des Islam. Der Agit-Dampfer »Roter Stern« navigierte auf Wolga und Kama, mit N. K. Krupskaja, Lenins Gattin, als Repräsentantin des Volkskommissariats für Erziehung an Bord und hatte eine Kino-Barke im Schlepptau, die Raum für 800 Zuschauer bot. Der Bericht der Spezialkommission behauptete, in den Jahren 1919/20 hätten zwei Millionen Zuschauer den Filmvorführungen der Agit-Züge und Agit-Dampfer beigewohnt.

Am 8. November 1917 übernahm A. W. Lunatscharski[3] das Amt des Volkskommissars für Erziehung und fand sich so in der Rolle des Mit- und Gegenspielers Lenins in Sachen Film wieder. Lunatscharski war ein revolutionärer Intellektueller mit internationalen Interessen, ein Ästhet, Dramatiker und Drehbuchautor, immer bereit, Schriftstellern und ihren Freunden (oder Freundinnen) seinen amtlichen und persönlichen Schutz angedeihen zu lassen – umso mehr, als sein Volkskommissariat für alle Ausbildungsstufen zuständig war und zugleich für Fragen der Kultur und Aufklärung, einschließlich der Museen, der Theater und der Kinematografie. Er zählte noch vor der Revolution von 1905 zu den Bolschewiken, bewegte sich dann im Exil auf komplizierten philosophischen Umwegen (mehr Nietzsche und Ernst Mach als Marx) und war dann wieder, seit August 1917, in Lenins Gruppe zu finden; und während Lenin Essays über die Denker und Dichter der russischen Tradition, über Puschkin, Turgenjew und Tolstoi, geschrieben hatte und Beethovens »Apassionata« liebte, warf Lunatscharski seinen kritischen Blick auch auf Walt Whitman, Henri Barbusse, G. B. Shaw, Richard Wagner, Richard Strauss und Bertolt Brecht, der ihm (Lunatscharski sah die »Dreigroschenoper« in einer Berliner Aufführung)

A. W. Lunatscharski

den berühmten »Surabaya Johnny«-Song mit der Bitte vorlegte, ihn doch ins Russische zu übersetzen, auch für die Ehefrau, die Filmschauspielerin Natalja Rosenel.[4]

Das Dekret über die Nationalisierung der Filmwirtschaft vom 27. August 1919 war ein Schlag ins Wasser, denn die Filmproduktion war, aus Mangel an Material, fast zum Stillstand gekommen, und selbst die Gründung eines neuen Allrussischen Foto-und-Film-Departments (VFKO) innerhalb von Lunatscharskis Volkskommissariat vermochte die Lage nicht von Grund auf zu ändern. In Moskau hoffte man lange auf Lieferungen aus den Vereinigten Staaten, denn das Moskauer Film-Komitee hatte im Juli 1919 einen Vertrag mit dem italienischen Geschäftsmann Roberto Cibrario abgeschlossen, der sich anheischig gemacht hatte, Rohfilm und Projektionsmaschinen aus New York zu importieren – gegen Zahlung von einer Million Dollar, die das Moskauer Komitee allzu rasch bei der New York City Bank deponierte. Cibrario war ein Betrüger, und das Moskauer Komitee war genötigt, einen jungen New Yorker Advokaten namens Charles Recht zu delegieren, der die Anklage gegen Cibrario bei dem zuständigen New Yorker Gericht erhob. Cibrario entwich aus seiner luxuriösen New Yorker Wohnung (Central Park West) nach Italien, wo er sich in einer Villa an der ligurischen Küste feudal einrichtete, der Vorsitzende des Moskauer Komitees musste abdanken, aber das New Yorker Gericht war der Meinung, die Sozialistische Sowjetrepublik sei nicht berechtigt, Anklage bei einem amerikanischen Gericht zu erheben, weil die Sowjetrepublik und die Vereinigten Staaten noch keine diplomatischen Beziehungen etabliert hatten. Allerdings war es kein Zufall, dass man, von Moskau her, Charles Recht mit einer juristischen Aufgabe betraut hatte, denn dieser hatte sich schon in den Kriegsjahren, zusammen mit der Pazifistin und Feministin Fannie May Witherspoon und ihren Kolleginnen, im New Yorker Bureau of Legal Advice bemüht, Anarchisten, Radikale und Kriegsdienstverweigerer vor den Gerichten zu verteidigen und vor Deportationsbefehlen zu schützen, und war, ungeachtet seiner Jugend, der Rechtsberater des ersten inoffiziellen Repräsentanten der Sowjetunion Ludwig A. C. Martens, ehe Martens in die Sowjetunion zurückkehren musste. Martens übergab seine Agenda im Januar 1921 an Charles Recht und war selbst ausersehen, künftig den metallurgischen Sektor der Sowjetindustrie zu dirigieren.

Charles Recht[5] (geboren 1887) entstammte einer kleinen Judengemeinde im südwestböhmischen Ort Varvažov (noch 1941 deportierte die Gestapo Mitglieder der Recht-Familie nach Theresienstadt, woher sie nicht mehr zurückkehrten).[6] Recht gelangte mit seiner verwitweten Mutter im Jahre 1901 nach New York, wo er als Bibliothekar arbeitete, um sein Jura-

Charles Recht

Studium an der New York University zu finanzieren. Als junger Mensch hatte er noch vielseitige, wenn nicht gar widerstrebende Interessen, arbeitete für eine tschechische Hilfsorganisation in New York, trat als Schauspieler auf, übersetzte Dramen aus dem Tschechischen (Jaroslav Vrchlický und Jaroslav Kvapil), dem Deutschen (Ludwig Thoma) und dem Schwedischen (August Strindberg) und schrieb zwei Romane – »Rue with the Difference« (1924) und »Babylon on Hudson« (1932) – sowie eine Sammlung von lyrischen Gedichten und Erinnerungen, die noch unpubliziert im Archiv der New York University ruht.[7] Er kannte Eugene O'Neill, Sherwood Anderson, die Dichterin Edna St. Vincent Millay und war im Village in der radikalen Gesellschaft John Reeds und Max Eastmans zu finden. Seine Wendung vom Ästhetischen ins Politische vollzog sich in den letzten Kriegsjahren; er schrieb über die Konflikte und die Symbiose der Tschechen und Juden, schilderte in einem Essay in der Zeitschrift *The Public* die historischen Denkmäler Prags, einschließlich der Synagogen und des jüdischen Friedhofs in Prag; und bekannte sich in seinem Aufsatz »Past and Present« im *Menorah Journal* im Herbst 1918 zu seiner Sorge um das zukünftige Zusammenleben der Tschechen und Juden in der neuen Republik. Er setzte seine Hoffnungen in T. G. Masaryk, erklärte aber zugleich in einer Bemerkung, die eine neue Perspektive andeutete, es sei denkbar, dass (falls man in Böhmen ein Regime in der Art der russischen Sowjetregierung etablieren sollte) »die Juden gleiche Rechte und vollen Schutz genießen werden«.

Recht zögerte nicht lange, die Nachfolge Martens' anzutreten, und schon am 4. Juni 1922 publizierte die *New York Times* in ihrer Sonntagsausgabe ein ausführliches Interview mit Recht, der eben von einer längeren Reise in die Sowjetrepublik heimgekehrt war, und begrüßte ihn als »Anwalt« der Sowjetregierung. Er erklärte, drei Volkskommissariate hätten ihn in seiner Funktion bestätigt, hob aber besonders hervor, das Volkskomissariat für Erziehung hätte ihn beauftragt, »Hollywooder Filmleute zu finden«, die beim Aufbau der russischen Filmindustrie »Hilfe leisten könnten«. Das sah er als vordringlichste Aufgabe an, und es gelang ihm auch, Joseph M. Schenck (selbst in Russland geboren und bald Chef der United Artists), der die populärsten Filme mit Fatty Arbuckle und Buster Keaton produziert hatte, und seine Frau Norma Talmadge, eine berühmte Filmdiva, von der Notwendigkeit einer gemeinsamen Reise in die Sowjetrepublik zu überzeugen. Leider gelangte man nur nach Berlin (wo die Hollywooder im Hotel Adlon Logis nahmen), denn die Sowjetbehörden zögerten mit einem Mal, die Einreisebewilligungen für die kalifornischen Reisenden, zu denen auch ein technischer Experte zählte, zu erteilen.

Recht selbst reiste noch einmal nach Moskau und richtete am 16. Oktober 1922 ein persönliches und dringliches Schreiben[8] an den »Genossen Lenin«, und es ist nicht schwierig, seine Hoffungen, Enttäuschungen und seine Bitterkeit zu hören. Er bekennt, dass er es war, der Lunatscharski nahegelegt hatte, »amerikanische Kapitalien für die Entwicklung der russischen Kinematografie zu mobilisieren«, und er war einigermaßen stolz darauf, amerikanische Produzenten gefunden zu haben, die bereit waren, bindende Verträge zu unterzeichnen. Recht besteht darauf, Lenin immer wieder die Bedeutung der amerikanischen Kinematografie vor Augen zu führen; sie war die »viertgrößte« aller amerikanischen Industrien, arbeitete mit »enormen Kapitalien« und hatte, durch erzieherische Propaganda, einen bedeutenden Einfluss auf die Massen. »Zwanzig Millionen Menschen sitzen täglich in amerikanischen Kinos, und dieser Einfluss ist viel bedeutender als jener der Presse.« Rasche Entscheidung tat not; Recht sprach höflich genug von der Arbeitsüberlastung der Moskauer Behörden, aber er durfte nicht lange in Moskau bleiben, denn seine Anwesenheit in New York war notwendig, gerade im Interesse der Sowjetrepublik, deren Interessen er in Amerika repräsentierte.

Die Hollywooder hatten keine Gelegenheit mehr, das Sowjetkino finanziell und technologisch zu stützen, und während die Sowjetbürger amerikanische Filmimporte liebten (vor allem die Streifen mit Mary Pickford und Douglas Fairbanks), war das Volkskommissariat für Erziehung eher geneigt, mit der Internationalen Arbeiterhilfe (Clara Zetkin und Willi Münzenberg) zu verhandeln die zuerst die Hungernden in der Sowjetunion nähren wollte und dann durch ihr Filmbüro sowjetische Filme in den Westen und vor allem nach Deutschland importierte und als Gegenleistung Filmrohstoffe in die Sowjetunion lieferte. Die Gegenspieler Rechts (die er allerdings nicht kannte) saßen in Berlin selbst (nicht nur die Kommunisten, aber auch die Leute von der Ufa-Produktionsfirma, die gerne Geschäfte mit Moskau abgeschlossen hätte), und sobald sich im Jahr 1923 die Internationale Arbeiterhilfe und die russische Privatfirma Rus zusammengefunden hatten, um sowjetische Filme zu produzieren und in den Westen zu exportieren, war es mit dem Projekt Hollywood-Moskau, ehe es noch geboren war, zu Ende; und es war die Gesellschaft Mežrabpom-Rus, die Jakow Protasanow, Wsewolod Pudowkin und Lew Kuleschow finanzierte. Recht (gestorben 1965) blieb auf seinem Posten in New York und wurde dann, nach der Aufnahme regulärer Beziehungen zwischen Amerika und der Sowjetunion, neun Jahre nach Lenins Tod, durch russische Diplomaten abgelöst.

2.

Als Chef der Regierung (oder genauer, Vorsitzender des Rats der Volkskommissare) war Lenin konsequent bemüht, die parteipolitische Propaganda und Agitation, einschließlich des Films, genauer und im gesamtstaatlichen Maßstab zu lenken. Schon im November 1920[9] entwarf er Thesen über die staatliche Kontrolle jeder Propaganda und dachte (in These 8) an eine spezielle Verbindung von Vorträgen und Filmen. Ein Jahr später, am 16. Dezember 1921, richtete er eine Direktive an E. A. Litkens[10], einen der Stellvertreter Lunatscharskis, und forderte ihn auf, ein besonderes Komitee zu bilden, das sich mit staatlicher Propaganda beschäftigen sollte; in diesem Komitee sollten auch die Interessen des Außen- und Binnenhandels vertreten sein, und er setzte am nächsten Tag die entsprechenden Volkskommissariate davon in Kenntnis. Als der Bürgerkrieg zu Ende ging, wurde er noch dringlicher und richtete am 17. Januar 1922 eine neuerliche Direktive[11] die Filmwirtschaft betreffend nicht an Lunatscharski selbst und dokumentierte damit, dass er die bürokratischen Strukturen (noch) respektierte.

Lenins Direktive bezeugt auf ihre Art, wie chaotisch die Filmverhältnisse waren. Er forderte die Registrierung und Katalogisierung aller in der Sowjetunion gezeigten Filme und eine »definitive Proportion« der einzelnen Kinovorstellungen – Spielfilme, die immerhin ein Einkommen einbrachten, und aufklärende Filme unter dem Titel »Vom Leben der Völker in der Welt«, zum Bespiel über die Kolonialpolitik der Briten in Indien, die Arbeit des Völkerbundes, den Hunger in Berlin (Lenin hoffte, dass »Industrielle« oder private Firmen an der Herstellung dieser Dokumentarfilme interessiert wären). Er fügte aber hinzu, dass auch diese Filme zuerst alten Marxisten und Literaten vorgeführt werden sollten, um die Irrtümer der Vergangenheit zu vermeiden. Zuletzt forderte die Direktive, der Organisation des Kinowesens auf dem Land und im Osten besondere Aufmerksamkeit zu widmen, denn dort war Kino neu und politische Propaganda besonders wirkungsvoll.

Litkens war ein wenig jünger als viele seiner Genossen im Volkskommissariat, aber seine Antwort an Lenin blieb aus; mag sein, dass Litkens zu viele andere bürokratische Interessen im Wege standen oder dass er wirklich erkrankte. Anfang 1922 suchte er um Erholungsurlaub an, reiste auf die Krim und wurde auf einem April-Spaziergang in den Wäldern von Banditen ermordet.

Lenin war längst ungeduldig, schrieb schon Ende Februar 1922[12] an Lunatscharski und gab ihm zu verstehen, er möge ihn zu einem Gespräch aufsuchen. Einige Worte, die Lenin damals in dieser Konversation improvisierte, haben sich in historische Gemeinplätze verwandelt, von Freund und Feind durch die Jahrzehnte hin zitiert, genau und ungenau. Allerdings: Es war Lunatscharski, der in fast dramatischer Form von dem Gespräch berichtete und sich zu verbergen bemühte, auf die Fragen Lenins noch keine Antworten zu haben. Lenin fragte, welche Resultate seine Direktive erzielt hätte, und Lunatscharski antwortete mit einer ausweichend allgemeinen Übersicht über die Probleme der Filmwirtschaft (die im Jahre 1922 nur vier Filme produzierte), klagte über den Mangel an Kapital und das Fehlen qualifizierter Manager. Lenin antwortete ihm, er sei überzeugt, die Filmwirtschaft könnte bedeutende Profite erzielen, betonte wieder, eine definitive Proportion von Spielfilmen und didaktischen Streifen sei notwendig; und wenn man nur gute Wochenschauen und didaktische Filme hätte, dann könnte man auch die »unnützen« Spielfilme (über die war Lenin einer Meinung mit Zar Nikolaus) vorführen. Lenin war geneigt, Lunatscharski zu unterstützen, sprach davon, das Volkskommissariat könnte, wenn sich die Situation im Land bessere, mit finanzieller Unterstützung rechnen, um ein »gesundes Kino« für die Massen in den Städten und vor allem auf dem Land zu entwickeln. Lenin wollte keinen Konflikt mit dem Volkskommissar; im Gegenteil, er nannte ihn (die Genossen zitierend) einen »Schutzpatron der Künste« und vertraute ihm deshalb »lächelnd« an, der Film sei den Genossen »unter allen Künste die wichtigste«.

Lunatscharski zögerte nicht lange, Lenins »lächelnde« und intime Bemerkung als abstraktes Gesetz und ohne Frage nach Lenins enger Filmdefinition auszulegen und die Verteidigung des Volkskommissariats öffentlich fortzusetzen. Das Gespräch mit Lenin fand Ende Februar 1922 statt, und im Frühling und Sommer 1923 publizierte Lunatscharski zwei Artikel in der *Iswestija*, in welchen er Lenins intime Bemerkung als grundsätzliches Axiom zitierte – zur Verteidigung seines Volkskommissariats und zur Freude aller Filmfreunde überhaupt.[13] In seinem *Iswestija*-Artikel vom 29. April 1923 zitiert er Lenins Satz (»er sagte mir, und ich ließ andere seine

Worte hören«), um sich selbst und die Arbeit des Volkskommissariats zu verteidigen. Lunatscharski schiebt dabei die Schuld an den Unzulänglichkeiten der Filmwirtschaft auf die fehlende Finanzierung durch den Staat. »Wir haben nichts erreicht«, bekennt er offen, denn »das Machtzentrum (das Zentralkomitee der Partei), von dem die Menschenmaterialien und die Finanzierung abhängen, ist absolut taub.« Das Problem wird noch potenziert durch die unbewältigte Dezentralisation, denn zwei amtliche Organisationen, Goskino (Staatliches Organ der Filmwirtschaft) und Proletkult (Filmherstellung für die Arbeiterklubs) reklamieren Subventionen, und die Frage, wie sie verwaltet werden sollen, ist noch ungelöst. Lunatscharski spricht sich für eine relative Dezentralisierung aus, will die Autonomie der beiden Organisationen nicht antasten, empfiehlt aber eine einheitliche »Kasse«, welche die Gelder an die beiden Institutionen verteilt.

Vier Monate später, am 22. Juli 1923, fuhr Lunatscharski in einem zweiten Artikel in der *Iswestija* fort, sein Gespräch mit Lenin zu zitieren, allerdings nicht ganz genau, denn Lenin sagte, der Film sei die wichtigste Kunst »für uns« (die Genossen), während Lunatscharski »für Russland« schrieb. Er schönte nichts, denn er war sich bewusst, dass sich eben auch Leo Trotzki, damals Volkskommissar für das Militärwesen, in einem Essay[14] in der *Prawda* (12. Juli 1923) gegen die amtliche Filmpolitik gewandt hatte, die er »langsam«, »ungebildet« oder »einfach dumm« genannt hatte. Lunatscharski schwankt zwischen bitterer Selbstanklage und einem Ton der scharfen Gegenoffensive: »Leider steht es böse mit dem Kino«, und obwohl er sich bemüht hatte, »den Karren aus der festgefahrenen Lage zu ziehen«, arbeiteten »die staatlichen Organisationen schlecht«. Es sei hoch an der Zeit, Goskino und Proletkino zu vereinigen und jede weitere Dezentralisation der Filmwirtschaft zu verhindern.

Drei Jahre später war Lunatscharski eher geneigt, Farbe zu bekennen und Lenins besondere Filmdefinition nicht zu verschweigen. Er publizierte in der *Komsomolskaja Prawda* einen Essay[15], in welchem er den Motiven nachging, die Lenin bewogen haben mochten, dem Kino den ersten Platz unter den Künsten zuzuweisen, und betonte, dass Lenin in der Kunst »vor allem die große Kraft der Propaganda schätzte«, selbst wenn der stumme Film (der Tonfilm lag noch in der Zukunft) keine Worte hatte – das machte den Film noch nicht ärmer, denn auch die Musik war wortlos und vertraute auf Rhythmus und Lautmalerei. Entscheidender noch war, dass Lunatscharski selbst zwei Jahre später in seinem Buch[16] »Das Kino im Westen und bei uns« (1928) Lenins Definition des Films als die wichtigste aller Künste auf das wirklich Gemeinte zurückzuführen suchte – die Wochenschauen (oder das Bild der Nachrichten, wie sie die besten sowjetischen Zeitungen publizierten), Filme als »öffentliche illustrierte Vorlesungen über Fragen der Wissenschaft und Technologie« und zuletzt »Propaganda in Form von Spielfilmen oder Fragmenten des Lebens« durchdrungen von revolutionären Ideen. Allerdings hat die abstrakte Formel, nicht Lunatscharskis spätere und authentische Interpretation Lenins überlebt, gleichsam als ein in Marmor gemeißeltes Klischee, bei Genossen und Widersachern, bei Stalin, aber auch bei Mussolini und den italienischen Faschisten.

3.

Lenin war jedenfalls, in ästhetischen Fragen einschließich der Kinematografie, ein Konservativer und echter Sohn eines in den erblichen Adelsstand erhobenen Schulinspektors. Er setzte seine Hoffnungen eher auf den didaktischen und dokumentarischen Film, nicht auf Spielfilme – die waren gut genug, um Steuern einzubringen, die der Staat dann in die Produktion nützlicherer Streifen antireligiöser Polemik oder die Didaktik neuer industrieller Methoden zu investieren vermochte. Nicht zu überhören, dass Lenin im Gespräch[17] mit Clara Zetkin, Abgeordnete der KPD im deutschen Reichstag und Vorsitzende der III. Internationale, gegen jenen revolutionären Avantgarde-Eifer polemisierte, der dem Chaos Tür und Tor öffnete. Er behauptete fast stolz, ein »Barbar« zu sein, der es unmöglich fand, die Werke des Expressionismus, Futurismus und Kubismus als die höchste Manifestation des artistischen Genies zu betrachten. »Ich verstehe sie nicht«, so sagte er, »ich vermag mich nicht an ihnen zu freuen.« Die filmtheoretischen Diskussionen und Konflikte der verschiedenen bolschewistischen Gruppierungen, ob nun Lew Kuleschows Polemiken gegen das Theater, Dsiga Wertows »Kino-Auge« (zuletzt auf futuristische Ideen zurückgehend) oder die Ideen Wiktor Schklowskis, waren seine Sache nicht.

Auf widersprüchliche und konsequente Weise verbindet sich Lenins Interesse an der Funktion technischer Lehrfilme mit seinem Studium des amerikanischen Taylorismus oder des »Scientific Managements« der industriellen Arbeitsprozesse. Wie James G. Scoville überzeugend nachgewiesen hat[18], wandelt sich Lenins Einstellung zu Taylor und seinen (deutschen) Schülern im Verlauf der Jahre 1913 bis 1918 von Grund auf – spöttische Ablehnung zunächst, genaueres Studium und einstimmende Exzerpte aus den Schriften Frederick W. Taylors und seiner Kommentatoren[19] später, und im Frühling 1918, mit den Produktionsproblemen der eben geborenen Sowjetrepublik konfrontiert, die energische Empfehlung, das Taylor-System in der Sowjetrepublik zu adoptieren und, wenn nötig, amerikanische Ingenieure zu beschäftigen, welche die Praxis des Systems beherrschten.

Im März 1913 war Lenin in einem Artikel in der *Prawda* noch entschlossen, Taylors Ideen unter dem Titel »Ein wissenschaftliches System des Schwitzens« zu verspotten, als die jüngste Methode der kapitalistischen Ausbeutung, den Schweiß der Arbeit nach den strengen Regeln der Wissenschaft zu erzwingen. Im Jahre 1916 ging er allerdings daran, Taylors Buch »Shop Management« in einer deutschen Übersetzung (Berlin 1912) zu studieren, gefolgt von Rudolph Seuberts Darstellung des Taylorismus (Berlin, 1914) und Frank B. Gilbreths »Motion Study as an Increase of National Wealth« in den Annalen der Amerikanischen Akademie (1915). In seinen Exzerpten kommentierte Lenin Seuberts Bemerkung, das System sei »vorsichtig« und mit Rücksicht auf die amerikanischen demokratischen Methoden durchzuführen, mit drei energischen Rufzeichen, aber die Statistiken verfehlten ihre Wirkung nicht – die Produktion um achtzig Prozent gesteigert, die Kosten um dreißig Prozent gesenkt!

1918 hielt Lenin eine Ansprache an den Obersten Sowjet der Wirtschaft und empfahl, mit Rücksicht auf die Situation der Produktion, das System Taylors per Dekret und sofort zu adoptieren und amerikanische Ingenieure zu beschäftigen, und die Delegierten wussten nicht, dass sich Lenin in einem Traktat über die notwendigsten Aufgaben der Sowjetregierung zwei Tage zuvor von allen ideologischen Skrupeln pragmatisch gereinigt hatte (das Traktat wurde erst 1933 publiziert).[20] Die herrschenden Klassen, so schrieb er, hätten zwar durch die Anwendung des Systems ein »Surplus« an »Arbeit,

Kraft, Blut und Nerven« erzwungen, aber es war das letzte Wort der Wissenschaft, die Organisation der Produktivität betreffend, und musste deshalb in der Sowjetrepublik unverzüglich eingeführt werden, im Interesse der »nationalen Wirtschaft«.

Lenins Taylor-Studien und seine Exzerpte haben ihre besondere Bedeutung für sein Verhältnis zum Film, denn sie bestärkten ihn in seiner didaktischen Überzeugung, zwischen Arbeit und Film bestehe ein engeres Verhältnis, als seine Zeitgenossen glaubten, und lenkten seine Gedanken auf die Notwendigkeit, technologische Lehrfilme zum Vorteil der Wirtschaft zu produzieren. In seinen Exzerpten sind die Notizen über Zeit-Studien und seine Anmerkungen über Seubert nicht zu übersehen, und Gilbreths Arbeiten heben die Funktion der optischen Instrumente, welche die Arbeitsbewegungen registrieren, ganz besonders hervor[21], nicht nur den »Chronozyklografen«, der die Bewegungen im starken elektrischen Licht fotografiert, sondern auch die »Mikrobewegungsstudien«, in welchen eine registrierende Uhr vor jeden Arbeiter hingestellt wird, während seine Bewegungen auf einem Film festgehalten werden. Je mehr sich Lenin bewogen fühlte, das System Taylors zu akzeptieren, desto mehr war er auch davon überzeugt, alle Produktionsvorgänge durch didaktische Filme im Interesse der Produktivität zu fördern.

Lenin fand unter seinen Verbündeten wenig Sympathie für Taylors wissenschaftliche Zeit-Studien, aber sein persönliches und energisches Engagement für eine neue Methode der Torfgewinnung im Elektrifizierungsprozess der Republik (wesentlich für seinen Begriff des Kommunismus) war undenkbar ohne seine Idee von der Überzeugungskraft des technologischen Films. Torf als Heizmaterial war seit Peter dem Großen ein besonderer Zweig der frühesten russischen Industrie gewesen, aber in den späten Kriegsjahren gerieten die Repräsentanten einer antiquierten Hand-am-Spaten-Torfgewinnung mit den Moderneren in Konflikt, die überzeugt davon waren, Torf könnte durch hydraulische Kraft (also durch eine Form von Fracking) aus den Sümpfen gehoben und als Heizmaterial für die Elektrizitätsgewinnung verwendet werden.

Die Ingenieure Kirpitschnikow und Klasson wandten sich aus eigener Inititative an den damaligen Vorsitzenden der kinematografischen Abteilung des Volkskommissariats (1919) und überzeugten ihn, dass es notwendig sei, einen älteren Film über Torfgewinnung (noch hergestellt von einer Privatfirma) durch eine neue Produktion fortzuführen, welche die hydraulische Methode im Vergleich mit der mechanischen präsentierten sollte. Merkwürdig die Umwege, auf welchen Lenin von diesen Unternehmen erfahren sollte; das Volkskommissariat beauftragte den Kameramann J. A. Scheljabuschski damit, den Film herzustellen – zur gleichen Zeit weilte Maxim Gorki, ein Freund des Kameramannes, in Moskau, man sprach über das Projekt, und Gorki bemerkte, es sei gewiss von Interesse für Lenin, der leider, in diesem Falle, nur ungenügend informiert worden war.

Im Herbst 1920 war der neue Film fertig, und seine erste Vorführung fand am 27. Oktober 1920 im Swerdlow-Saal des Kreml statt.[22] Unter den Zuschauern befanden sich viele Technologen, darunter Ingenieur Robert Klasson, der schon 1893 bis 1895 an einem marxistischen Studienkreis teilgenommen hatte, in welchem auch Lenin und Frau Krupskaja zu finden waren (für die »Hydrauliker«), sowie Vertreter der altmodischen Hand-am-Spaten-Methode; dazu eine Gruppe von Regierungsmitgliedern und Funktionären, Lenin und Litwinow, aber auch Gorki und andere. Von den Filmleuten waren Leschtschinski (Volkskommissariat), der Kameramann, und der spätere Filmhistoriker Boltjanski anwesend. Die eine wie die andere Gruppe hatte ihre Chance, ihren technologischen

Standpunkt polemisch zu präzisieren, und Boltjanski schrieb später, das Anschauungsmaterial des Films selbst wäre für die harte Diskussion entscheidend gewesen, die noch in der gleichen Nacht in einem kleinen Kreis, in Gegenwart Lenins, fortgeführt wurde. Die Dozentin E. Drabkina war zwiespältiger Meinung; kein Zweifel, Lenins Interesse an der hydraulischen Torfgewinnung war berechtigt, aber »ästhetisch gesehen« war der Film »schlecht«, denn man sah allein »die Arbeit der Maschinen«, und »es gab dort kaum Menschen«. Lenin war anderer Ansicht: »Das Kino im Dienste der Technik, das ist eine große Sache«, soll er nach der Aufführung des Torf-Films gesagt haben.[23]

Kein anderer Film, weder ein politischer Agitations- noch ein Spielfilm, bewegte Lenin zu ungeduldigeren amtlichen Korrespondenzen und wiederholten Direktiven. Er war von Stund an ein Prophet der hydraulischen Torfgewinnung, sah ihre Bedeutung für die Elektrifizierung und die kommunistische Zukunft des Landes und richtete schon 24 Stunden nach Vorführung des Films ein Rundschreiben[24] über die Erfindung des Ingenieurs Klasson an den Allrussischen Kongress der Sowjets, die Industriegruppe Glavtorf und die Kino-Abteilung des Volkskommissariats, betonte »die primäre Wichtigkeit des Projektes für die Regierung« und sprach von der »gigantischen Bedeutung« der neuen Torfgewinnung für die Republik. Zwei Monate später (18. Dezember) improvisierte er die Skizze eines Filmpropaganda-Projekts und empfahl den Delegierten des 8. Allrussischen Kongresses, den Torf-Film zu sehen, und das taten sie auch, gemeinsam mit ihm, binnen 24 Stunden.[25]

Im Jahr darauf (1921) setzte Lenin seine ungeduldigen Bemühungen unbeirrt fort; am 20. Januar forderte er eine Kontrolle aller Vorführungen des Torf-Films und ordnete an, Glavtorf und die Kino-Abteilung des Volkskommissariats sollten ihm einen Zeitplan der Vorführungen vorlegen[26] (Leschtschinski, der Vorsitzende der Kino-Abteilung, antwortete eilends zwei Tage später), und am 9. April 1921 forderte Lenin die Herstellung von zwölf neuen Kopien des Films, der nun auch in den Zentren der Torfgewinnung gezeigt werden sollte, in den zentralen Regionen des europäischen Russland, der Ukraine, im Ural, in Weißrussland und in Sibirien[27], und richtete, als Vorsitzender des Sowjets der Arbeit und der Landesverteidigung, am 18. Mai eine amtliche Anfrage an die örtlichen Sowjets und wollte wissen, wo und wann der Torf-Film gezeigt worden war.[28]

Lenin wollte seine Filme pädagogisch, funktional und konservativ (wie die Künste überhaupt), und seine Ungeduld mit allem Spielerischen, Fiktionalen oder Experimentellen war unveränderlich. Selbst als Regierungschef war er nicht gewillt, Fragen der Filmpropaganda zu vernachlässigen, und intervenierte beizeiten quer durch die bürokratischen Apparate. Im März 1918 wollte er fünf Kopien eines Dokumentarfilms über Zar Nikolaus II. und zehn Kopien einer Chronik der Oktoberrevolution in die Vereinigten Staaten exportieren[29] und wohnte am 20. November einer festlichen Aufführung eines Films über den Triumph der Oktoberrevolution in Moskau im Kino Ars bei, das man ihm zu Ehren umbenannt hatte.[30] Er forderte die Büros auf, einen Film über die Öffnung eines Reliquienschreins für die antireligiöse Agitation zu verwenden[31], inspizierte Mitte Juli 1919 Fotos und Dokumente des Prozesses gegen die Minister der Koltschak-Gegenregierung[32], verlangte die Herstellung eines Films über diesen Prozess und musste vom Vorsitzenden der zuständigen Abteilung hören, die Vorräte an Rohfilm wären völlig erschöpft. Das Politische war sein erstes Element; er erhielt zwar eine Einladung, einen neuen Film über die notwendige Hygiene in der Kindererziehung zu sehen, aber es ist nicht bekannt, dass er dieser freundlichen Einladung der Regisseurin V. P. Lebedejewa je Folge leistete.[33]

Lenin selbst war indessen in Wochenschauen und Agit-Filmen zu einer wiederkehrenden Filmfigur geworden. Die erste Aufnahme (1917) stammte von dem prominenten Kameramann A. G. Lemberg, der noch für eine Privatfirma drehte[34]; seit 1918 war es vor allem E. K. Tissé, später Sergei Eisensteins Kameramann, der Lenin bei Staatsmanifestationen, Denkmalsenthüllungen und Kongressreden filmte, immer als Redner und Regierungschef, nicht als Privatmann. Tissé und andere Kameraleute bezeugen[35], dass Lenin bereitwillig und fast bescheiden auf ihre technischen Ratschläge einging; und er paradiert nie, wie später Mussolini, als Muskelprotz und auf theatralischen Balkonen durch ihre Aufnahmen. Im Januar 1922 schlug P. G. Wojewodin, damals Chef der Foto-Kino-Abteilung des Volkskommissariats, Lenin vor, einen biografischen Film zu kompilieren, aber Lenin, im Einverständnis mit Frau Krupskaja, lehnte das Projekt ab, ohne zu zögern, und er wäre mit Dsiga Wertows späteren »Drei Liedern über Lenin« (1934) ebenso wenig einverstanden gewesen wie mit den vielen anderen biografischen Filmen, die noch folgen sollten.[36]

Der Historiker A. M. Gak glaubt[37], dass der junge Lenin schon in seinem frühen sibirischen Exil (1897) die Kino-Artikel des Lokalblattes *Jenissei* mit Interesse las (er ging damals eher auf die feudale Jagd), aber für das Jahr 1908 sind seine Kinobesuche dokumentiert: bei einem kurzen Besuch in Capri zusammen mit Gorki[38], dem frühen Kinofreund. Wir wissen zwar, dass Lenin das Museo Nationale in Neapel besuchte und sogar den Vesuv bestieg, kennen aber nicht die Titel der Filme, wahrscheinlich waren es aber die frühen Pathé-Frères-Komödien mit dem berühmten Komiker Max Linder. Später, in Genf, war es die allabendliche Flucht aus dem gemieteten Zimmer[39]; »Wladimir Iljitsch verbrachte den ganzen Tag in der Bibliothek«, schrieb Frau Krupskaja in ihren Erinnerungen, »und abends wussten wir nicht, was mit uns anzufangen. Wir wollten nicht in dem kalten, unfreundlichen Zimmer sitzen, das wir gemietet hatten, und wollten unter Menschen sein. Allabendlich gingen wir ins Kino oder ins Theater, aber blieben selten bis zum Ende und brachen gewöhnlich in der Mitte der Vorstellung auf, um in den Straßen zu spazieren, gewöhnlich um den See.«

Genauer: Der erste Film[40], den Lenin und seine Gattin gemeinsam und vom Anfang bis zum Ende, nicht in Genf, aber Mitte Februar 1914 im Kinosaal des Hotels Union im Krakauer Exil sahen, war eine Version des Kiewer Beilis-Ritualmordprozesses (1913), der die öffentliche Meinung und die Journale weithin über die Ukraine, Russland und Polen erregt hatte. Lenin und seine Frau sahen noch nicht den berühmteren Film »Die Affaire Beilis«, der erst drei Jahre später mit berühmteren Darstellern in Umlauf kam. Maxim Gorki und Alexander Blok waren unter den vielen Intellektuellen, die gegen den Prozess protestierten (nicht Lenin), und der amerikanische Autor Bernard Malamud schrieb seinen Roman »The Fixer« (1966) mehr als fünfzig Jahre später.

Ein anderer Streifen, den Lenin und Frau Krupskaja gemeinsam und vom Anfang bis zum Ende sahen (1922), war der aus England importierte Spielfilm »The Land of Mystery«, der schon bei seiner Londoner Premiere (1920) einiges Aufsehen verursacht hatte, und nicht nur aus politischen Gründen.[41] Das Land der Mysterien war das revolutionäre Russland, und die Story stammte von Basil Thomson, Direktor des Nachrichtendienstes im Innenministerium, einem begüterten Mann, der seine Abneigung gegen den Bolschewismus nie verbarg und den Film aus eigener Tasche finanzierte. Der Regisseur Harold Shaw wollte Realismus und reiste zunächst mit seinem ganzen Team nach Berlin (wo die Spartakuskämpfe

*Lenins Frau
N. K. Krupskaja*

die Dreharbeiten verhinderten) und dann nach Kaunas (Litauen), das im Krieg schwere Zerstörungen erlitten hatte. Die Premiere des Films fand im eleganten Londoner Winter Garden vor einem illustren Publikum aus Politikern und Diplomaten statt, und ein anwesender Sowjetdelegierter alarmierte Leonid Krassin, den Volkskommissar für Außenhandel, der das Risiko auf sich nahm und eine Vorführung des Films in Moskau organisierte.

Die Moskauer Vorführung im Metropol-Kino fand, wie in London, vor einem prominenten Publikum statt; und Genossin Drabkina, die dort wieder anwesend war, notierte die Gegenwart der Uljanows, aber auch der Volkskomissare Krassin und Lunatscharski, alle in Mänteln und Pelzen, weil der Saal wegen des Kohlemangels nicht geheizt worden war. Es erwies sich rasch, dass der politische Film eher romantisch war; Lenow, ein junger Mann aus bester Familie (sein Vater besitzt

Tausende Leibeigene), fühlt sich zu einem Mädchen, immer in Bauernfolklore, hingezogen, aber Prinz Iwan, allerdings aus der Romanow-Familie, macht ihm das Mädchen abspenstig und schickt sie auf seine Kosten auf die Moskauer Ballettschule. Lenow, der importierte revolutionäre Bücher studiert, wandelt sich zum Revolutionär, der zuletzt Bomben fabriziert, und als er aus dem Exil zurückkehrt und die Revolution triumphiert, gelingt es der neuen Ballerina (gespielt von der in Brooklyn geborenen Diva Edna Flugrath), mit ihrem Prinzen ins Ausland zu entfliehen. Schwer zu sagen, ob Genossin Drabkina die Schlussepisode (Lenows Mutter, zaristischer Sympathien verdächtig, wird von den Bolschewiken erschossen, und er verfällt dem Wahnsinn) überhaupt sehen wollte, oder ob der Vorgang nicht längst geschnitten war; jedenfalls bezeugte sie, dass Lenin, der plötzlich begriff, dass Lenow (Lenin/Uljanow) auf seine Person gemünzt war, laut lachte, während die anderen einstimmten. So mag der Schluss des Films, den Frau Drabkina einfach »dumm« nannte, im allgemeinen Gelächter untergegangen sein.

Als Lenin seinen dritten Schlaganfall erlitten hatte (9. März 1923) und, halb paralysiert, der Teilnahme an der aktiven Politik entsagte, übersandten ihm seine Genossen aus den Filmorganisationen Goskino und Sewsapkino (einer Organisation im Nordwesten des Staates) im Januar 1924 eine Reihe von neuen Filmen, zur Information und zum Zeitvertreib – ob und wie viele dieser Filme er mit Vergnügen oder Skepsis sah, ist eine ganz andere Frage. Jedenfalls ist es seiner Schwester Marija zu danken, dass sie eine Liste der neunzehn Filme kompilierte, die man ihrem Bruder übermittelte.[42] Mehr als zwei Drittel der Streifen sind Wochenschauen und Chroniken, zum Beispiel eine über »England«, andere über »Die rote Front« (Regisseur: Lew Kuleschow), das Jubiläum der Oktoberrevolution, die »Konferenz von Genua«, einen In-

Lenin, seine Schwester Marija und sein Arzt

ternationalen Jugendtag, ein »Notizbuch« über Aviatisches, ein Film zum »Jubiläum der Armee Budjonnis« und andere. Die Liste der Spielfilme enthielt nicht mehr als drei politische Komödien: »Schlosser und Kanzler« (1923), eine Proletkino-Produktion »Kommandeur Iwanow« (1923), und wie sich herausstellte, soll Lenin noch in seinen letzten Tagen einigen Gefallen an der antireligiösen Komödie »Der Wundertäter« gefunden haben.

Allerdings ist es notwendig, Erinnerungen und Nachrichten über Lenin, den Filmfreund in Agonie, genauer und skeptisch zu prüfen, denn er selbst wollte oder konnte nichts mehr Genaueres sagen, und die Memoiren der ihm Nahestehenden widersprechen einander. Seine Frau ignoriert die ihm übersandten Filme und berichtet in ihren Erinnerungen, dass er lesen oder zuhören wollte, nichts über Kinematografie. Sie las ihm zuletzt und auf eigenen Wunsch zwei Geschichten von Jack London vor[43], und Lunatscharski bezeugt, dass man zwar einen Filmprojektor installierte und dass Lenin einwilligte, nach dem Abendessen mit seiner Gattin und seiner Schwester Filme zu sehen, aber, so fügt Lunatscharski hinzu, »die Filme freuten ihn nicht allzu sehr, er lachte oft ironisch, und mit einer herablassenden Geste«. Seine Reaktion war berechtigt, fährt Lunatscharski fort, denn Frau Krupskaja sagte, die ihm übersandten Filme wären »unter aller Kritik« gewesen.[44] Nur selten, so Lunatscharski, erregte eine Wochenschau oder eine »mehr oder minder revolutionäre Produktion« Lenins Aufmerksamkeit, und im Übrigen war er bereit, ein Stück Film zu sehen, wenn die Mitglieder des Haushaltes es so wollten.

A. Goldowin, damals Direktor der Goskino-Organisation, erinnerte sich, mit jenem Mechaniker gesprochen zu haben[45], den Goskino nach Gorki entsandte, um den Projektionsapparat zu bedienen. Der Mechaniker bezeugte, dass Lenin jeden Tag 200 bis 300 Meter Film sah (also ungefähr zehn oder fünfzehn Minuten) und dass ihm zwei Filme besonders gefallen hätten, eine Agitka aus dem Leben der Piloten »Auf Flügeln, aufwärts!« und eine Satire mit dem Titel »Eine lebendige Karte Europas« – das hieße allerdings, dass Lenin noch die Chance hatte, eine Arbeit des Filmpioniers Dsiga Wertow zu sehen, denn die »Karte Europas« war von ihm, und sein Kameramann, wie üblich, niemand anders als sein Bruder Michail.

Es wäre wünschenswert zu wissen, was Lunatscharski so durch den Kopf ging, als er von Lenins Gattin hören musste, dass die Wladimir Iljitsch übersandten Filme unter aller Kritik waren, denn der erste Spielfilm, der im Verzeichnis auftaucht, ist V. R. Gardins »Schlosser und Kanzler« (1923), gedreht nach einem Theaterstück von niemand Geringerem als Lunatscharski selbst, von ihm aber »Kanzler und Schlosser« benannt.[46] Das revolutionäre Russland ist, in diesem Film, ein nebelhaftes Norlandia, und die Polemik zielt gegen die Politik der Provisorischen Regierung oder gar einen sozialdemokratischen Protagonisten namens Frank Frei, der allerdings Kerenski ähnelt. Kanzler Frei will den Krieg gegen Gallikania fortführen, der dem Land nur Entbehrung und Verluste gebracht hat, die Arbeiterklasse schließt sich gegen ihn zusammen, und die wahrhaft sozialistische und unaufhaltsame Revolution beginnt unter Führung des Schlossers Franz Stark. Der Regisseur Gardin war bekannt für seine Verfilmungen klassischer Texte von Tolstoi bis Edgar Allan Poe, aber Frau Krupskaja mag nicht entgangen sein, dass der naive Film in der Öffentlichkeit nur negativen Widerhall gefunden hatte. Die *Prawda* schrieb am 13. Dezember 1923 (wie Peter Kenez bezeugt), dass der neue Film Gardins nur geeignet sei, die sowjetische Filmproduktion weithin zurückzuwerfen, und nichts weist daraufhin, dass Lenin auch nur einen Meter dieses Streifens gesehen hätte.

Frau Krupskaja war aber, im Hinblick auf die beiden anderen Spielfilme, die man Lenin zugedacht hatte, weniger kategorisch als in der von Lunatscharski bezeugten Konversation. Im Gespräch mit der Schwägerin Marija Uljanowa, die den Kranken pflegen half, und anderen Besuchern war ihre Meinung ein wenig milder, und spätere Kommentatoren waren davon überzeugt, dass Lenin die beiden antireligiösen Komödien, Alexander Rasumnys »Kommandeur Iwanow« (1923) und Alexander Pantelejews »Der Wundertäter« (1923), zumindest teilweise gesehen und seinen Angehörigen nicht verborgen hatte, dass er am »Wundertäter« mehr Gefallen gefunden hatte als an »Kommandeur Iwanow«.

Es ist leicht einzusehen, warum: Der Brigadier Iwanow[47] findet sich mit seiner Abteilung in ein friedliches Dorf außerhalb der Kampfzonen versetzt und wirft sein bewunderndes Auge auf die schöne Tochter des örtlichen Popen, die seinem Werben entschiedenen Widerstand entgegensetzt, wie sie es in ihrer Famile und in der Kirche gelernt hat. Der Kommandeur (in den Worten des Regisseurs) fühlt eine tiefe und ernste Liebe für sie, will sie heiraten, aber sie will nur von einer kirchlichen Hochzeit hören. Der Kommandeur verwandelt sich sogleich in einen klugen Redner, arrangiert eine Diskussion mit dem Popen über Sein oder Nichtsein Gottes, gewinnt das Argument und das schöne Mädchen, das sich mit ihm in einer zivilen Ehe vereint. Die Liebe triumphiert, und als der Kommandeur und seine Männer wieder an die Front marschieren müssen, folgt ihm seine Gattin nach, ohne zu zögern. Der Film wurde unter dem Titel »The Beauty and the Bolshevik« in Amerika gezeigt, und es ist kein Wunder, dass Lenin nicht zu seinen Bewunderern zählte, denn Filme, in denen das Erotisch-Intime das revolutionäre Element überspielte, waren ihm zuwider. Der Regisseur Alexander Rasumny versuchte seinen Film noch in einem Gedenkbuch (1975) zu verteidigen und darauf hinzuweisen, »wie attraktiv der Film war, schon wegen des zeitgenössischen Materials ... und der ironischen Tonart im Allgemeinen, sehr zum Vorteil einer Kinokomödie«, aber vergebens.[48]

Den häuslichen Zeugen zufolge war es eher Alexander Pantelejews »Wundertäter«, der Lenins Beifall fand, zumindest vom Standpunkt der nützlichen Propagandatechnik aus gesehen. »Der Wundertäter«[49] ist ein junger Leibeigener namens Eremej Misgir (Pjotr Kirillow), der schalkhafte Streiche liebt und von seiner Herrin zur Armee kommandiert wird. Er landet in St. Petersburg beim Garderegiment (sein Kommandeur ist ein Bruder des Zaren), bleibt aber immer munter und heiter im Dienst. Eines Tages aber kommen üble Nachrichten aus seinem Dorf; die Kuh der Familie ist dahin, und seine Braut Dunja (Elena Tumanskaja) wird von einem Mann aus dem Kaufmannsstand heftig umworben. Da ist Eremej traurig, und als er Wache bei der berühmten Mutter Gottes von Kasan hält, nimmt er einen edlen Stein aus ihrem Bild und behauptet dann, sie hätte ihm diesen geschenkt. Der Kirchenrat berät, was zu tun ist, und gelangt zum Ergebnis, das Wunder lieber zu bestätigen (und den Dieb zu belohnen) anstatt das Wunder und die Kraft der Mutter Gottes zu verneinen. Eremej darf in sein Dorf fahren, seiner Herrin fünfzig Rubel bezahlen, um Dunja freizukaufen, und Eremej und Dunja werden ein glücklich liebendes Paar. Lenin sah diesen Film als gelungenes Beispiel für einen gelungenen politischen Spielfilm; »genauso (sagte er, und wurde von Jemeljan Jaroslawski, dem Parteispezialisten für Atheismus, zitiert) müsste die antireligiöse Massenpropaganda verfahren, denn es ist notwendig, dass die Massen selbst ihre antireligiösen Schlussfolgerungen ziehen.«[50]

G. Boltjanski, Zeitzeuge und früher Filmhistoriker, bestätigt in seinem Buch über Lenin und Film (dem ersten überhaupt, 1925), dass Wladimir Iljitsch die ihm zuletzt übersandten Streifen »fast immer nur zum Teil« inspizierte, mit einer prägnanten »Ausnahme«, und das war eben der Film vom Wundertäter, den er »von Anfang bis Ende« gesehen hatte; und Frau Krupskaja bestätigte Boltjanski, dass ihm diese Komödie ohne Zweifel »gefallen« hatte, ganz im Gegensatz zu »Kommandeur Iwanow«.[51] Boltjanski gesteht, dass das Publikum und die Kritiker damals an diesem Film vorbeigegangen waren, ohne etwas Besonderes darin zu entdecken, und es war allein der »geniale Lenin«, der ihn ins Auge gefasst hatte. Der

Kritiker verheimlicht die Schwierigkeiten nicht, Lenins Urteilsmotive genauer zu definieren, glaubt aber zu wissen, dass in »Kommandeur Iwanow« die antireligöse Propaganda eher »zufälliger Natur« war, eben eine Episode, die in einen »romantischen (er hätte genauer sagen können, erotischen) Inhalt« eingeflochten war – im »Wundertäter« war das Antireligiöse in »einfacher und unterhaltender Form« gestaltet und besaß deutlichen »Klassencharakter«, der »Dorfjunge gegen die ganzen Herrschaftsschichten«, Leibeigenschaft, Armee, Kirche und Zar. Ob man, wie Lenins Schwester, vom »Wundertäter« als einem »Lieblingsfilm« Lenins sprechen darf, ist eine andere Frage, und Denise J. Youngblood hat ganz recht, das Wort in (fast ironische) Anführungszeichen zu setzen.[52]

Robert Sklar war der Meinung, dass in Amerika das Kinopublikum zunächst den arbeitenden Klassen entstammte, während Angehörige der gebildeten Mittelschichten das Kino fast zwanzig Jahre lang mieden, und seine soziologische Analyse mag ihre Gültigkeit weit über Kalifornien und New York hinaus haben. Maxim Gorki, ein junger Prolet, besuchte schon am 3. Juli 1896 eine Kinovorstellung im Aumont Café in Nischni Nowgorod, sah Lumières »bewegte Photographien« und staunte über die Pariser Karossen, Spaziergänger und den unvermeidlichen Eisenbahnzug, der plötzlich anhielt. Lenin war 37 Jahre alt, als er, in Finnland im Jahr 1907, zum ersten Mal Probleme des Films diskutierte[53] und seinem Gesprächspartner Alexander Alexandrowitsch Bogdanow erklärte, dass der Film im Besitz »schäbiger Spekulanten« nur Übles zeugen, in den »Händen der Massen« aber zu einem der »machtvollsten Mittel der Aufklärung« werden könnte. Der Ästhet und Künstler Lunatscharski wollte aus Lenins freundlicher Bemerkung, der Film sei für die Genossen die wichtigste aller Künste, mehr heraushören, als Lenin sagte – Lenin meinte ja nicht den Film im Allgemeinen, sondern den Film als Lehrstück, nicht als bloße Unterhaltung. Lenin sah wenige Spielfilme mit Interesse, von Anfang bis Ende vielleicht ein halbes Dutzend und selten aus eigener Initiative; vielleicht den über den Beilis-Prozess mit Frau Krupskaja, ganz gewiss nicht den englischen Import »Land der Mysterien« (nur auf Veranlassung des Volkskommissars für Außenhandel), und die beiden antireligiösen Komödien »Kommandeur Iwanow« und »Der Wundertäter« wurden ihm von den staatlichen Produktionsanstalten als Geschenk vorgelegt. Der Film, der ihn persönlich am meisten interessierte, war jener über die hydraulische Torfgewinnung im Prozess der Elektrifizierung des Landes, und kein anderer hat ihn je zu einem energischeren Engagement herausgefordert. Bedauerlich nur, dass er niemals einen jener Filme zu Gesicht bekam, die bald nach seinem Tod die Geschichte der bedeutenden Sowjetkinematografie begründeten: Eisensteins »Panzerkreuzer Potemkin« (1925), Pudowkins »Die Mutter« (1926) oder Dsiga Wertows »Der Mann mit der Kamera« (1929).

Kapitel 2

MUSSOLINI

1.

Benito Mussolini wurde am 19. Juli 1883 in einem kleinen Haus, das zur Dorfschule gehörte, in Dovia, Gemeinde Predappio (Romagna), geboren. Das Kind hatte seine Schwierigkeiten, sprechen zu lernen, und als Schüler war er bald ein renitenter Raufbold, den die friedfertigen Salesianer ihrer Anstalt verwiesen, bald wieder, nach eigener Angabe, ein braver Primus der Klasse, der den Lehrern gerne assistierte. Zunächst sah es so aus, als wollte er die Rolle seiner Mutter, der Dorflehrerin, übernehmen (sie war traditionell gläubig), um dann seinem Vater Alessandro zu folgen, dem Dorfschmied und Gastwirt, einem revolutionären Sozialisten und Agitator.[1]

Mussolini begann seine pädagogische Laufbahn als Hilfslehrer in Gualtieri, kombinierte seine ungezügelten Ideen, wie es sein Vater tat, aus Marx und den Anarchisten, und emigrierte, wie so viele junge Italiener, in die Schweiz und Frankreich (1902 bis 1904), als Taglöhner, politisierender Bohemien, Arrestant und Deserteur. Einer allgemeinen Amnestie folgend, kehrte er nach Italien zurück, diente seine Militärzeit ab und ging dann von neuem und allen Ernstes daran, seine pädagogische Karriere zu fördern. Er studierte Französisch und Deutsch, legte die Französich-Prüfung mit Erfolg ab (das brachte den Titel Professore), nicht so die deutsche (obgleich er interessante Essays über August von Platen, Klopstock, Schillers Frauenfiguren in »Wilhelm Tell« und Nietzsche publizierte).[2] Im Frühling 1906 begann er wieder zu unterrichten, übte sich aber zugleich als Zeitungsschreiber, und begab sich dann ins k. u. k. österreichische Trient/Trento, wo er das sozialistische Wochenblatt redigierte und, für kurze Zeit und zukünftige Konflikte antizipierend, in der patriotisch-nationalen Zeitschrift Cesare Battistis *Il Popolo* hospitierte (Battisti wurde im Krieg von den Österreichern als Hochverräter gehenkt).

Um 1910 war es allerdings deutlicher denn je, dass der junge Mussolini seinen Erfolg in der Politik und als Journalist eher als im Schulzimmer zu suchen begann. Seine Verträge als Lehrer in Oneglia, einer katholischen Privatschule (Ligurien), und in Tolmezzo wurden, mit geradezu demonstrativer Regelmäßigkeit, nicht verlängert. Nachdem er zu seinem Vater zurückgekehrt war, um in seiner Gastwirtschaft in Forli zu arbeiten, und die Sozialisten im Ort ihn, als ihren Dorfsekretär, beauftragten, ihr Wochenblatt herauszugeben, das er stolz *La Lotta di Classe* (Der Klassenkampf) nannte, war die Entscheidung gefallen. Das gab ihm auch den Mut, mit Rachele Guidi (der aschblonden Tochter einer Geliebten seines Vaters) Anfang 1910 (ehe er sie in einer Zivilzeremonie im Dezember 1915 ehelichte) einen gemeinsamen Haushalt zu gründen; Edda, sein Liebling, wurde schon am 1. September 1910 geboren, Vittorio, der spätere Filmfan, sechs Jahre später, Bruno, der Pilot werden sollte, 1918, Romano, der zukünftige Jazzmusiker, 1927, und Anna-Maria, die ihr Leben lang an den Folgen ihrer Kinderlähmung zu tragen hatte, im Jahr 1929. Das Einkommen des Vaters war gering; er begann Prosa für den antiklerikalen Markt zu schreiben; einen Kolportageroman »Claudia Porticelli«, der Geliebten eines Kardinals; eine Geschichte über den Kronprinzen Rudolf von Mayerling und eine Monografie über den tschechischen Märtyrer Jan Hus, der auf dem Konstanzer Scheiterhaufen starb (ohne Kenntnis der Originalquellen allerdings ein verzweifeltes Unternehmen). Als Redakteur und Journalist war er jedenfalls erfolgreicher denn als Lehrer; er traf den Ton, den seine Leserschaft hören wollte, genau und verdoppelte die Auflage seines Blättchens binnen zwei Jahren. Der historische Augenblick verhalf ihm zum Sprung von der Provinz auf die nationale Szene, denn als Italien gegen Libyen zu Felde zog (1911 bis 1912), war der revolutionäre Sozialist Mussolini gegen alle imperialistischen Abenteuer, und die Mailänder Sozialisten beriefen ihn auf den Posten des Chefredakteurs ihres weithin sichtbaren Blattes *Avanti* im industriellen Norden des Landes[3] (1. Dezember 1912).

In Mailand wandelte sich der provinzielle Revoluzzer mit den ungebügelten Hosen in den eleganteren Politiker, der sich gerne in der »Gallerie« und den besseren Lokalen sehen ließ. Während Rachele die Kinder hütete, fuhr der junge Mussolini fort, von anderen Frauen zu lernen – von Angelica Balabanoff[4], einer russischen Emigrantin, die ihn geduldig unterwies, in einer genaueren Marx-Lektüre fortzufahren, von Leda Rafanelli[5] (in Alexandria zum Islam bekehrt), die sich ihn zumeist skeptisch vom Leibe hielt, ihn aber zum Studium anarchistischer Autoren anhielt, und, vor allen anderen, von seiner langjährigen Geliebten Margherita Sarfatti[6], die aus einer begüterten venezianischen jüdischen Familie stammte und sich zu einer angesehenen Theoretikerin und Kritikerin der modernen italienischen Malerei und Architektur heranbildete, und nicht nur der Futuristen.

Solange Italien im Weltkonflikt für seine Neutralität optierte, fand es Mussolini nicht schwierig, als Sozialist zu agieren, aber sobald die Art und Weise dieser Neutralität fraglich zu werden begann, wollte er seine patriotischen Sympathien nicht länger verhehlen, legte sein Amt im Oktober 1914 nieder, wurde prompt aus der Sozialistischen Partei ausgeschlossen und gründete seine patriotische Gegenzeitung *Il Popolo d'Italia*, wahrscheinlich subventioniert von der Industrie (Fiat), von England und anderen kriegsführenden Mächten. Als Sol-

Margherita Sarfatti

dat durch ein vorzeitig explodierendes Schrapnell hinter der Front verletzt, war er als prominenter Patriot gemeinsam mit dem Avantgardedichter F. T. Marinetti und Ferruccio Vecchi, dem Kommandanten der Infanterie-Elite (Arditi), unter den Organisatoren der Konferenz von San Sepolcro (23. März 1919), welche die widerstreitendsten Ideologien auf einen gemeinsamen Nenner zu bringen suchte, um Italiens Gesellschaft und Staat zu erneuen – durch die Sansepolcristi oder die faschistische Partei.

In einigem Gegensatz zu seinem späteren Verbündeten Adolf Hitler, der seine Macht binnen Jahresfrist organisierte, agierte Mussolin viele Jahre lang, ehe er sich, nach vielen Kompromissen, Konflikten und Improvisationen in seinem Verhältnis zu Monarchie, Kirche, Staat, Armee und den rabiaten Provinz-Kommandanten der faschistischen Gruppen, als der mythische Duce der neuen italienischen Geschichte zu etablieren vermochte. Am 28. Oktober 1922 organisierten die Faschisten ihren »Marsch auf Rom« (Mussolini fuhr mit dem Nachtzug hin), und er bildete am 31. Oktober auf Einladung des Königs eine Regierung, in der er das Amt des Regierungschefs und zugleich die Funktionen des Innen- und Außenministers ausübte.

Sein Interesse an der Kinematografie beginnt sich allerdings erst nach dem »Marsch auf Rom« deutlicher abzuzeichnen und nachdem er vierzig Jahre alt geworden ist – nicht vor, sondern nach der Machtübernahme. Seiner Herkunft und seinem Training nach war er ein Journalist, Musik-Amateur (Violine) und Theaterfreund[7], der eher in den Provinzbordellen als im Kino zu finden war, und man darf sein Interesse an der Kinematografie in drei Perioden unterteilen, die sich voneinander unterscheiden, selbst wenn sie sich manchmal chronologisch überlappen – seine persönliche Anteilnahme[8] an den aktuellen Produktionen der Firma Luce (ab 1925), den Dokumentarfilmen und den Wochenschauen; seine Gewohnheit, in seiner neuen römischen Residenz, der Villa Torlonia, neue Filme als braver Familienvater im Schoße seiner Familie zu sehen[9] (1929/30); und die dritte, kompliziertere Epoche in einem neuen »Salon« eines kleinen Nebengebäudes im Park der Villa Torlonia, in der sich familiäre Gewohnheiten und neue amtliche Pflichten und Initiativen mischten (ab 1930). Dieser »Salon«[10], ursprünglich organisiert vom Institut international du cinématographe éducatif (ICE), war der eigentliche Ort, an dem der Duce und die faschistischen Filmexperten zusammenkamen, sein Sohn Vittorio, Luce-Chef Luciano De Feo und, ein wenig später, der Generaldirektor der Kinematografie Luigi Freddi, der seit 1934 die kinematografischen Unternehmungen des Ministeriums für Propaganda und Presse und dann des Ministeriums für Volkskultur repräsentierte.

Neue Institutionen begannen zu dominieren; die Filmfestspiele zu Venedig zeigten und prämierten neue Filme des In- und Auslandes, lebhafte Filmzeitschriften (*Cinema* und *Bianco e Nero*) diskutierten kritische und theoretische Ideen, eine nationale Filmschule (Centro Sperimentale) öffnete ihre Tore, und man gründete die Cinecittà als neues Zentrum der Filmproduktion. Die Frage ist nur, ob und welche dieser Entwicklungen auf die Initiative Mussolinis selbst zurückgehen, oder ob er sich nicht später darauf beschränkte, die neuen Institutionen für sich, den Duce und den faschistischen Staat, zeremoniell zu reklamieren.

2.

Luciano De Feo, ein junger römischer Jurist und Journalist[11] (geboren 1884), der aus einem liberalen Milieu kam und die Tochter eines Malers ehelichte, der in London lebte, begann sich in den frühen zwanziger Jahren für Fragen der Fotografie und des Films zu interessieren. Er fasste den produktiven Gedanken, dass der Film in einem Land, in dem noch ein Drittel der Bürger Analphabeten waren, eine wichtige pädagogische

Walt Disney mit seiner Frau Lillian und Luigi Freddi in Rom

Funktion haben könnte, und gründete eine kleine private Produktionsfirma, die wissenschaftliche und dokumentarische Lehrfilme herstellen sollte; und um sich den Rücken politisch zu decken, machte er einen General der Miliz zu seinem Teilhaber. Man mietete ein kleines Büro in der Nähe der Engelsburg und nannte die Firma Sindacato istruzione cinematografica (SIC), und nachdem De Feo bald mit Fragen der Distribution konfrontiert war, wandte er sich an seinen ehemaligen Studienfreund (und vielleicht ehemaligen Mit-Freimaurer) Marchese Raniero Paulucci di Calboli, der damals gerade zum Chef des außenpolitischen Kabinetts der Regierung Mussolini avanciert war.[12] Das sollte seine Folgen haben. Im Sommer 1924 fand in Neapel eine Ausstellung über die italienische Emigration statt, Mussolini war geladener Gast, der einer SIC-Filmvorführung im Freien beiwohnte. Er sah aber nicht nur einen biologischen Kurzfilm, sondern auch eine Reportage, in welcher er selbst der eigentliche Star war, denn die Veranstalter hatten, noch ehe Mussolini nach Neapel reiste, ein Kamerateam nach Rom entsandt, wo man ihn im Palazzo Chigi filmte und den Streifen dann unter dem Titel »Dove si lavora per la grandezza d'Italia« vorführte. Ein entscheidender Augenblick, denn Mussolini, auf dem Weg zur Alleinherrschaft, witterte die politischen Möglichkeiten, beauftragte den Senator de Michaelis, der die Emigrationsausstellung organisiert hatte, den Staat und halbstaatliche Organisationen an der Finanzierung der noch privaten Filmfirma zu interessieren. Mussolini selbst schlug vor, die neue Firma Istituto Luce zu nennen und trieb die Verwandlung der Privatfirma in eine öffentliche Institution durch rasche Edikte und Rundschreiben voran. Noch im November 1924 fand die erste festliche Luce-Filmvorführung statt. 5000 Zuschauer sollen den Kulturfilm »Aethiopia«, angeblich noch frei von kolonialer Ideologie, gesehen haben.[13]

Mussolinis Hand war bald überall zu spüren (ähnlich wie die Lenins, der den Film über Torfwirtschaft fördern wollte). Im Juli 1925 wandte sich der Regierungschef an fünf Ministerien und forderte von ihnen die Ausarbeitung eines Arbeitsplanes für die Distribution der Luce-Produktionen; am 7. Oktober des Jahres richtete er ein neuerliches Memorandum an die beteiligten Ministerien und bestätigte, dass sich das Istituto Luce den Interessen der staatlichen Kulturpropaganda zur Verfügung gestellt hatte, und am 11. Oktober verwandelte der Ministerrat amtlich und mit sofortiger Gültigkeit die Privatfirma in eine Institution des öffentlichen Rechts, das Anfangskapital wurde auf 2,5 Millionen Lire erhöht, und am 25. November 1925 bestätigte ein königliches Dekret das Istituto Luce als Einrichtung des Staates. Das Institut war dem Regierungschef Mussolini durch sein Presseamt untergeben; er war es jedenfalls, der über die Tätigkeit des Instituts zu entscheiden vermochte, und die Beschlüsse der Leitung (Generaldirektor De Feo) waren seiner Kontrolle unterworfen.[14]

Der ehemalige Lehrer und Agitator Mussolini hatte seine besonderen Gründe, die pädagogischen und politischen Luce-Produktionen besonders zu fördern, und als Luce im Jahr 1927 begann, aktuelle Wochenschauen herzustellen, die in 2000 italienischen Kinos als Vorspann gezeigt werden mussten, protestierte das Gremium der Kinobesitzer zunächst gegen die neue Art einer indirekten Besteuerung. Am Anfang arbeiteten die Wochenschauen noch, die Prädominanz Hollywoods auf ihre Art dokumentierend und durch Vermittlung von Randolph Hearst, mit aktuellen amerikanischen Materialien und popularisierten die Taten des heroischen Fliegers Lindbergh zugleich mit Aufnahmen, die den italienischen König bei einer Truppenparade zeigten. Binnen zwei oder drei Jahren intensivierten die Wochenschauen ihre faschistische Aktualität, und der Staatschef, oder Duce, funktionierte in der Wochenschau als ikonische Figur, welche alle Aufmerksamkeit monopolisierte. Mussolini zu Pferd, auf einem Motorrad, als neugebackener Pilot, als Redner, Erntehelfer (ohne Hemd), Militärchef, Diplomat oder, ganz im Gegensatz[15] zu Lenin oder Hitler, in Schwimmhosen am Strand von Riccione, wie die anderen Sommergäste auch. Sein Chefbutler bemerkte trocken, er sei zum ersten Filmstar der Firma Luce avanciert, und es war charakterstisch für seine Selbstinszenierung, dass seine liebste Bühne der Balkon des Palazzo Venezia war (unten die jubelnden Schwarzhemden und das übrige Volk). Ein Kameramann namens Vittorio Alberti war speziell damit beauftragt, die Balkonszenen zu drehen – der Duce mit vorgestrecktem Kinn, die Hände in die Hüften gestemmt.[16]

Innerhalb von zehn Jahr machte sich das nationale Istituto Luce daran, repräsentative Filme im Interesse der neuen imperialen Politik zu produzieren, und beauftragte Carmine Gallone mit der Herstellung des historisch-patriotischen »Scipione l'africano«.

Am 10. November 1937 legte Mussolini selbst, in Gegenwart hoher faschistischer Funktionäre, den Grundstein zum neuen Luce-Hauptquartier in Rom, hielt keine lange Rede, aber sein Bildnis (hinter einer Filmkamera) erschien riesig auf einer Mauer und darunter die Losung »Il cinema è l'arma la più forte«, die man ihm fortan als Leitgedanken seiner Filmpolitik zuschrieb.[17] Sein Sohn Vittorio behauptete allerdings, sein Vater hätte diese Worte nie gebraucht, und es ist nicht unwahrscheinlich, dass Vittorio seinen Vater davor bewahren wollte, als Imitator Lenins zu erscheinen, selbst wenn er Lenins Worte von 1922 militärisch akzentuierte.

Das Institut entwickelte Mussolinis innenpolitische Interessen, aber das war nicht genug. Sobald der Völkerbund, bei einer Konferenz in Basel, die zukünftigen Möglichkeiten einer internationalen Organisation zur Förderung pädagogischer Filme zur Diskussion stellte, trat Mussolini, durch De Feo, sogleich auf den Plan, konstruierte einen Organisationsplan, den der Völkerbund rasch akzeptierte; und Italien, weithin sichtbar, übernahm die internationale Organisation und die Kosten des Institut international du cinématographe éducatif (ICE), das bis zum Austritt Italiens aus dem Völkerbund (1937) seinen Geschäften und Publikationen nachging. Die italieni-

Mussolini legt den Grundstein für das neue Gebäude des Istituto Luce

sche Regierung stellte dem ICE die historische Villa Falconieri zur Verfügung[18], die Gründung wurde am 5. November 1928 in Gegenwart Mussolinis und des Königs gefeiert. Mussolini hielt eine kurze Rede, in welcher er, ganz im Geiste des Internationalismus, Italiens Bereitschaft betonte, zusammen mit dem Völkerbund, die »Kulturbeziehungen der Nationen durch neue Mittel« zu fördern. Und er rühmte die Kinematografie, die »unmittelbar zu den Augen sprach«, als die dritte große Erfindung nach dem Buchdruck und der Camera obscura, welche »ungezählte Möglichkeiten einer pädagogischen Zusammenarbeit im internationalen Maßstab eröffnete«.

De Feo war klug genug, das Institut in die nächste Nachbarschaft Mussolinis zu verlegen, und dort, in einem mittelalterlich anmutenden Nebengebäude der Villa Torlonia, wurden am 10. März 1930 eine Bibliothek, ein Filmarchiv und ein

Projektionsraum mit 450 Sitzen eröffnet. Dieser »Salon« war bald die Bühne familiärer und amtlicher Filmgespräche. Dienstagabend inspizierte Mussolini stets nur die neuen Luce-Journale und nicht die Spielfilme, die gezeigt wurden (er entschuldigte sich mit ophthalmologischen Problemen, die nicht erfunden waren, denn er litt an späten Symptomen einer Neurosyphilis).[19] Er blieb aber freitags am Abend, um, zusammen mit seiner Familie, Spielfilme zu sehen.

Der »Salon« hat seine eigene Geschichte – es ist die Epoche, in welcher sich Mussolini dem deutschen Faschismus immer mehr nähert und, in kriegerische Abenteuer verwickelt, seine Teilnahme an der Kinematografie (zur Zeit des Luce und in den frühen Jahren der ICE so intensiv) auf zeremonielle Auftritte reduziert.

3.

Nach sieben Jahren als Regierungschef wählte Mussolini die römische Villa Torlonia zu seiner und seiner Familie Residenz, amtierte im Palazzo Venezia (wo er seiner Geliebten Clara Petacci ein Boudoir einrichtete) und war im Übrigen darauf bedacht, die Rolle des arbeitsamen Familienvaters zu spielen, der viele Stunden täglich im Büro verbrachte und die Abende im trauten Familienkreis. Der fleißigste aller Diktatoren stand, je nach Jahreszeit, um sechs oder sieben Uhr auf, ging durch eine kleine Routine körperlicher Ertüchtigung und war dann an seinem monumentalen Schreibtisch zu finden, wo er die neuesten Zeitungen, die großen und die kleinen, studierte, aber auch die neuesten Polizeiberichte über Feinde und Freunde. Mittags war er zu einem frugalen Mahl zu Hause, arbeitete nachmittags wieder im Regierungsbüro, empfing viele

Besucher (darunter auch reisende amerikanische Filmstars wie Charlie Chaplin, Mary Pickford und Douglas Fairbanks) und verbrachte die Abende mit der Familie, ehe er kurz nach zehn oder halb elf ins Schlafzimer verschwand. Man hatte sich jedenfalls komfortabel eingerichtet: ein geräumiger Empfangssaal als Kino mit einer Reihe von Lehnstühlen ausgestattet, das Ehepaar Mussolini, die heranwachsenden Söhne, die im Saal herumtollten und zurechtgewiesen werden mussten, und mit ihnen Mitglieder des Haushaltes, die Köchin, die Haushälterin (die später entlassen wurde, weil sie auf Empfehlung Clara Petaccis angestellt worden war), der Chefbutler Navarra und nicht zuletzt die diensthabenden Polizisten.

Merkwürdig genug, dass Rachele Mussolini in ihren Erinnerungen an Benito niemals von einem gemeinsamen Kinobesuch berichtet, ehe sie sich, nach der Übersiedlung in die römische Villa Torlonia (1929), vor der Projektionsleinwand zusammenfanden. Mit Benito war sie früher immer im Theater zu finden, ob Varieté, Marionettentheater, Schauspiel, Operette oder Oper. Sie erinnert sich daran, mit Benito das historische Drama Sam Benellis »La cena delle beffe« (Liebe und mörderische Eifersucht im Florenz der Renaissance) gesehen zu haben[20], ehe er »gegen Ende der Vorstellung« von ihrer zukünftigen Ehe zu sprechen begann. Sie waren im Theater, als Benito die Nachricht von Gabriele D'Annunzio empfing[21], dass er nach Fiume aufgebrochen sei; und am 27. Oktober 1922 waren Rachele und Benito in der Operette im Teatro Manzoni in Mailand[22], um die »Lustige Witwe« zu sehen – aber nur um die politischen Widersacher in Sicherheit zu wiegen, denn mitten in der Vorstellung brach Mussolini zum »Marsch auf Rom« auf (mit dem Nachtzug). Rachele erklärt in ihren Erinnerungen auch, warum sie in Mailand so oft im Theater zu finden waren. Als Redakteur erhielt Benito Freikarten[23], obwohl er nicht unbedingt der dankbarste Zuschauer

Mussolini und seine Familie

war. Er liebte den Komiker und Mimiker Ettore Petrolini, lachte aber allzu laut, sparte nicht mit abfälligen Bemerkungen oder warf, nach alter Sitte, einen Schuh auf die Bühne, wenn ihm eine Szene nicht gefiel. Rachele versuchte seine Demonstrationen zu zügeln und war zufrieden, wenn er einschlief (wie in einer »Parsifal«-Vorstellung) oder gar, auf dem hinteren Sitz seiner Loge, eine ganze Aufführung schlafend ignorierte.

Mit den Kindern war das anders. Vittorio berichtet, dass man ins Kino ging; seine Mutter schwärmte von Lyda Borelli und redete oft von Rodolfo Valentino, für den wiederum die

Haushälterin geschwärmt hatte. Rachele selbst schreibt einmal[24] über einen Kinobesuch (1927) im Sportpalast in Mailand; auf dem Programm ein Film über das Leben Jesu Christi; im Publikum war auch die Königin-Mutter Margherita, die sie, die Gattin des Staatschefs (der ja in Rom residierte), und ihre Kinder zu einem Gespräch einlud. Rachele war enthusiastisch, was Vittorios amerikanische Filmprojekte betraf, freute sich sehr, dass Benito ihre Ansichten in dieser Hinsicht teilte, und versäumte nicht, über Vittorios Besuch in Hollywood und Washington zu berichten. Grotesk, dass der junge Romano, gerade am 25. Juli 1943, als der Große Rat der Faschisten Mussolini sein Misstrauen aussprach und dem Regime des Duce ein Ende setzte, nachmittags aus den Ferien in Riccione in der Villa Torlonia anrief[25] und seine Mutter, die um das Leben Benitos bangte, um die Erlaubnis bat, ins Kino gehen zu dürfen.

Ihr Gatte scheint ihre Filmneigungen nicht immer ganz geteilt zu haben: Als ein amerikanischer Journalist Rachele einen Fragebogen über ihre Lieblingsaktivitäten vorlegte, füllte ihn der Regierungschef selber aus (1938) und notierte, sie nähe gerne und sehe sich Filme an. Das war keine unproblematische Hausfrauen-Empfehlung, denn als ihn im August 1925 ein englisches Blatt[26] über die italienischen Volksmassen befragte, sagte er, laut *Daily Express*, mit diktatorischer Herblassung: »Sie sind dumm, schmutzig, arbeiten nicht hart genug und sind mit ihren kleinen Kinovorstellungen zufrieden.«

4.

Es ist nicht ganz abwegig, danach zu fragen, ob Mussolini sein Interesse am Film allein seiner obsessiven Selbstinszenierung oder seiner Familie verdankte, oder auch anderen Frauen, die seine intellektuelle Erziehung förderten. Nicht die Kosmetikerin Ida Dalser, die er später in ein Irrenhaus sperren ließ, obzwar sie ihren kosmetischen Salon verkaufte, um eine seiner Unternehmungen zu subventionieren, oder Clara Petacci, deren Schwester er, allerdings auf Druck ihrer Familie, als Filmstar namens Miriam di San Servolo zu lanzieren hoffte. Da sind noch andere: In der Schweiz begegnete der junge Mussolini intellektuellen Emigrantinnen verschiedener politischer Konfessionen[27], und Angelica Balabanoff (Mitarbeiterin Lenins und verheiratet mit einem italienischen Sozialisten) nahm sich des provinziellen Wirrkopfes an und lehrte ihn marxistische Philosophie. Sie war die Generalsekretärin der Zweiten Internationale und bitter enttäuscht, als er sich vom Internationalimsus abkehrte und Krieg zu predigen begann, in ihren Augen ein übler Verräter an der gemeinsamen Sache.

Leda Rafanelli, deren Gesellschaft Mussolini in den ersten Jahren seiner »Avanti«-Direktion suchte, bewunderte ihn, als sie ihn über die Pariser Kommune sprechen hörte, und war bereit, sein Leben durch philosophische Gespräche zu ändern, aber nicht unbedingt im Bett. Sie empfing ihn in ihrem Salon, oder man wanderte durch die abendlichen Straßen Mailands, korrespondierte in Briefen literarischer Beredsamkeit, hörte »Tristan« (er zum ersten Mal) und diskutierte Nietzsche und den russischen Anarchisten Kropotkin, über den ihre Meinungen wesentlich divergierten. Sie konvertierte in Ägypten zum Islam, blieb aber zugleich Anarchistin, breitete einmal orientalische Gewänder auf dem Diwan vor Mussolini aus, die er über seinen dunklen Anzug anzulegen versuchte. Sie wandte sich bald einem tunesischen Partner zu, porträtierte Mussolini in einem Roman »Incantamento« (1917, erschienen 1921) und starb 1971 in Genua.

Die jüngere Kunstkritikerin Margherita Sarfatti[28] hatte zweimal Gelegenheit, von neuen Filmtheoretikern zu lernen, aber sie war (ob sie es wusste oder nicht) Traditionalistin, und sie versäumte ihre Chance, auf die neuere Entdeckung des Films einzugehen, ehe sie in den dreißiger Jahren an eine amerikanische Zukunft für sich selber dachte. In den Vorkriegsjahren, und auch noch später, zählte sie zu den engsten Verbündeten des Futurismus, bewunderte Boccioni und Severini, aber Marinetti (ihr Gatte Cesare war sein Anwalt, der ihn gegen die Anklage der Pornografie verteidigte und den Prozess gegen den Staat gewann) war ihr letzten Endes allzu abstrakt und egotistisch. Und weder seine noch A. G. Bragaglias waghalsige Filmexperimente (1916 bis 1920) hinterließen Spuren in ihren Gedanken oder Schriften. Im April 1913 reiste sie nach London, hielt sich auf der Hin- und der Rückreise lange in Paris auf und erfreute sich dort der täglichen Gesellschaft prominenter italienischer Schriftsteller wie D'Annunzio und anderer Intelektueller. Unter ihnen war Ricciotto Canudo[29], ein Avantgardist, der den Film als sechste der hohen Künste, von ebensolchem Rang wie Musik oder Skulptur, entdeckt hatte und als ästhetische Synthese der Raum- und Zeitkunst feierte (zehn Jahre später kam der Tanz als hohe Kunst hinzu, und der Film wurde zur siebenten der hohen Künste erhöht). Margherita war damals nicht beeindruckt, auch nicht von seiner futuristischen Partnerin Valentine de Saint-Point, welche die Lust als kreatives Prinzip zelebrierte. In ihren langen Jahren als Kunstkritikerin, die sich bemühte, ihrer Novecento-Gruppe neuer Maler den bedeutendsten Rang in der faschistischen Kulturpolitik zu sichern (es gelang ihr nie ganz, die Futuristen auszuschalten), beschäftigte sich Margherita mit den hohen

Künsten der Malerei, Skulptur und Architektur und begann erst in den frühen dreißiger Jahren ihre Aufmerksamkeit auf den Film zu lenken.

Ihre beiden Essays im ICE-Journal, eher aphoristisch als systematisch angelegt, verraten einen Wechsel in der Richtung ihres Denkens und signalisieren zum ersten Mal und auf Umwegen ihren Entschluss, nach Amerika zu reisen, das klassische Land der Filme. Im ersten Essay[30] entwickelt sie Denkmotive basierend auf Canudo und Mussolini und behauptet, der Film beginne als optische Technik; und erst später interveniere der »menschliche Faktor« mit der Kunst der Story und der »szenischen Produktion«. Schade nur, dass das Kino so lange dem Theater verbunden blieb, und das in seiner sentimentalsten Form, der bürgerlichen Bühne; und es wäre hoch an der Zeit, meinte sie, dieser unglücklichen Verbindung entgegenzuwirken, und zwar »kinematografisch« in einer »fotogenetischen« Methode, und im Falle des neuen Tonfilms »phonogenetisch«.

Sarfatti zweifelt nicht im Geringsten daran, dass die ökonomische Bedeutung des Filmwesens in der Welt gleich hinter den ökonomischen Fragen der Kohle und des Getreidehandels rangiert, und sie nennt die Kinematografie, gleich nach der Presse (der vierten), die fünfte revolutionäre Macht (an Tiefe und Breite der vierten überlegen, so wie die bolschewistische Revolution in Russland der Revolution der Bourgeoisie 1789). Sie vergleicht das Filmwesen mit den Olympiaden der antiken Welt, die Einheit und Vielheit der Gefühle konsolidierten, Stadt und Land verbanden und einen einheitlichen Maßstab für Schönheit und Eleganz schufen, repräsentiert von Greta Garbo, Mary Pickford, Ramón Novarro, Rodolfo Valentino, John Barrymore und selbst der »deliziösen« Chinesin May Wong (wahrscheinlich wusste Sarfatti nicht, dass May Wong in Los Angeles zur Welt kam).

In ihrem zweiten Film-Essay in der ICE-Zeitschrift[31] fährt Margherita Sarfatti fort, vom historischen Übergang vom Stumm- zum Tonfilm zu sprechen, und warnt davor, sich dem Fortgang der Historie entgegenzustemmen und immer noch einen Kult der Stummfilmstars pflegen zu wollen. Heute sei »eine Flexibilität des Geistes« vonnöten, die anerkennt, dass der Film »eine Kunst des gesprochenen Wortes« repräsentiert. Im Stummfilm mag der Schauspieler notwendig ein Komödiant eher als ein Künstler gewesen sein, denn es war notwendig, dem Publikum jedes Detail verständlich zu machen, deshalb die Übertreibung jeder Geste, jeder Mimik, allen Ausdrucks. Es ist verständlich, dass man gelegentlich zu einem Kult der Stummfilmstars wie Lyda Borelli oder Francesca Bertini zurückkehrte, die zu ihrer Zeit als gute Künstlerinnen galten, selbst wenn sie das gesprochene, »das göttliche Wort« vernachlässigen mussten. Sarfatti zitiert zwei Beispiele, Chaplin und Pirandello, um deutlicher zu werden. Charlie Chaplin hatte gewiss recht, den Tonfilm zu meiden, denn sein furchtsamer Geist sagte ihm, dass noch kein Autor lebte, der ihm den angemessenen Text, der Leinwand würdig, liefern könnte. Ihr Gegenbeispiel ist Luigi Pirandello, der den deutschen Expressionisten Walter Ruttmann berief, um eines seiner Prosastücke zu drehen. Sarfattis Vorwurf, Ruttmann hätte in seinem »Acciaio« (1933) nur »die äußeren Manifestationen«, die »Szenerie und die Geste«, nicht das göttliche Wort getroffen, zeigt nur, dass sie die besondere Kunst Ruttmanns gründlich verkennt. Der Tonfilm-Autor, mit seinem Talent und seiner Intelligenz, bewegt sich in einer neuen internationalen Konstellation, denn sein wesentliches Wort muss die Übersetzung, die Synchronisation stützen, und Sarfatti nennt keinen Geringeren als Shakespeare, dessen Worte in jeder Version zu Lachen und Tränen provozieren, und sie fügt hinzu, dass heute George Bernard Shaw, Ferenc Molnár und Luigi Pirandello eine »ähnliche Kunst« beherrschten. Und nicht nur sie, die berühmten, sondern auch die Autorin der »Mädchen in Uniform«, deren wenige und wesentliche Worte sich noch jeder Synchronisation mit Erfolg gefügt hätten. Das ist ein großes und besonderes Lob für Christa Winsloe (geboren in Darmstadt), deren Namen sie nicht nennt.

Ein Jahr später befand sich Margherita Sarfatti auf ihrer Erkundungsreise in Amerika, nutzte ihre Chance, New York, Boston, Washington, D. C., Salt Lake City und Chicago kennenzulernen, begab sich nach Florida und Kalifornien (Hollywood, San Francisco) und unternahm sogar Abstecher nach Kuba und Mexiko.

Margherita war einst dem Regierungschef von Mailand in die Hauptstadt gefolgt und arbeitete als Schriftstellerin und Journalistin für den Duce, dem sie die Möglichkeit eröffnete, seine Zeitungsartikel, die zumeist sie schrieb, an die United Press und, seit 1931, an die Randolph-Hearst-Presse zu verkaufen und so auf die amerikanische Öffentlichkeit einzuwirken. Selbst bedeutende amerikanische Intellektuelle und Politiker waren damals noch der Meinung, Mussolini sei der einzige europäische Staatsmann, der Hitler an kriegerischen Abenteuern hindern könnte. Margherita korrespondierte mit dem Friedensaktivisten und Präsidenten der Columbia University Nicholas Murray Butler, mit der einflussreichen Journalistin »Missy« (Marie Mattingly Meloney, Nachbarin der Roosevelts in Hyde Park) oder war in Rom in Gesellschaft des US-Gesandten Breckinridge Long und seiner Gattin zu finden, die sie Theodore Roosevelt, Jr., einem Cousin des Präsidenten, vorstellten. Sie hatte gute Vorbereitungen getroffen, ehe sie sich entschloss, ihre Reise in die Vereinigten Staaten zu unternehmen. Sie selbst behauptete, eine Vortragsreise vorzubereiten, aber der Verdacht ist nicht von der Hand zu weisen, dass sie die Bühne ihres künftigen Exils inspizierte, falls Mussolini wirklich ein Bündnis mit Hitler suchen wollte und die antisemitischen Tendenzen des Faschismus triumphieren sollten.

Von Anfang März bis Juni 1934 reiste Margherita in Amerika und wurde freundlich aufgenommen und gefeiert. Sie hatte, wo sonst, eine Kabine auf der berühmten »Rex«, logierte in New York im Hotel Waldorf Astoria; und ein späterer amerikanischer Film »Cradle Will Rock« (1999), mit Susan Sarandon in der Rolle Margheritas, erinnert an jene merkwürdige Episode. Sie wurde zur Feministin, welche die Unabhängigkeit der amerikanischen Frauen bewunderte, zur plötzlichen Filmfreundin und war voller Bewunderung für den amerikanischen »Pursuit of Happiness« (ihre Kommentare über Leben und Treiben in Harlem verrieten allerdings, dass sie ihre rassistischen Vorurteile nicht abgelegt hatte). In New York wollte sie vor allem die neue Architektur bewundern, das Rockefeller Center, die Grand Central Station und die Radio City Hall, und abends spazierte sie mit Will Hays, dem Hollywooder Sittenzensor, durch die erleuchteten Straßen Manhattans. In Washington wurde sie ins Weiße Haus zum Tee eingeladen; der Präsident war freundlich und aufgeschlossen, aber Eleanor konnte sich skeptische Bemerkungen über den Duce nicht verbeißen. In Hollywood folgte Party auf Party; Louis B. Mayer nahm sie zu einer Besichtigung der Goldwyn-Mayer-Ateliers mit, und sie hatte Gelegenheit, Marion Davies, Maurice Chevalier, Norma Shearer, William Powell und Myrna Loy bei Aufnahmearbeiten kennenzulernen, und später, bei einem festlichen Lunch, auch Frank Capra – da hatte sie endlich Gelegenheit, sich zu ihrer neuen Bewunderung der amerikanischen Filme zu bekennen. Hearst selbst lud sie in seine Villa, seinen Palast in den kalifornischen Bergen, ein, und schließlich blieben ihr noch sechs Erholungstage in New York.

In einem späten Kapitel ihres Buches[32] »L'America, ricerca della felicità« (1937) verwickelt sich Margherita Sarfatti in eine längere und wesentliche Diskussion über W. S. Van Dykes »White Shadows in the South Seas« (1928) und King Vidors »Hallelujah« (1929) über die weiße und andere Rassen. Sie irrt jedenfalls, wenn sie behauptet, diese Filme wären von »Fremden« gedreht und in den »Retorten« von Los Angeles »destilliert«, denn W. S. Van Dyke und King Vidor waren Amerikaner, und beide Filme waren berühmt dafür, an Ort und Stelle, in Arkansas und in Tahiti, entstanden zu sein. Auf Arthur de Gobineau zurückgehend vermisste sie, wie Simona Urso in ihrer Analyse[33] betont, die »hierarchischen Barrieren« zwischen der weißen und den anderen »diversen« Rassen (einschließlich der Afroamerikaner und der Bewohner der Südseeinseln). Der amerikanische »melting pot«, wie sie schreibt, hat seine produktive Funktion, aber nur für die Weißen. Margherita stellt Fragen zu den ideologischen Voraussetzungen der beiden Filme (die Angehörigen aller Rassen haben Anspruch auf Gleichberechtigung und Bürgerschaft), sieht den Erfolg dieser Filme als Zeichen des Niedergangs und vermag sich dabei dem Bewusstsein nicht zu entziehen, dass man eben im Begriffe steht, sie (die konvertierte Jüdin) als rassisch artfremd aus der italienischen Gesellschaft auszuschließen. Simona Urso hat nicht unrecht, wenn sie Margheritas poetische Deskription des holländisch-jüdischen Friedhofs in New York (die ältesten Grabsteine noch von 1600 datierend) als Argument gegen den neuen faschistischen Antisemitismus im Herkunftsland Margheritas liest.

Mitte Juni 1934 war Margherita wieder zurück in Rom (ebenso wie Mussolini, der eben mit Hitler zusammengekommen war), aber sie war dazu verdammt, die politischen Entwicklungen des Faschismus, Roberto Farinaccis Polemiken gegen die artfremden Juden und Mussolinis wachsende Bewunderung für die Macht des Dritten Reichs, Tag für Tag zu verfolgen. Sie hatte einen umfangreichen Bericht über ihre amerikanischen Erfahrungen und Gespräche für den Duce vorbereitet, aber er wollte nichts davon hören, weder über Franklin D. Roosevelt noch über ihre neuen Gedanken zu amerikanischen Filmen. Obwohl es ihr noch gelang, ihr Buch über Amerika (1937) zu publizieren (gelobt von den italienischen Kritikern), fühlte sich Mussolini privat nur zu maßlosen Ausfällen gegen sie und Amerika provoziert. Die Verträge von München (1938), die das Ende der tschechoslowakischen Demokratie bedeuteten, gaben ihr neue Hoffnung, denn der Duce fungierte als Diplomat mit Zustimmung Englands und Frankreichs, aber die antijüdischen Gesetze (ihr zweiter Sohn Amadeo verlor sogleich seine Stellung in der Bank) waren nicht geeignet, ihre Selbsttäuschungen zu stärken. Sie war 1928 zum Katholizismus konvertiert, aber weder der königliche Hof noch der Mailänder Kardinal Schuster waren bereit, für sie zu intervenieren. Sie packte ihre Koffer, ihr Chauffeur brachte sie über die Schweizer Grenze (ihr Pass war auf Anweisung des Duce von Minister Alfieri selbst ausgestellt), und sie reiste über Chiasso nach Paris, von wo aus sie ihre amerikanischen Freunde brieflich um Hilfe und Unterstützung bat. Missy sollte ihr helfen, Filmskripts für Hollywood zu schreiben, denn Margherita hatte nicht vergessen, dass man bis zu 30 000 Dollar für ein einziges Skript verdienen könnte. Die einstigen Freunde stellten sich taub, und Margherita reiste über Lissabon, wie so viele europäische Flüchtlinge, nach Uruguay und Argentinien, wo sie (mit ihrem Sohn Amadeo und seiner Familie) im Exil lebte. Ihre Schwester Nella und ihr Gatte wurden von den Faschisten verhaftet und in Auschwitz ermordet. Margherita kehrte 1947 auf ihr Landgut Il Saldo zurück, und ihre erste italienische Reise führte sie nach Venedig zum Filmfestival. Sie starb am 30. Oktober 1961 und ist auf dem Landfriedhof zu Cavallasca begraben.

5.

Nicht einfach zu entscheiden, ob es Mutter Rachele selber war, die in ihren Mailänder Jahren (während Benito in Rom seinen Regierungsgeschäften oblag) ihre Unterhaltung im Kino zu suchen begann, oder ob es ihre Söhne Vittorio und Romano waren, die sie in die Kinos drängten. Rachele war in ihren jüngeren Jahren ja eher im Varieté und im Theater zu finden. Aber Vittorio, der einer neuen Generation angehörte, die das Fliegen und den Film zu ihren technologischen Steckenpferden erwählt hatte, mag sie dazu bewogen haben, in den langen Jahren, in denen die Familie ohne Vater lebte, die Mailänder Kinos, die ihm so gut bekannt waren, mit ihr und seinem Bruder zu besuchen. Vittorio hatte im Gymnasium eine Gruppe von Mitschülern, die seine Nachmittagsvergnügungen teilten[34]: Rosario Leone, Ruggero Zagrandi, Orlando Piperno (Sohn des jüdischen Familien-Zahnarztes) und auch junge Mitschülerinnen, die gelegentlich mit von der Partie waren; und ihre Vernügungen wurden im Geheimen von einem speziellen Polizeiagenten namens Manoni überwacht, der seine schriftlichen Berichte täglich an den Vater ablieferte. Diese Berichte des Polizisten definieren auf die Minute genau, wann die Freunde im Eissalon Guardabassi oder in einer Pizzeria saßen und welche Kinos sie frequentierten, das Cinema Barberini, das Altieri, das Excelsior oder das Quattre Fontane. Vittorios genauere Filmerinnerungen gehen bis auf das Jahr 1925 zurück. Er sah eine ältere, noch stumme »Peter Pan«-Version mit großer Begeisterung, King Vidors amerikanischen Antikriegsfilm »The Big Parade« zumindest achtmal (die Erinnerungen hinderten ihn nicht daran, Bomberpilot zu werden), Douglas Fairbanks' »The Gaucho« und »The Mark of Zorro« und, wie sein Vater, viele Filme von Charlie Chaplin, Buster Keaton, Laurel und Hardy und Harold Lloyd. Er

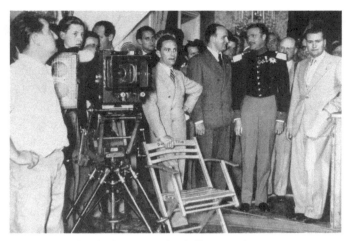
Vittorio Mussolini (rechts am Rand im hellen Anzug)

wollte aber bald Filme nicht nur sehen, sondern auch selber machen, und durch einen Zufall, der gewiss keiner war, stellte sich im richtigen Augenblick Generaldirektor De Feo vom Istituto Luce ein und lehrte Vittorio im Park der Villa Terlonia kurze Wildwestszenen aufzunehmen und zu schneiden, darunter den »Sceriffo Tremendone«[35], der auch den Beifall des väterlichen Duce fand.

Die jüngere Generation fand sich eher im Kino zusammen als die ältere. Vittorios Schwester Edda verlobte sich mit ihrem Grafen Ciano, nachdem sie Anfang Februar 1930 zusammen im Kino gewesen und das britische Melodrama »The White Shadow« (Graham Cutts und Alfred Hitchcock) gesehen hatten[36], und Vittorio kehrte vom Militärdienst als Bomberpilot in Abessinien, Spanien und im Zweiten Weltkrieg immer wieder ins Filmatelier zurück. Mit oder ohne Pseudonym (Tito Silvio Mursino oder Mursini) war er vor und nach seiner Mobilisierung immer wieder in den Filmateliers zu finden, bald als Produzent, bald als Lieferant einer interessanten Story oder als fachkundiger Konsulent für Fliegerfilme. 1937 produzierte er den heroisch-faschistischen Film »Scipione l'africano«, der sogar seinen Vater gelegentlich zu den Dreharbeiten ins Atelier lockte, im Jahr darauf beriet er die Hersteller des Films »Luciano Serra, pilota« und lieferte 1943 die Story für den Fliegerfilm »Un pilota ritorna«. Er war aber auch an der Herstellung unterhaltender Spielfilme beteiligt; sein erfolgreichster Kassenschlager war der Unterhaltungsfilm »Assenza ingiustificata« (Unerlaubte Abwesenheit, 1939) mit dem Regisseur Max Neufeld, der als Emigrant Zuflucht in der Cinecittà gefunden hatte[37], weil er in Wien keine Zukunft mehr sah (charakteristisch, dass die Story von dem Ungarn István Békeffy stammte, und der Kameramann war Václav Vích, der aus den Prager Barrandov-Ateliers nach Italien geflüchtet war). Das war der einzige Film, der Vittorio einen ordentlichen Gewinn einbrachte, und er erwarb ein Grundstück mit Blick aufs Meer.

Vittorios Film-Praxis und seine theoretischen Ideen harmonisierten nicht immer miteinander. Er produzierte unterhaltende Streifen oder Komödienkitsch, aber als Chefredakteur der Zeitschrift *Cinema* (1936 bis 1943) war er ganz anderer Meinung. Er kam nicht von ungefähr zu einer Filmzeitschrift; schon als Gymnasiast hatte er eine Schülerzeitung *La Penna dei Ragazzi* (1933) publiziert, in der er über Jazz und neue Filme berichtete, und De Feo, sein Protektor von alters her, überließ ihm den Posten des *Cinema*-Chefredakteurs nicht zuletzt in der Überzeugung, seinen Vater erneut zu Dank verpflichtet zu haben. Vittorio wollte ernste und künstlerische Filme[38], welche die besondere »Qualität Italiens« in spezifischen Landschaften und physiognomischen Typen sichtbar akzentuierten. Sein Vorbild war (später allerdings eine Hass-Liebe) die Kinematografie Amerikas, jeder Film »voller Leben«, »Bewegung« und »Jugend«, nicht wie die europäischen Filme »überaltert« oder, wie der deutsche »Traumulus«, spekulativ und lebensfern oder, wie die neueren Franzosen (Harry Baur), allzusehr der Deklamation verfallen. Andere Mitarbeiter der Zeitschrift, die Morgenluft witterten, zögerten nicht, aktuelle Fragen aufzuwerfen und Zeitgenössisches zu diskutieren; Giuseppe De Santis schrieb über Jazz und Film (einschließlich Alexandrows Sowjetfilme); Professor Rudolf Arnheim, eben aus Berlin emigriert und später an der Harvard University, berichtete über Probleme der Schauspielkunst; Umberto Barbaro, ein linker Gegner des Faschismus, rief den Filmfreunden Béla Balázs und Pudowkin ins Gedächtnis; und A. Mezio, ein anderer Mitarbeiter, nannte die Romane Franz Kafkas unter den artistischen Herausforderungen der Epoche[39] (26. Oktober 1938).

Vittorios Kollegen in der Redaktion beschrieben ihn später[40] als »faul« (weil er nicht oft in der Redaktion erschien), »apathisch«, »traurig«, eher »naiv« als »dumm«, und ihre Konzeption der italienischen Realität, wie sie im Film erscheinen sollte, war radikaler als Vittorios Idee von der Würde, dem Ernst und der Wahrheit der »Italianità«. Nachdem die Behörden ein Filmprojekt nach Giovanni Verga (sie wollten keine Banditen auf der Leinwand) blockiert hatten, entschieden sich vier *Cinema*-Redakteure, darunter Giuseppe De Santis und Gianni Puccini, ein Filmskript für den jungen Regisseur Luchino Visconti zu schreiben. Die Geister schieden sich an Luchino Viscontis »Ossessione«, seinem ersten Film 1943 nach James M. Cains Roman »The Postman Always Rings Twice«, den ihm einmal Jean Renoir in Frankreich geschenkt hatte. Vittorio Mussolini stürmte nach der ersten Vorführung aus dem Projektionsraum und erklärte, Viscontis Szenerie (dumpfe Küche, Ehebruch und Mord) sei gar nicht Italien, und obgleich sein Vater (dem Visconti selbst den Film vorgeführt haben soll) in dieser Hinsicht toleranter zu sein schien, wurde der Film oft von lokalen faschistischen Funktionären verboten und tauchte erst mit der deutschen Okkupation in den norditalienischen Kinos auf. Er wird heute als der erste italienische Film des Neorealismus betrachtet, bahnbrechend für die Klassiker einer bitteren Italianität, die ihm nach dem Krieg folgen sollten.[41]

Vittorio Mussolinis Plan, eine italienisch-amerikanische Produktionsgesellschaft ins Leben zu rufen, hatte Freunde und Feinde auf beiden Seiten des Atlantiks: Vittorios Vater demonstrierte eine gewisse Sympathie für die Ideen seines Sohnes (solange Freddi, vom Kulturministerium, sich nicht dagegenstellte). Hal Roach, der berühmte Hollywood-Produzent, begleitete Vittorio von Italien aus nach New York, im frühen Herbst 1937 auf dem Dampfer »Rex« (später im Film »Amarcord« symbolisch für die Erfolge Italiens), rechnete aber nicht mit den antifaschistischen Demonstrationen, die das Projekt binnen Tagen zu Fall brachten.[42] Die Idee war produktiv; man wollte durch eine neue Firma namens RAM (Roach and Mussolini) berühmte italienische Opern, zunächst »Rigoletto« mit Tito Gobbi, als Filme produzieren, aber die Opposition in Hollywood und in der Presse war nicht allein »philo-kommunistisch«, wie Vittorio behauptete. Hal Roach verzichtete auf das Geschäft mit Italien, zahlte Vittorio eine hohe Abfindungssumme von einer halben Million Lire und fand sich noch gerichtlich belangt, denn ein gewisser Dr. Renato Senise, ein anderer Italiener, behauptete plötzlich (mit Recht), die Idee der Opernfilme zuerst konzipiert zu haben, und verlangte seinerseits ein finanzielle Entschädigung.

Man zeigte Vittorio nicht überall die kalte Schulter; die MGM-Ateliers blieben ihm verschlossen, nicht aber die Warner Brothers und das Fox-Produktionsgelände, und dort hatte er seine Chance, mit Olivia de Havilland ins Gespräch zu kommen und eine von Shirley Temple unterschriebene Fan-Fotografie (»with love«) dankbar entgegenzunehmen. Darryl F. Zanuck lud ihn in seine Villa am Santa-Monica-Strand ein, zusammen mit Dolores del Río, Norma Shearer und Joan Bennett, und am 28. September 1937 veranstaltete Hal Roach eine Gartenparty, um Vittorios Geburtstag zu feiern, mit Cary Grant und anderen berühmten Stars. Nicht genug: Auf dem Rückweg war Vittorio (wie vor ihm Margherita Sarfatti) zum Tee im Weißen Hause eingeladen; er sandte Eleanor einen Rosenstrauß, für den sie ihm brieflich dankte (er hatte keine Gelegenheit, sich über ihre skeptischen Bemerkungen über den Duce zu beschweren), und der Präsident selbst lud Vittorios Vater wieder zu einem persönlichen Treffen ein (auf neutralem Boden oder gar auf einem Schiff im Atlantik), denn er glaubte immer noch, Mussolini sei bestrebt, »das europäische Gleichgewicht zu erhalten« (13. Oktober 1937). Vittorio kehrte in die Villa Torlonia heim, sein Vater war enttäuscht, dass er keine Gelegenheit gesucht hatte, Greta Garbo kennenzulernen, und schlug Roosevelts Einladung skeptisch in den Wind.

Vittorio war vom Scheitern seiner amerikanischen Filmpläne tief enttäuscht und betroffen, flog im Sommer 1938 in seiner eigenen Maschine nach Berlin, um dort seinen neuen Fliegerfilm »Luciano Serra, pilota« vorzuführen, und suchte in Gesprächen mit Göring und Goebbels die gemeinsamen Interessen der deutschen und italienischen Filmproduktion voranzutreiben.[43] Hollywood war für Vittorio zu einer »hebräisch-kommunistischen Zentrale« geworden, wie er in einem Essay in seiner Zeitschrift *Cinema* beteuerte (19. November 1938) – als ob es nicht die Anti-Nazi League gewesen wäre, vor allem Fredric March, Fritz Lang und James Cagney, welche Louis B. Mayer und seine MGM veranlassten, sich gegen den RAM-Kontrakt zu engagieren. Immmerhin versuchte Vittorio kurz vor Kriegsbeginn noch einmal, Jean Renoir für eine Opernverfilmung (»Tosca«) zu gewinnen, aber es war zu spät, denn Vittorios Vater erklärte Frankeich den Krieg. Ein Kollege bemerkte[44], Vittorio sei immer ein »Gymnasial-Faschist« gewesen; in der Republik von Salò war er in der Nähe des Führer-Hauptquartiers in Rastenburg zu finden (er betrieb Radio-Propaganda aus einem ausrangierten Eisenbahnwaggon), emigrierte mit seiner Familie nach Südamerika, schrieb noch ein Buch über die tragischen Frauen im Leben seines Vaters und kehrte dann in seine Heimat zurück, wo er mit 81 Jahren in Rom verstarb.

6.

Nicht viele faschistische Funktionäre bestimmten die Entwicklung des italienischen Films im *ventennio nero*, in den »zwanzig schwarzen Jahren«, aber keinem von ihnen gelang es, so viele zukunftsträchtige Institutionen zu schaffen wie Luigi Freddi[45], seit dem 18. September 1934 Generaldirektor der Kinematografie. Aus einer armen Familie in Mailand stammend, mehr oder minder Autodidakt, aber ein eleganter Mann von Welt (seine Gattin war Maria Schaljapin, die Tochter des berühmten russischen Sängers), Futurist, Faschist, wenn nicht gar Squadrista der ersten Stunde, früher Mitarbeiter Mussolinis in der Redaktion des *Popolo d'Italia*, Mitstreiter D'Annunzios in Fiume (aber nicht lange), Chef des Pressebüros der faschistischen Partei, Vize-Sekretär der faschistischen Auslandsorganisation und Journalist internationaler Interessen, die ihn mit dem Flieger Italo Balbo nach Amerika führten, wo er Hollywood besuchte und die Organisation des amerikanischen Filmwesens, das den italienischen Markt beherrschte, monatelang studierte. Nach seiner Rückkehr dachte er an eine Serie instruktiver Zeitungsartikel, besann sich aber eines Besseren und setzte ein Memorandum über den amerikanischen Film und die Situation des italienischen Films auf, das er im Februar 1934 dem Duce vorlegte, der ihn im Zuge ministerieller Neuordnungen zum Generaldirektor der Kinematografie in Cianos neues Amt für Presse und Propaganda berief; und als dann diese Institution in ein neues Ministerium für Volkskultur (Minculpop) verwandelt wurde, blieb Freddi bis März 1939 auf seinem Posten, ehe er im Jahr darauf die Leitung der Cinecittà übernahm. Ihm schwebte ein italienisches Hollywood vor, aber staatlicher Art; er behauptete, der italienische Film sei alt geworden, ehe er seine Jugend und Virilität zu manifestieren vermochte, und bedauerte die private Atomisierung der Filmindustrie. Er geriet bald in Konflikt mit Vittorio Mussolini und publizierte in seinem lesenswerten Lebensbericht (1949) ein ganzes Kapitel über den Fall Vittorio Mussolini. Und er spart nicht mit kritischen Argumenten, die er allerdings mit »aufrichtigem Bedauern« formuliert. Kein Zweifel, dass er Vittorios Aufsätze und selbst Zeitungsartikel mit Fleiß verfolgt oder gar archiviert hatte, denn er zitierte seine Publikationen aus den Jahren 1936/37 zwanzig Jahre später im Wortlaut genau und nannte Vittorios Kriterien »widersprüchlich« und »anachronistisch« und seine Urteile über italienische und amerikanische Filme undifferenziert. Vittorio war ein Konkurrent; Gerüchte wollten einmal wissen, dass Vittorio dazu ausersehen war, ihn zu ersetzen. Freddi tauchte plötzlich im Palazzo Venezia auf, um sich Klarheit über seine Lage zu verschaffen; und der Duce, der die Gerüchte in den Polizeiberichten bestätigt fand, beruhigte ihn, indem er ihm erklärte, in der Familie Mussolini werde es nur einen einzigen »Funktionär« geben, und der sei er selbst.[46]

Vittorios amerikanische Pläne waren Freddi ein Dorn im

Auge, denn er wollte alle Beziehungen zu Hollywood selbst kontrollieren; als er von den Plänen erfuhr, stürmte er mit Hilfe des Kammerdieners Navarro erneut in den Regierungspalast und überzeugte den Duce, die Reise seines Sohnes nach Amerika zu unterbinden. Als er den Palast verließ, begegnete er Vittorio, der eben nach Neapel reiste, um sich auf der »Rex« nach Amerika einzuschiffen. Der Duce hatte Freddi erklärt, es sei zu spät, seine Einwilligung zurückzunehmen, er hätte besser seinen politischen »Instinkten« folgen sollen.[47] Kein Wunder, dass Freddi auch De Feo, dem langjährigen Lehrer und Protektor Vittorios, misstraute und gegen sein »ruheloses Temperament« polemisierte; jedenfalls erkannte er deutlich, dass sich De Feo »im Schatten« des Duce und seiner Söhne bewegte und sich in seiner Funktion einer »Art von Extraterritorialität« erfreute, die ihn unangreifbar machte.[48]

Freddi befand sich, als Generaldirektor der Kinematografie, in einer zwiespältigen Situation. Hollywood war sein Vorbild, aber zugleich suchte er das staatliche Prinzip in Produktion und Distribution energisch zu fördern, geriet in unausweichlichen Konflikt mit seinem Minister (auch der Duce war kein absoluter Freund eines Staatsmonopols), und er demissionierte schließlich, ohne seine Ansprüche zu mindern. Freddi war Mitglied der internationalen Jury der Filmfestspiele von Venedig (1934), gründete nach Moskauer Vorbild (1919) eine neue nationale Filmschule, deren Leitung er dem kritischen Intellektuellen Luigi Chiarini anvertraute; er reorganisierte faschistische Studentengruppen (GUF) und Filmklubs, welche die neuesten Filme, einschließlich der sowjetischen, studierten, und gründete, auf dem Gelände eines abgebrannten Ateliers, die Cinecittà (1937) als italienisches Hollywood, aber, ganz in seinem Sinne, vom Staat verwaltet. Er war es auch, der den Duce in die Rolle eines obersten Zensors drängte; und es gab keinen neuen wichtigen Film, den der Duce auf

Drängen Freddis, der Mussolinis Ja oder Nein hören wollte, nicht sehen musste. Freddi war allerdings oft geneigt, amtliche Meinungen oder Anweisungen zu korrigieren oder zu modifizieren.[49]

Das internationale Filmfestival von Venedig (seit 1932), bei dem man die Interessen der großen Hotels und des internationalen Tourismus fest im Auge behielt, war zunächst ein mehr oder minder provinzielles Ereignis, ehe der faschistische Staat, repräsentiert durch die Kulturminister Ciano oder Alfieri, und vor allem durch Luigi Freddi, als Chef des Filmwesens, die provinzelle Veranstaltung in eine politische Institution erster Ordnung verwandelte. Das internationale Filmfestival von Venedig als eine Schau der traditionellen Kunstausstellung (seit 1895) wurde vom Grafen Giuseppe Volpi di Misurata[50], Lokalpatriot, Diplomat und Finanzminister, ins Leben gerufen; die Korrespondenz mit den übergeordneten Stellen führte der Bildhauer Francesco Maraini, auch mit Mussolini, der sich wenig geneigt fühlte, den Ehrenvorsitz des Venediger Filmkomitees zu übernehmen; und das änderte auch De Feo nicht, der als leitender Funktionär des ICE die Verhandlungen mit den internationlen Filmfirmen führte. Die Verwandlung der Filmschau von der Biennale in ein alljährliches Ereignis (1934/35) signalisierte die deutliche Politisierung der Institution. So wie auch die Verleihung der Mussolini-Pokale für den besten italienischen und den besten ausländischen Film – obgleich Mussolini die Trophäen nicht selbst verteilte und den Venediger Filmereignissen fernblieb, sei es, dass er gerade Manöver inspizierte, mit Hitler konferierte oder den Ratschlägen seiner Ärzte folgte und seine syphilitischen Augen schonte. Freddi gehörte, ganz abgesehen von seinen anderen Verantwortlichkeiten, auch der internationalen Jury des Filmfestivals an, zusammen mit Miloš Havel, dem Onkel des zukünftigen Staatspräsidenten, nahm er an allen artistischen Entscheidungen teil. Und die Auszeichnungen von Venedig verraten Freddis Gegenwart: sowohl seine Neigung für Hollywooder Qualitäten, die Auszeichnungen für Wallace Beery und Katharine Hepburn (1934), Bette Davis (1937) und Leslie Howard (1938), aber auch (als Mussolini und Hitler gemeinsame Sache gemacht hatten) die vielen Auszeichnungen Leni Riefenstahls, als Schauspielerin und Regisseurin, und der vielen Filme aus dem Dritten Reich. Freddi blieb ansonsten ein kühler Beobachter der Nazi-Filmpolitik; nach einem Studienaufenthalt in Berlin (1936) charakterisierte er den Goebbels'schen Kurs als illusorisch, weil es unmöglich war, mit den alten Technologien ins neue Feld des Films zu marschieren und ein beharrliches und intelligentes Vorgehen durch autoritäre Gewaltanwendung ersetzen zu wollen.[51]

Ein Jahr nach seiner Ernennung zum Chef des Filmwesens gründete Freddi eine neue nationale Filmschule und übergab ihre Leitung dem Kritiker und Drehbuchautor Luigi Chiarini[52] (geboren 1900), der seinerseits nicht zögerte, prominente Regisseure und Theoretiker wie C. L. Bragaglia in den Lehrkörper zu berufen und ganz besonders eng, pädagogisch und in gemeinsamen Publikationen, mit dem Marxisten Umberto Barbaro zusammenzuarbeiten. Zu den frühen Studentinnen und Studenten zählten Alida Valli und Clara Calamai (die untreue Ehefrau in »Ossessione«), der Regisseur Michelangelo Antonioni und viele andere. Es dauerte allerdings fünf Jahre, ehe sich der Duce entschloss, der Filmschule, zusammen mit Alessandro Pavolini, dem damaligen Minister für Volkskultur, einen Inspektionsbesuch abzustatten. Mussolini ging von Klasse zu Klasse, begrüßte die Diva Isa Miranda (die eben aus Amerika heimgekehrt war), ließ den Minister reden und ergriff dann für zwei Minuten das Wort. Er zollte der Schule hohes Lob; sie war die »schon realisierte Voraussetzung« für das erneute »Primat« (16. Januar 1940) des italienischen Films. Der Rest war Applaus und Akklamation nach faschistischem Ritual, und noch im gleichen Jahr erhielt das Centro Sperimentale den Rang einer Universitätsfakultät.

Freddi war überzeugt, die pädagogische Arbeit des Centro Sperimentale müsste durch Publikationen gestützt werden, und gründete die Zeitschrift *Bianco e Nero*, die am 31. Januar 1937 zum ersten Mal erschien und mit ihren Redakteuren und Mitarbeitern die Stimme bis 1951 erhob. Freddi publizierte in der ersten Folge eine redaktionelle Erklärung, überließ aber Verantwortung und Redaktion ohne weiteres dem Trio Luigi Chiarini, Umberto Barbaro und Francesco Pasinetti. Diese drei sorgten dafür, dass *Bianco e Nero* gegen die alltagsfremde mitteleuropäische Komödie der reichen Leute (»Telefoni bianchi«) polemisierte, aber auch gegen die pompösen historischen Kostümfilme, welche die intelligenten Zuschauer langweilten; und die Mitarbeiter der Zeitschrift erinnerten die Leser daran, dass der Film eine Kunst und eine Industrie zugleich war und artistischen Ernst und technische Fähigkeiten erforderte. Schon die zweite Nummer war einer genauen Analyse und Dokumentation von Jacques Feyders »La Kermesse héroïque« gewidmet, und die Leserschaft hatte die Möglichkeit, in Beiträgen und Anthologien die Gedanken Rudolf Arnheims, Béla Balázs', Hans Richters, Sergei Eisensteins und Paul Rothas kennenzulernen. Im verbündeten Dritten Reich, wo Goebbels diktierte, gab es nichts Ähnliches.

Freddi war bemüht, die italienische Film-Pädagogik von Grund auf zu erneuern. Er war zwar nicht der Initiator der studentischen Filmgruppen an den Universitäten (die existierten seit den frühen zwanziger Jahren) oder der von ihnen abhängigen Filmklubs in den kleineren italienischen Städten, aber er wollte das politische Potenzial dieser Gruppen intensivieren und nahm sich vor, den »cinedilletantismo«, wie er es nannte, auf eine Periode der Vorbereitung auf ein professionelles Studium am Centro Sperimentale zu reduzieren. Er war entschlossen, die Filminteressen der faschistischen Studenten an den Universitäten (GUF) produktiv zu fördern; und er sah aus professionellen Gründen darüber hinweg, dass manche dieser Gruppen ausländische Filme unzensuriert und in den originalen Fassungen (darunter Sergei Eisenstein und den Pazifisten Marcel Carné) für ihre jungen Mitglieder projizierten. Freddi glaubte an cineastischen Professionalismus und finanzierte die Amateurproduktionen in den studentischen Filmgruppen, indem er ihnen aus dem ministerialen Budget reichliche Mittel für 16-mm-Kameras, Schneidetische und Rohfilm zukommen ließ.

Am 26. September 1935 wurde Freddi mitten in der Nacht durch einen Anruf geweckt, und eine Stimme meldete ihm, die Ateliers der Firma Cines (im Südosten Roms) stünden in Flammen. Er eilte sofort an Ort und Stelle, sah zwei Bühnen in Brand und versicherte dem Direktor der Cines, die Ateliers würden neu entstehen, als Institutionen, die der neuen Zeit angemessen wären. Das war die Geburtsstunde der italienischen Cinecittà, der Produktionsstätte der besten italienischen Filme im und lange nach dem Zweiten Weltkrieg und Drehort so mancher Hollywooder Gesellschaften, die in Europa vorteilhafter drehten als in Amerika (»Quo Vadis« 1951 oder »Ben Hur« 1959). Der Architekt Gino Peressutti unternahm eine Studienreise nach Berlin (Neubabelsberg), London, Paris und Nizza, um die Ateliers zu studieren (Freddi selbst erklärte ihm die Struktur Hollywoods), am 26. Januar 1936 war Baubeginn, und am 28. April 1937 wurde die neue Filmstadt in Gegenwart des Duce in Betrieb genommen, kaum zwei Jahre nach Baubeginn. Freddi fungierte zunächst als Vizepräsident und technischer Experte des Unternehmens und dann, nach seinem Abschied aus dem Amt des Chefs für das Filmwesen, seit 13. Januar 1940 als Präsident der Cinecittà, die bis zum Fall Mussolinis 300 Filme produzierte (zum Beispiel 36 im Jahr 1936 und je fünfzig in den Jahren 1940 oder 1943) und vielen berühmten Gästen oder Flüchtlingen ihre toleranten Tore öffnete, darunter Abel Gance, Max Ophüls, Gustav Machatý, Walter Ruttmann, Martha Eggerth, Anneliese Uhlig (später Dolmetscherin der Familie Mussolini in Salò) und Lída Baarová, die Hitler selbst aus den Barrandov-Ateliers verwies, weil sie Goebbels' Ehe in Gefahr brachte. Ein Jahr nach der Inauguration[53] wurde die Cinecittà verstaatlicht, den Ideen Freddis entsprechend; unmittelbar nach Kriegsende diente der Gebäudekomplex eine Zeitlang als Lager für Flüchtlingsfamilien, dann wurde die Produktion wiederaufgenommen, aber zwanzig Jahre nach Kriegsende war die Cinecittà in neuen finanziellen Schwierigkeiten. In den achtziger Jahren halfen die Fernsehstudios weiter und wurde Cinecittà neuerlich privatisiert, obgleich (das hätte Freddi gefreut) dem Staat ein bedeutendes Aktienpaket blieb.

7.

Mussolinis fundamentales Interesse galt sich selbst und dem gesprochenen oder geschriebenen Wort; und sein Sohn Vittorio und spätere Biografen (einschließlich Denis Mack Smith) bestätigen einmütig, dass seine erste Vorliebe dem Theater galt – selbst wenn er dem Dramatiker Giovacchino Forzano nicht mehr lieferte als den Grundeinfall, Dramen über Caesar, Napoleon oder Cavour zu schreiben, oder ein fragmentarisches Szenario (nur bei Aufführungen im Ausland wurde Mussolini als Mitarbeiter Forzanos genannt). Mussolini, der in frühen Jahren Geige spielen lernte, gab in seinen Gesprächen[54] mit Emil Ludwig den Musik-Experten und diskutierte mit ihm seine Vorliebe für den frühen, den »melodiösen« Wagner, den dritten Akt des »Tristan«, »Tannhäuser« und »Lohengrin« und bekannte sich zu Beethoven, zur 6. und zur 9. Symphonie und den letzten Quartetten. Sein Sohn Vittorio berichtet[55] allerdings, dass er in der Oper einzuschlafen pflegte und dass in der reservierten Loge in Rom eher Vittorio selbst als der Vater zu finden war, und das bestätigt auch Rachele.

Mussolinis Interesse an pädagogisch-politischen Kurzfilmen signalisiert seine späte Entdeckung kinematografischer Propagandamöglichkeiten und seine plötzlich intensive Bemühung, in den Dokumentarfilmen und, vor allem, in den Wochenschauen als zentrale Figur zu erscheinen. Es ist deutlich, dass er im fortgesetzten Kampf um die Alleinherrschaft der politischen Filmreportage eine fundamentale Funktion zuschreibt und in kinematografischen Fragen, das Istituto Luce und die Organisation ICE betreffend, persönlich aktiver war als andere neben und nach ihm in diktatorialer Machtausübung.

Die Mussolini-Figur der Wochenschauen – der sportliche Mussolini, viril und als Erntehelfer oder Schwimmer mit entblößten Torso-Muskeln – hatte ihre Entsprechung in den vielen »Maciste«-Filmen[56], die das breite Publikum mit Bildern des guten Giganten ins Kino lockten; und die Historiker des Faschismus und der 25 »Maciste«-Filme (von 1914 bis 1926) haben, von Lionello De Felice, Gian Piero Brunetta, Steven Ricci bis zu Jacqueline Reich, mit Recht auf die ikonischen Analogien hingewiesen. Maciste, allerdings noch dunkler Hautfarbe, war im klassischen Film »Cabiria« (1914) eine Erfindung Giovanni Pastrones und Gabriele D'Annunzios: ein römischer Sklave und sanftherziger Riese (gespielt von dem Genueser Hafenarbeiter Bartolomeo Pagano), der die schöne Römerin Cabiria vor dem Feuertod im Rachen des karthagischen Molochs rettet und in anderen Filmen die Unschuld oder Italien selbst verteidigt, in »Maciste in den Alpen«, »Maciste in der Hölle«, »Maciste im Kampf mit dem Piratenkönig« und zuletzt als »Riese der Dolomiten« (1926). Der Verdacht liegt nahe, dass Mussolini vieles von Macistes Gestik nachahmte, ehe die Geschichte des Duce und Italiens als europäischer Kriegsmacht die Verwandlung einer anekdotischen Maciste-Figur in eine theatralische Führergestalt der Antike und der Renaissance forderte. Das waren Scipio der »Afrikaner« und Giovanni de' Medici, Condottiere und Anführer der Landsknechte in den schwarzen Hemden.

Die familiären Filmabende in der Villa Torlonia vermochten allerdings die wesentlichen wirtschaftlichen Entwicklungen nicht zu verdecken. Das faschistische Regime hatte eine Filmwirtschaft im Niedergang geerbt, und trotz Mussolinis Interesse an den dokumentarischen Luce-Produktionen (oder gerade weil er so ausschließlich an diesen Filmen interessiert war) benötigte der faschistische Staat zehn und mehr Jahre, den Folgen der internationalen Krise und den amerikanischen Importen pragmatisch entgegenzuarbeiten. Noch in den frühen dreißiger Jahren war Mussolini persönlich an Verhandlungen mit Hollywooder Repräsentanten beteiligt, die eine Importquote von 250 Filmen jährlich vereinbarten (im Jahre 1935 wurden 45 italienische Filme hergestellt, und das war schon ein Fortschritt). Die Bewegungen verliefen gegenläufig: Es waren immer mehr italienische Familien, die in die Kinos drängten, aber sie fanden immer weniger heimische Filme. Unter den italienischen Filmunternehmern war es Stefano Pittaluga[57], mit seiner Firma »Cines«, der in den zwanziger Jahren Produktion und Distribution organisierte, aber in der Krise und nach seinem Tod (1929) wurde »Cines« an einen neuen Unternehmer verkauft, der Niedergang schien unaufhaltsam. Und im Jahre 1931 wurden nur zwei italienische Filme hergestellt.

Allerdings begnügte sich der faschistische Staat zunächst mit indirekten Mitteln der Intervention, ehe er sich entschloss, unmittelbar einzugreifen. Ein Gesetz vom Juni 1931 bestimmte eine Prämie von zehn Prozent (nach den Einspielergebnissen des einzelnen Films berechnet), die der Produktionsfirma ausbezahlt wurde, zur Belohnung und als Subvention zukünftiger Streifen. Ein anderes neues Gesetz, vom Mai 1935, sollte bedeutendere Folgen haben, denn es begründete die ENIC-Organisation (Ente nazionale industrie cinematografiche) und bestimmte, dass diese für Ankauf, Verkauf, Produktion und Distribution aller Filme verntwortlich sei. Und Marquis Giacomo Paulucci di Calboli, der schon Präsident des Istituto Luce war, übernahm auch noch die Leitung der ENIC. Drei Jahre später wurde deutlich, gegen wen die neue Organisation operieren sollte. Das sogenannte »Alfieri-Gesetz« vom September 1938 erhöhte die Erfolgsprämie für italienische Filme von zehn auf zwölf Prozent, bestimmte aber gleichzeitig, dass die ENIC-Monopolrechte für die Distribution ausländischer Filme besitzen sollte. Die vier Hollywood-Importeure (MGM, Fox, Warner Brothers und Paramount) schlossen protestierend ihre römischen Büros, die Zahl der heimischen Filme begann, mitten im Krieg, sichtbar anzusteigen (119 im Jahre 1942), in der überwiegenden Masse unterhaltsame Komödien ohne Schwarzhemden, Parteiabzeichen oder Duce-Porträts.

Die Kriegszeit war die eigentliche Epoche der Unterhaltungskomödien[58], in der italienischen Filmgeschichte »Telefoni bianchi« genannt, weil die Vorgänge in der Welt der oberen Schichten spielten, die Telefone weiß waren (allerdings nicht immer) und die eleganten Wohnungen voll mit hellen Artdéco-Möbeln, genau in der Art, wie sie Van Nest Polglase für die zeitgenössischen Fred-Astaire-Filme entwarf. Im Grunde waren die Art-déco-Filme (in Gian Piero Brunettas Terminologie) eine internationale Angelegenheit. Manche suchten ihre Inspiration bei René Clair, andere imitierten Hollywood oder Neubabelsberg (Carl Boese), die meisten benutzten als Quellentexte ungarische Theaterstücke oder Filmskripts und siedelten die komischen Verwechslungsintrigen in einer von aller Politik gereinigten Weltstadt Budapest an. Erfolgreiche Industrie- oder Pressechefs, einfallsreiche Ingenieure, Hochstapler, mondäne Damen in langen Abendkleidern und Pelzjacken, aber auch Privatsekretärinnen oder eigenwillige Studentinnen, die hoch hinauswollen. Diese Komödien, die meistens in der Cinecittà gedreht wurden (Interieurs waren billiger, ohne Außenbauten), gaben vielen Flüchtlingen und Emigranten eine neue Chance, und selbst der Wiener Emigrant Max Neufeld drehte fast ein Dutzend Komödien, ehe ihn die italienischen Rassengesetze zwangen, nach Spanien weiterzufliehen. Sein erfolgreicher Film »Mille Lire al mese« (sogar ein Fernsehingenieur tritt schon auf), Kamera Ernst Mühlrad (geboren in Wien, gestorben 1942 in Auschwitz), war ursprünglich eine ungarische Filmkomödie von Béla Balogh mit dem Titel »Havi 200 fix«.

Die Verwandlung der Maciste-Figur in historische Figuren erhob den Anspruch, die römische oder italienische Vergangenheit als vorbildlich für die faschistische Gegenwart zu deuten und ihre Heroen als prophetische Antizipationen des Duce zu begreifen. Der historische Film[59] »Scipione l'africano« war seit dem Beginn des Krieges gegen Abessinien in Planung, aber der Produzent Vittorio Mussolini gab dem Regisseur Carmine Gallone fast ein ganzes Jahr Zeit, seine Arbeit zu beenden. Man munkelte, der Duce hätte die Kosten aus eigener Tasche getragen, aber das Konsortium, das den Film von Staats wegen finanzierte, vereinte das Istituto Luce mit einigen Banken und drei Ministerien, und die Armee war angehalten, tausend Kavalleristen und mehr als 30 000 Infanteristen zur Verfügung zu stellen, die nach den Aufnahmen prompt nach

Spanien beordert wurden, von den dreißig Zirkuselefanten ganz zu schweigen.

Es ist Scipio, der den römischen Senat davon überzeugt, die Karthager müssten in Afrika selbst geschlagen werden, und ein neues Heer versammelt, nicht nur die Veteranen der unglückseligen Schlacht von Cannae, sondern Tausende von Freiwilligen, die zu den Feldzeichen strömen, während Hannibal mit einem Mangel an Vorräten zu kämpfen hat und zur Untätigkeit verdammt bleibt. Zwei Frauen fesseln die Aufmerksamkeit: die Königin der Kyrenaika, Sophonisbe, die ihren Gatten zwingt, an der Seite Hannibals zu kämpfen, und zuletzt einen Giftbecher leeren muss; und Velia, eine Römerin (niemand anders als Isa Miranda), die zusammen mit ihrem Verlobten Arunte von Kathagern aus ihrer Villa verschleppt wird und der es am Ende doch gelingt, mit Arunte zu fliehen und das Lager Scipios zu erreichen. Nicht weit von Tunis stoßen die beiden Heere aufeinander; die Römer haben einen schweren Stand gegen den Angriff der Elefanten, aber ihre Tapferkeit, unter dem persönlichen Kommando Scipios auf seinem weißen Pferd, sichert ihnen den entscheidenden Triumph. Scipio darf siegreich nach Rom zurzückkehren, zu seiner Familie und zur Landwirtschaft, das Getreide (il grano) in Großaufnahme.

Der Duce sah den Film am 4. August 1937 und sparte nicht mit öffentlichem Lob. Der Film erhielt sogleich den Mussolini-Pokal der Venediger Festspiele, doch privat war der Duce ein wenig anderer Meinung und bemerkte[60] im Gespräch mit Freddi, dass der Film mit Scipio (Annibale Ninchi) ein »Milchgesicht« hätte, und man mit einem solchen Aussehen keine einzige Schlacht hätte gewinnen können.

Der Film »Condottieri« bewegt sich einen Schritt vorwärts in die italienische Renaissance, um Giovanni dalle Bande Nere (der schwarzen Truppen) als prophetische Inkarna-

Aus dem Film »Scipione l'africano«

tion des Duce zu zelebrieren.⁶¹ »Condottieri« erzählt die Geschichte des Giovanni de' Medici, der sich, als Junge vom Feind aus der väterlichen Burg entführt, den Landsknechten Malatestas von Florenz anschließt, um mit ihrer Hilfe die väterliche Burg zurückzuerobern. Das gelingt ihm, trägt ihm aber die Feindschaft Malatestas ein, der Giovannis Unabhängigkeit zu hassen beginnt und ihn in lebenslange Konflikte verwickelt. Malatesta stellt ihn vor ein Florenzer Gericht, vor dem sich Giovanni von jedem Vorwurf zu reinigen weiß, und erhebt Anklage wegen Hochverrats gegen ihn. Giovanni muss nach Savoyen fliehen, kehrt aber mit einem französischen Condottiere nach Florenz zurück, wo er seine Feinde weiß. Im Duell unterliegt Malatesta, aber Giovanni (auf Fürsprache der Geliebten Malatestas) schenkt ihm sein Leben und zieht unangefochten mit seinen Truppen nach Rom, wo der Papst ihn und seine Soldaten segnet. Malatesta organisiert ein Heer, die Truppen treffen aufeinander, Malatesta fällt, aber auch Giovanni wird schwer verwundet und stirbt. Er wird von den Seinen im Dom aufgebahrt, und die Worte »Giovanni d'Italia« werden in sein Grabmal gemeißelt.

In Venedig wurde »Condottieri« mit dem Preis des Filmdirektorats ausgezeichnet, und die Jury notierte die Gegenwart der »Natur- und Kunstschönheit« mit einigem Recht. Wolken, Berge und Felsgipfel fehlen niemals, und die Kamera blickt immer wieder auf Skulpturen, Denkmäler und Stadtpaläste (allerdings von Verona statt Florenz), und deshalb bietet Luis Trenkers Film mehr ästhetische Erfahrung (selbst wenn ihm der große epische Zug fehlen sollte, wie die italienische Presse bemerkte) als »Scipione l'africano« mit seinem fast unbarmherzigen Wechsel von Staatsreden und massiven Schlachtszenen.

Der Regisseur Luis Trenker ist ein komplizierterer Fall als Carmine Gallone; Alpinist, Architekt, Schauspieler (gelegentlicher Liebhaber seiner Kollegin Leni Riefenstahl) und zwischen Deutschland und Italien in den gefährlichsten Zeiten hin und her pendelnd. Hitler war maßlos zornig[62] über die Szene mit dem segnenden Papst (an der deutschen Filmversion nahmen wahrscheinlich fünfzig SS-Leute als VIPs teil, obwohl sie stehen blieben und nicht in die Knie gingen wie die Italiener). Goebbels nannte Trenker ein »Stück von Charakterlosigkeit«[63], und nur seine Popularität bewahrte ihn vor Schlimmerem, obleich er sich immer wieder zum Dritten Reich bekannte. Die Alliierten verboten den Film »Condottieri«, der erst 1977 wieder gezeigt werden durfte, aber Trenker war längst zu einem Star des westdeutschen Fernsehens der Nachkriegsjahre avanciert.

Mussolini, der im Film seine eigenen Rollen spielen wollte, zog es vor, im Gegensatz zu Hitler, der sich gerne anlässlich offizieller Empfänge und Partys mit eleganten Filmschauspielerinnen in mondänen Toiletten umgab, den loyalen Familienvater in der Villa Torlonia zu spielen (und den vielen anderen Frauen in Boudoirs und Hotelzimmern zu begegnen). Und der einzige Filmstar, der sich seiner erotischen Aufmerksamkeit erfreute, war Clara Petaccis Schwester Miriam. Sein liebster Schauspieler, das bezeugt schon seine Gattin Rachele, war Ettore Petrolini, ein grimassenschneidender Komiker, der vom Vaudeville her kam, und den er eher auf der Bühne als auf der Leinwand bewunderte. Und es ist auch nicht überliefert, was der Duce zu Petrolinis Porträt des Nero (eine Parodie des Mussolini-Stils) zu sagen hatte. Ihn erfreuten, wie sein Butler und sein Sohn Romano bezeugen, die komischen Produktionen Hollywoods, Filme von Stan Laurel und Oliver Hardy (er war lange geneigt, wie sie halbsteife Melonenhüte zu tragen, ließ sich aber belehren, dass elegante Diplomaten Zylinder tragen), Harold Lloyd und Buster Keaton. Romano, der Jazzmusiker, behauptet[64] mit Entschiedenheit, sein liebster Schauspieler wäre Charlie Chaplin gewesen, in »The Gold Rush« und »Modern Times« (er schweigt über die Zensurprobleme), und er sagt nichts über Chaplin als »Great Dictator«, der ja keinen deutschen Namen trägt, sondern Benzino Napoloni heißt. Detailfragen zum italienischen Filme – ob Carmine Gallone oder Mario Camerini der begabtere Regisseur wäre oder Alida Valli oder Francesca Bertini die bedeutendere Künstlerin – haben den Duce niemals beunruhigt.

Mussolini liebte die Komiker, die amerikanischen und die italienischen, eher als Künstler in ernsten Rollen (mit Ausnahme von Emil Jannings), und er hatte eine besondere Abneigung gegen Verbrecher- und Gangsterfilme, Trunkenheit, Raufereien und Filme mit langen Küssen, die, wie er betonte, den guten Geschmack beleidigten. Seine Abneigung gegen den amerikanischen Al-Capone-Film »Scarface« wurde von Luigi Freddi geteilt[65], der das Verbot des Films auf sich nahm, aber Ivo Perillis »Ragazzo« (1933) wurde auf persönlichen Wunsch[66] des Duce aus dem Verkehr gezogen, weil es einen jugendlichen Kriminellen zeigt, der sich in einem faschistischen Erziehungslager zu einem vorbildlichen Parteigenossen wandelt. Freddi war es auch, der gegen Marcel Carnés »La grande illusion«[67] polemisierte (die Kunst Erich von Stroheims und Dita Parlos nur ein erschwerender Umstand), aber vergeblich, denn der Film wurde 1937 in Venedig ausgezeichnet. Mussolini bestand jedenfalls darauf, »Il cappello a tre punte« zu zensurieren, weil ihm einige Szenen der Steuerrebellion nicht behagten (sie mussten geschnitten werden). Eine Anekdote besagt[68], Mussolini hätte Filme in zwei Arten eingeteilt: erstens jene, bei denen die Zuschauer fragen, wann der Film endet, und zweitens die anderen, bei denen die Zuschauer wissen wollen, wie sie enden. Jedenfalls war er der Verantwortung enthoben, seine komischen und kurzen Lieblingsfilme mit Laurel und Hardy der einen oder anderen Kategorie zurechnen zu müssen.

Kapitel 3

HITLER

1.

In seinem neuen Buch über Hollywoods Pakt mit Hitler (2013) schreibt Ben Urwand über Hitlers »Filmbesessenheit«[1], beschränkt sich aber, im Zentrum seiner Argumentation, auf Hitlers Herrschaftsjahre bis zum Beginn des Zweiten Weltkriegs (1933 bis 1939). Über Hitlers Kindheit und Jugend in Passau und Linz ist wenig zu hören, und ebenso wenig über seine Jahre in Wien und München, seinen Richard-Wagner-Kult und sein romantisches Selbstbildnis als Künstler, Maler, Bühnenbildner und Architekt. Es geht mir hier nicht darum, gegen Urwands Hypothese über Hollywoods Kollaboration mit dem Dritten Reich zu polemisieren. Ich will eher Hitlers wechselvolles Verhältnis zur Kinematografie in seiner ganzen chronologischen Breite sehen, die Jahre mit und ohne Kino (auch die), und der Versuchung entsagen, die Kinematografie als Hitlers dominierende Medienleidenschaft zu begreifen. Um ihre historischen Grenzen zu bestimmen, mag es nützlich sein, seine ganze Lebensgeschichte im Auge zu behalten und, zumindest, vier Epochen zu unterscheiden. Die erste: Kindheit, Jugend, Linz, Passau, Wien, München und die Kriegsjahre. Die zweite, die er selbst die »Kampfzeit« nannte, in Gesellschaft seiner Fahrer, Leibwächter und Adjutanten und, ein wenig später, seiner Freunde und der jungen Eva Braun, die ihn ins Kino mitnahmen. Die dritte oder Herrschaftszeit (1933 bis 1939), in welcher er in der Reichskanzlei und auf dem Berghof täglich deutsche und ausländische Filme sehen wollte. Und zuletzt die vierte Epoche, die Jahre des Zweiten Weltkriegs, in denen er den Spielfilmen mehr oder minder entsagte und die Wochenschauen inspizierte, wenn auch nicht bis in die letzten Tage seines Dritten Reiches.

2.

Hitlers Kindheit und Jugend waren bestimmt durch komplizierte Familienverhältnisse, häufige Orts- und Schulwechsel und den raschen Aufstieg seines Vaters (der einmal aus der Familie flüchtete, um in Wien als Schusterlehrling zu arbeiten) zum Zollamtsoberoffizial, elfte Rangklasse des k.k. Finanzdienstes, ehe er, ein wenig vorzeitig, in den verdienten Ruhestand trat (1895), um es mit der Bienenzucht zu versuchen und alltäglich im Wirtshaus zu residieren. Der zukünftige Reichskanzler war das vierte Kind aus seines Vaters dritter Ehe[2] – und obendrein lautete der ursprüngliche Name seines Vaters »Schicklgruber«, der im Pfarrbuch als »unehelich« verzeichnet war. Allerdings erschien Schicklgrubers bäuerlicher Ziehvater (namens Johann Nepomuk Hiedler) im Herbst 1876 mit drei Verwandten, die leider nicht schreiben konnten und nur drei Kreuze als ihre Unterschrift setzten, im zuständigen Pfarramt und beantragte eine Revision der alten Eintragungen. Alois Schicklgruber war also ein eheliches Kind, der Müllergeselle Johann Georg Hiedler sein Vater – der Pfarrer verzeichnete den Namen als Hitler, und die Revision war offenbar legal, obgleich die Eltern zwanzig oder gar dreißig Jahre lang im Grabe lagen. Der Zollbeamte war legitimiert, aber das sollte zu neuen Komplikationen führen, denn als er seine Haushälterin Klara Pölzl vor den Altar führen wollte, ergab es sich, dass sie seine Nichte zweiten Grades war und die Eheschließung einer päpstlichen Bewilligung bedurfte, die prompt am 27. Oktober 1884 und in lateinischer Sprache erteilt wurde.

Adolf Hitler wurde in Braunau am Inn geboren (1889), aber schon nach zwölf Monaten amtierte der Vater in Niederösterreich, zwei Jahre später in Passau, und als das Kind fünf Jahre alt war, übersiedelte man nach Linz. Dort begann der Junge an der Realschule zu studieren, mit wenig Konzentration und Fleiß, und musste für ein Jahr an die Realschule nach Steyr (1904/05), ehe ihn seine Mutter, nach dem Tod des Vaters, von der Schule nahm, um ihm zu gestatten, sich als Maler »ganz der Kunst zu widmen«, immer sorgfältig gekleidet, mit graziösem Spazierstock, eben eleganterer Herkunft.[3] Mit fünfzehn oder sechzehn Jahren begann ihn die Neugier zu plagen. Er besuchte ein Wachsfigurenkabinett, um mehr über Frau und Mann zu erfahren, und sogar (obgleich er sonst nur in die Oper ging) ein Kino am Linzer Südbahnhof, um sich einen Aufklärungsfilm anzusehen, der ihn (wahrscheinlich mit Bildern der Syphilis) mit Schrecken erfüllte; er erinnerte sich noch im zweiten Bandes seines Buches »Mein Kampf« daran[4] und, mitten im Krieg im Winter 1942, in einem Tischgespräch im Hauptquartier.[5] In seinen Wiener und ersten Münchner Jahren, bis zum Ausbruch des Weltkriegs, lebte der junge Hitler sein Selbstbildnis als romantischer Künstler, der in Opposition zu seinem Beamtenvater hoch hinauswollte, und da war kein Raum für Kino, das damals für die gebildeten Stände noch zwischen Panoptikum und Zirkus rangierte. Er wollte Opernszenen entwerfen; und obwohl er einen Empfehlungsbrief an den Wiener Opernchef Alfred Roller mit sich trug, hatte er nicht genug Mut, ihn persönlich zu überbringen, und nahm auch die zweimalige Ablehnung seines Aufnahmegesuchs in die Wiener Akadmie der bildenden Künste widerstrebend hin. Er hatte kein richtiges Einkommen, logierte bei einer toleranten tschechischen Zimmervermieterin namens Maria Zakreys, ehe er in einem Männerheim Zuflucht suchen musste, wo er vom gelegentlichen Verkauf seiner Zeichnungen lebte. Das hinderte ihn aber nicht daran, seinem Opernkult zu frönen. Sowohl sein damaliger Freund Gustl Kubizek als auch der gestrenge Chronist Franz Jetzinger bestätigen einmütig[6], wie oft Hitler in der Hofoper, seltener in der Volksoper, zu finden war (nicht im billigeren Kino), allerdings immer Parterre Stehplatz unter der Kaiserloge, aber nicht am Stehplatz auf den Galerien, zu welchen Frauen Zutritt hatten, denn er fühlte sich beengt durch ihre lockende Gegenwart (das sollte sich später von Grund auf ändern). Richard Wagner war der Fixstern seines Opernkultes, und »Tristan« (dreißig- oder vierzigmal), »Die Meistersinger«, »Lohengrin« und »Rienzi« hatten den absoluten Vorrang, sein Leben lang – Eugen d'Alberts »Tiefland« (1903) war die Ausnahme, vielleicht.

Es ist wenig bekannt, dass der Versammlungsredner Hitler im zweiten Band (1928) seiner Programmschrift »Mein Kampf« den Anfang einer Propaganda-Theorie des Kinos zu entwickeln begann, ohne Genaueres zu erörtern oder zu Ende zu führen, denn er war noch nicht bereit, sich mit dem »Kinokitsch« auseinanderzusetzen. Er bekennt sogleich, bei seinem Eintritt in die Deutsche Arbeiterpartei (1921) die Leitung der Propaganda übernommen zu haben[7], aber es wird deutlich, dass er in den Mitteln seines Moments gefangen bleibt, Lastwagen, Standarten, Flugschriften. Er erhebt sich selbst als Versammlungsredner zu einer Schlüsselfigur, denn Propaganda hat auf die Masse zu zielen, und die findet sie allein in den Massenversammlungen. Die Rede ist wirkungsvoller als die Schrift, betont der Agitator, aber denkt dennoch für einen Augenblick darüber nach, welche Kommunikationsmittel »durch ihre Kürze« damit rechnen können, auch bei einem Andersdenkenden einen Augenblick lang Beachtung zu finden, höchstens »ein Flugblatt oder ein Plakat oder ein Bild in allen seinen Formen, bis hinauf zum Film«. Es genügt »zu schauen ... und so werden viele eher bereit sein, eine bildliche Darstellung aufzunehmen, als ein längeres Schriftstück zu lesen«. Das Bild bringt dem Menschen Aufklärung »in viel kürzerer Zeit, fast möchte ich sagen auf einen Schlag«.[8]

Der Agitator versperrt sich den Weg zu einer optischen Theorie der Propaganda, weil er von seinem Erfolg als Versammlungsredner und von seinem Antisemitismus überzeugt bleibt, denn er bezichtigt die Juden, durch Kino, Presse und Theater »Tag für Tag sittliches Gift kübelweise in das Volk« hineinzuschütten. Er prangert die »grässlichen Machwerke für Kino und Theater« an. Man betrachte »die Speisezettel unserer Kinos, Varietés und Theater« (die Reihenfolge der Institutionen mag charakteristisch für ihn sein); und der Verdacht liegt nahe, dass er sich immer noch nicht von dem traumatischen Erlebnis seines ersten Linzer Kinobesuches befreit hat. Er klagt das Kino immer noch an, junge Leute oder gar den »Knaben« mit »sinnlicher Schwüle« zu locken und auf den Weg zu Prostitution und Syphilis zu bringen[9], und dem widmet er mehr als zehn Seiten. Es dauerte geraume Zeit, ehe es Goebbels möglich war, Hitlers und seine eigenen Reden in Tonfilmen festzuhalten und sie, im Verlauf der Wahlagitation (Hindenburg versus Hitler) im März 1932 auf den abendlichen Plätzen deutscher Großstädte zu projizieren (Hindenburg gewann, Hitler verlor die Wahlen). Zur genau gleichen Zeit notierte[10] Bella Fromm, die als privilegierte Ullstein-Korrespondentin Zugang zu den höchsten Stellen hatte (obgleich sie einer jüdischen Familie entstammte und zwei Jahre später nach Amerika emigrierte), am 10. März 1932 in ihrem Tagebuch, dass es Hitler absolut ablehnte, seine Reden in Tonfilmen festzuhalten. Sie wollte wissen, warum, fragte Wilhelm Brückner, Hitlers Adjutanten, welchen Grund das hatte, und Brückner antwortete, wie sie notierte, mit einem Achselzucken, »dass man einen Tonfilm nicht mehr ändern könnte«.

Hitlers Wandlung zum Filmfreund, wenn nicht Filmfanatiker, fällt in seine sogenannte »Kampfzeit«, und seine Biografen haben seiner politischen Karriere mehr Aufmerksamkeit gewidmet als seiner Abkehr von der Filmfeindschaft (wie sie noch in »Mein Kampf« deutlich wird) und seiner neuen Gewohnheit, zwei oder drei Filme, wenn nicht mehr, täglich sehen zu wollen. Wahrscheinlich war der Prozess von einiger Dauer, und die Möglichkeit liegt nicht fern, dass Hitler auf mannigfachen Wegen ins Kino gelangte: mit seiner »Chauffeureska«, wie der elegante Harvard-Absolvent Ernst Hanfstaengl diese Gruppe seiner Chauffeure, Leibwächter, Faktotums und Adjutanten herablassend nannte[11], in deren Mitte sich Hitler vor allem in der ersten Hälfte der zwanziger Jahre zu bewegen liebte. Und dann mit seinen Freunden wie Heinrich Hoffmann, dem Parteifotografen, Hanfstaengl selbst und in Gesellschaft von Frauen, die gerne ins Theater und ins Kino gingen. Zur »Chauffeureska« zählten vor allem sein erster Fahrer Ernst Johann Haug (seine Schwester soll mit Hitler heftig geflirtet haben), der Münchner Julius Schreck und Emil Maurice (solange er sich nicht mit Hitlers Nichte Geli Roubal einließ, die ihn heiraten wollte), aber auch Hitlers erster Leibwächter, der Fleischergeselle Ulrich Graf, der Hitler an der Feldherrnhalle mit seinem eigenen Leib deckte, und Wilhelm Brückner, der sich um Hitlers persönliche Angelegenheiten kümmerte, später Chef aller Adjutanten. Die Männer tranken und rauchten, waren in Münchner Bierhallen und Kabaretts zu finden, und es ist nicht auszuschließen, dass er in ihrer Gesellschaft die Münchner Komiker, zuerst im Bierkeller und dann in einem Kino am Stachus, bestaunte.

Von den wenigen Frauen, die Hitler wirklich nahestanden, war seine geliebte Nichte Geli Roubal weder willens noch fähig, ihn ins Kino zu führen.[12] Er kontrollierte ihren Tagesplan mit der Autorität des liebend eifersüchtigen Onkels, nahm sie ins Theater mit (einmal beobachtete sie Hanfstaengl bei einer Aufführung von Ludwig Thoma), und als sie ihre Interessen abrupt wechselte, das Medizinstudium abbrach und Opernsängerin werden wollte, fand sich Onkel Hitler in seinen eigenen Neigungen bestätigt. Nachdem sie Selbstmord begangen hatte, wandte Hitler seine Aufmerksamkeit Eva Braun zu (die in Heinrich Hoffmanns Laden als Mitarbeiterin beschäftigt war) und ging mit ihr andere Wege[13] – bis in den Führerbunker (1945), wo er sie heiratete, ehe sie Selbstmord begingen. Sie war eine selbständige Frau, liebte die Mode, Jazz, Sport und das Kino, und Hoffmann verstand es, die beiden zusammenzubringen, lud sie ins Kino ein, aber so, dass Eva immer neben Hitler zu sitzen kam. Sie war eine geschulte Fotografin, besaß die notwendigen Apparate (Agfa und Leica), ja sogar eine 16-mm-Siemens-Filmkamera, einen Projektor, richtete sich im Keller des Berghofs einen eigenen Projektionsraum ein, und ihre Hitler-Kurzfilme sind heute im US National Archive in Washington reinlich katalogisiert. Sie verehrte Greta Garbo, sammelte Porträts von Gretas Filmpartner John Gilbert, liebte »Gone with the Wind«, und ihr Lieblingslied war »Tea for Two«. Allerdings gab es noch einen entscheidenderen Weg zur Kinematografie, den Hitler wählte. Er folgte seinem Parteigenossen Goebbels, der zumindest seit 1924, ganz im Gegensatz zu Hitler, Spielfilme mit Vergnügen sah und als Berliner Gauleiter die Bedeutung der Kinematografie für die Propaganda bald erkannte, zumindest früher als Hitler selbst. Es war die Epoche, in welcher sich Hitler an den Filmen Weiß Ferdls, Fritz Langs, Greta Garbos, Henny Portens, Pola Negris und, ein wenig später, an »King Kong«[14] und der bedauernswerten Fay Wray delektierte.

Hitlers Filmvorführungen seiner Herrschaftszeit (bis zum Ausbruch des Kriegs) konstituierten ein Ritual, das von vielen Teilnehmern und kritischen Zeugen beschrieben wurde; der Reichskanzler schuf sich eine Möglichkeit, neue und alte

Filme zu sehen, in der Reichskanzlei, wo einst Bismarck amtierte, und auf dem Berchtesgadener Berghof. Die Filmabende in der Reichskanzlei sind von Hitlers erstem Kammerdiener Karl Wilhelm Krause[15] und von Nicolaus von Below, Hitlers Luftwaffen-Adjutanten, bezeugt, und schon ihre Zeugenschaft bestätigt, dass die Projektionen in der Reichskanzlei ein engeres Publikum hatten als die auf dem Berghof, wo zugereiste Gäste, Wirtschaftspersonal, Haushälterinnen, Sekretärinnen und (nicht zuletzt) Eva Braun regelmäßig teilnahmen. In der Reichskanzlei wurde der Musiksalon wie ein Lichtspieltheater eingerichtet (Gobelins verbargen die Projektionsapparatur); und, wie Krause berichtet, wurden »bis zu drei Filme« gezeigt, und wenn der Reichskanzler den einen oder anderen nicht mochte, wurde die Projektion auf sein Kommando abgebrochen, »So'n Quatsch! Den nächsten!« Hitler, meint Krause, sah alle Filme, die in Deutschland liefen, durch Vermittlung des Propagandaministeriums oder privater Leihanstalten; und er inspizierte auch »die Filme, über welche sich die Film-Prüfstelle ... im Hinblick auf die Freigabe für Deutschland noch nicht einig war«. Nicolaus von Below, der Luftwaffen-Adjutant, berichtet[16], wie eng der Personenkreis war; und es war Goebbels selbst, der die Filmliste präsentierte, nach der Hitler seine Wahl traf; die Chauffeure waren alle da, die SS-Leibwache und die Dienerschaft, eine vorwiegend männliche Kumpanei, von der Eva Braun ausgeschlossen war.

Die Filmvorführungen auf dem Berghof waren anders: Männer und Frauen, Hauspersonal und zugereiste Gäste im Publikum. Heinz Linge, Hitlers neuer Kammerdiener (nachdem Karl Wilhelm Krause nach zehnjähriger Dienstzeit entlassen worden war), beschreibt[17] Hitler als Spätaufsteher (elf Uhr vormittags), der alle Arbeit chaotisch vor sich herschob, ein kleiner Lunch mit wenigen Gästen um 14.30 Uhr, das Abendessen im größeren Kreis gegen zwanzig Uhr; und es war Hitler selbst, wie Linge notiert, der den abendlichen Film (oder die Filme) aus einer vorliegenden Liste auswählte. Christa Schroeder, Hitlers langjährige Chefsekretärin, berichtet[18] die Vorgänge ein wenig anders und setzt die Vorführungen vor dem Abendessen an. Hitler spazierte nach dem Lunch ins nahe »Teehaus« (einen Pavillon auf dem Mooslehnerkopf oberhalb des Berghofs), und Frau Schroeder notiert, dass Eva Braun schon von dorther durch einen Diener feststellen ließ, welche Filme aus Berlin eingetroffen waren, und sie setzte dann, noch wärend der Rückkehr im Auto, die Filmvorführung an, nach deren Beendigung die Gäste sich auf ihre Zimmer zurückzogen, um sich für das Abendessen umzukleiden. Fritz Wiedemann, Hitlers Adjutant, berichtet wieder anderes[19] über den »unvermeidlichen Film«, der ihn (und andere) oft unsäglich langweilte. »Warum mussten es nun täglich Filme sein?« Es gab nicht viele Tage, erinnert er sich, an denen die Filmvorführungen ausfielen. Allerdings erhebt er den fiktiven Anspruch, er oder die anderen militärischen Adjutanten hätten die Filme gewählt; »uns standen zwar alle Filme zur Verfügung, selbstverständlich auch die ausländischen, aber wieviel gute Filme gab es überhaupt im Jahr?« Immerhin, setzt Wiedemann hinzu, vermittelten die ausländischen Filme Hitler einiges über das Denken und die Lebensweise anderer Völker, aber es waren eben seine »grundfalschen Meinungen« über ausländische Verhältnisse, die Hitler vermutlich den »seichten Unterhaltungsfilmen« verdankte, die nach Deutschland kamen. Ich bin geneigt, dem Kammerdiener mehr Glauben zu schenken als dem Adjutanten und all jenen, die der Meinung waren, die Filmfreundin Eva Braun wäre nicht ohne Verantwortung für die Wahl der Filme gewesen. Sie kannte Hitlers Neigungen und Abneigungen; und Angela Lambert behauptet[20] in ihrer Eva-Braun-Biografie (2006), dass die auf dem Berghof gezeigten Filme (nach, nicht vor dem Abendessen) von Hitler und von ihr auf Grundlage einer internationalen Liste ausgewählt wurden.

Kammerdiener Linge notierte[21], dass während der Vorführungen auf dem Obersalzberg keine »Stille« wie in einer »Kirche« herrschte; die Anwesenden, einschließlich des weiblichen Hauspersonals, sparten nicht mit lauten Bemerkungen und lachten lebhaft, wenn sie wollten. Goebbels, in Berlin, war wütend; er sandte ja manche neuen deutschen Filme, die noch der Zulassung harrten, auf den Berghof, und war immer darauf bedacht zu hören, was Hitler zu sagen hatte. Er musste hören, dass Eva Braun nicht mit Kommentaren über eine der Szenen oder die männlichen Stars des neuen Films gespart hatte oder dass dies oder jenes Martin Bormann nicht genehm war. Daraufhin wollte Goebbels keine neuen Filme mehr senden, und Hoffmann, der Fachmann, erklärte ihm, er sei es müde, dieselben alten Filme immer und ewig mit ansehen zu müssen. Gobbels antwortete ihm, nicht in der freundlichsten Art, er sei nicht daran interessiert, seine Filme von kleinen Mädchen und von glorifizierten Kammerdienern kritisieren zu lassen.

Mit Kriegsbeginn (1939) war es mit den Filmvorführungen mehr oder minder zu Ende, denn Hitler wollte keine Freuden genießen, die nicht auch den Soldaten zugänglich waren. Er sah nur noch wenige Filme, gelegentlich auf Himmlers Einladung, und beschränkte sich darauf, Wochenschauen kritisch zu inspizieren, die im Jahre 1942 etwa zwanzig Millionen deutsche Zuschauer erreichten. Ursprünglich konkurrierte die Ufa-Tonwoche (seit 1925) mit der Deulig-Tonwoche, den Wochenschauen der Firmen Tobis und Bavaria, und mit der selbständigen deutschen Version der Fox-Tonwochenschau. Mit Kriegsbeginn erschien als einziges amtliches Journal die Ufa-Tonwoche (7. September 1939), die dann ihren Platz in den Kinos an die Deutsche Wochenschau verlor (seit 21. November 1940). Goebbels inspizierte[22] die Wochenschau am Samstagabend, und die von ihm akzeptierte Kopie ging dann in Hitlers Hauptquartier, wo sie Hitler, in einem Arbeitsvorgang eigener Art, noch einmal zensierte, zumindest bis in den Herbst des Jahres 1944. Er ließ sich die Streifen, meistens am Montag, ohne Text projizieren, die Worte wurden von einem Adjutanten laut mitgelesen, und Hitler wollte wissen, ob die Bilder, mit Rücksicht auf die Publikumswirkung, zu dem Text passten. Der Reichskanzler als potenzieller Kritiker des Propagandaministers war dabei nicht nur auf die unmittelbare Propagandawirkung bedacht, sondern, *sub specie historiae*, auf den »unberechenbaren Wert der Wochenschauen« für künftige Generationen, wie er noch in den Tischgesprächen, mitten im Krieg (Herbst 1941) betonte. Zwanzig Minuten waren genug, aber die mussten das »Resultat intelligenter Arbeit« sein.[23]

3.

Hitler liebte offizielle Empfänge im Hotel Kaiserhof und, nach der Machtergreifung, in der Reichskanzlei, zu denen Scharen von Künstlern und Schauspielerinnen, von Theater und Film, eingeladen waren und er selbst, nicht selten im formalen Frack (nicht eben eine heroische Figur), den weltgewandten Gastgeber spielte. Im Krieg noch klagte er in einem abendlichen Tischgespräch (2. April 1942) über die Protokollabteilung des Auswärtigen Amtes, die sich nicht klar darüber war, dass man Staatsbesuche nicht von Bankett zu Bankett schleppen sollte, wo sie immer denselben Diplomaten gegenübersaßen, anstatt ihnen talentierte »Tischdamen« zu attachieren, die »über wirklichen persönlichen Charm verfügten« und

Margarete Slezak

auch »die entsprechende Sprache beherrschten«. Berlin war besonders »glücklich«, denn da standen Lil Dagover (aus England), Olga Tschechowa (eine Russin) und Tiana Lemnitz (ein Sopran, geboren 1897 in Metz in Frankreich und 1994 in Berlin gestorben) zur Verfügung.[24]

Die Leute redeten und redeten, und wenige zweifelten daran, dass Margarete Slezak, Jenny Jugo, Imperio Argentina und Renate Müller zu seinen Lieblingen zählten. Margarete Slezak[25] war die Tochter des Heldentenors, den der junge Hitler immer in der Wiener Staatsoper bewundert hatte; mag sein, dass der junge Hitler (auf seinem Stehplatz) der Abschiedsvorstellung Slezaks an der Staatsoper beigewohnt hatte, während Mutter Slezak und die neunjährige Tochter in ihrer Extraloge saßen. Slezak ging dann an die Metropolitan Opera nach New York und nach London, ehe er in den dreißiger Jahren mehr oder minder ins Filmgeschäft hinüberwechselte und in 37 Filmen, zumeist in komischen Rollen, neben Zarah Leander, Heinz Rühmann und anderen Stars spielte. Es war kein Gerücht, dass seine Tochter nicht ganz den Nazi-Wünschen entsprach, denn sie war nach den Rassengesetzen ein »Mischling zweiten Grades«; ihr Vater hatte im Jahre 1901 eine junge Kollegin names Elsa Wertheimer geehelicht, die ihrerseits ein »Mischling ersten Grades« war. Hitler setzte sich jahrzehntelang über die eigenen Gesetze hinweg, fand die junge Slezak-Tochter, eine Schauspielerin und Sängerin, begabt und lebhaft, suchte ihre Gesellschaft, ließ sich von ihr immer wieder unterhaltsame Kulissengeschichten aus der Opernwelt Wiens, Münchens und Berlins erzählen, die ihn an seine jugendlichen Interessen erinnerten, und war geneigt, ihre Wünsche zu erfüllen, selbst wenn sie ihre jüdischen Freunde betrafen.

Es geschah in den frühen zwanziger Jahren, dass ihr eine adelige Dame, welche die kleine Nazipartei unterstützte, einen Herrn »Wolf« (Hitler) vorstellte, der sich als alter Verehrer ihrer Familie erwies, von Stund an Blumensträuße in ihre Theatergarderobe sandte und Margarete zu Partys im Hotel Kaiserhof und später in die Reichskanzlei einlud. Er hielt sich dabei an die eleganten Gesellschaftsregeln (in dieser Hinsicht anders als Minister Goebbels); mag sein, dass man dann und wann ins Wienerische zurückfiel, denn im Dezember 1932 gratulierte Margarete ihrem »lieben guten Freund Adolf Hitler« mit einem »herzlichen Weihnachtsbusserl« und erklärte ihrer Familie, »dass ich Vierteljüdin bin, stört ihn kein bisschen«. Die Theaterleute glaubten mit einigem Recht, dass sie zum engeren Kreis Hitlers zähle; sie hatte, durch den Adjutanten Schaub, privilegierten Zutritt zu ihm, und bald verband sie auch eine intime Frauenfreundschaft mit Christa Schroeder, Hitlers Chefsekretärin. In ihren Konversationen mit Hitler zögerte Margarete nie, ihre Karriere zu fördern, aber auch zu Gunsten ihrer jüdischen Familienfreunde zu sprechen, und sogar mit Erfolg. Man darf annehmen, dass sie ihr Engagement an der Charlottenburger Oper Hitler verdankte (der sie auch noch im Krieg einlud, bei seinen Empfängen in der Reichskanzlei zu singen), und als ihr Gatte Hermann Kopf ihr die Scheidung verweigerte, intervenierte Hitler durch seine Adjutanten bei dem zuständigen Gericht, und das Scheidungsdekret lag sogleich auf ihrem Tisch. Als ihr Vater Spielverbot erhielt (weil er eine nichtarische Ehefau hatte), hob Hitler das Verbot auf und entschuldigte sich für die Übergriffe der untergeordneten Organe. Zielbewusst, naiv und hilfsbereit setzte sich Margarete bei Hitler für die Familie Schlesinger ein (ihre engsten jüdischen Freunde), die Wien nach dem »Anschluss« bei Nacht und Nebel verlassen mussten, und bald kam die Erlaubnis der höchsten Stellen, Möbel, Bilder und Porzellan könnten dem Ehepaar ins Exil nachgesandt werden. Mit Max Taussig, einem ehemaligen Kunstmäzen, war es anders. Taussig war in Gefahr, seine Wohnung in Prag zu verlieren. Margarete bat Hitler um Hilfe, aber als sie das zum wiederholten Male tun musste, stieß sie plötzlich auf kalten Widerstand. Hitler warnte sie, sich weiterhin für Juden zu engagieren. (Taussig, der mit seinem Koffer durch die Prager Straßen wanderte, starb an Herzschlag im jüdischen Krankenhaus.) Margarete wurde ins Propagandaministerium vorgeladen, ihre zukünftigen Filmrollen wurden mit Paula Wessely und, kein Wunder, Jenny Jugo »umbesetzt«. Margarete hatte Spielverbot, und man kommandierte sie in eine Werkstatt ab, in der sie Uniformen nähen musste. Das Opernhaus und ihre

Jenny Jugo

Wohnung wurden durch Brandbomben zerstört, sie flüchtete mit ihrem zweiten Gatten (Peter Winter, einem Kölner Tenor) ins väterliche Haus am Tegernsee, richtete dort nach dem Krieg ein vielbesuchtes Leo-Slezak-Musum ein und starb 1953 an Leukämie.

Jenny Jugo war selbst Österreicherin, aus der Steiermark, geboren 1904 als Tochter eines Fabriksbesitzers in Mürzzuschlag. Sie war eine resche und kluge Brünette, die in den zwanziger und dreißiger Jahren in Berlin Film nach Film drehte (noch 1933 bis 1939 siebzehn Filme), zumeist war sie in sentimentalen Rollen zu sehen. G. B. Shaw lud sie, nachdem er sie als Miss Doolittle in »Pygmalion« (1935, mit Gustaf Gründgens) gesehen hatte, vergebens nach England ein, und Hitler war besonders von ihrem Film »Die kleine und die große Liebe« (1938) angetan, einem sentimentalen Kitsch, Stewardess und königlicher Prinz an der italienischen Riviera, frei nach »Alt-Heidelberg«, aber mit Happy End. Jenny Jugo war gelegentlicher Gast auf dem Berghof, und eine Dame des Personals behauptete prompt, sie hätte auf dem Berghof geheime Striptease-Streifen gedreht, die sich Hitler mit speziellem Vergnügen vorführen ließ (wenig wahrscheinlich). In einer historischen Nacht jedenfalls setzte Hitler in der Reichskanzlei ihren neuen Film »Ein hoffnungsloser Fall« (1938) aufs Programm. Er, Göring und die Adjutanten warteten in der Nacht auf den 15. März 1939 auf den tschechischen Staatspräsidenten Emil Hácha, der mit dem Zug aus Prag angereist kam, um die Entscheidung über das Schicksal der Rest-Tschechoslowakei zu vernehmen. Der Titel bezog sich aber nicht auf ihn (wie manche Historiker annehmen), sondern hatte eine ganz andere Bedeutung. Er bezog sich auf die Entscheidung einer reichen und eigenwilligen Tochter, ihr Leben selbst in die Hand zu nehmen und gegen den Willen ihres Vaters Medizin zu studieren (im Grunde ein früh-feministisches Thema). Noch im Jahre 1971 erhielt Jenny Jugo[26], die Gelähmte im Rollstuhl, das Filmband in Gold der Bundesrepublik Deutschland.

Hitler hatte eine besondere Vorliebe für brünette Ausländerinnen (wie Pola Negri), und als er im Jahr 1933 das hispanische Musical »Melodía de arrabal« (eine Paramount-Produktion) sah, war es nicht der bald populäre Tango, der ihm gefiel, sondern Imperio Argentina[27], die berühmte Diva. Er gab Goebbels sogleich den Befehl, Frau Argentina für den deutschen Film zu gewinnen, und Goebbels hatte in der Folge seine Schwierigkeiten, die skeptischen Herren in der Ufa von den kommerziellen Möglichkeiten zu überzeugen und die Kosten zu decken. Die Import-Kosten waren nicht niedrig;

Frau Argentina, in der hispanischen Welt längst ein verwöhnter Star, reiste erster Klasse auf der »Bremen« von New York nach Deutschland und logierte im Berliner Prominenten-Hotel »Eden«. Am 13. Mai 1937 präsentierte Goebbels sie seinem Führer, der wieder einmal »entzückt« war, und die deutsch-spanische Koproduktion »Andalusische Nächte« (1938, Regie Herbert Maisch) war eine neue Carmen-Version. Carmen ist allerdings keine Arbeiterin aus der Zigarrenfabrik, sondern eine Tänzerin, und ihr Partner Offizier der Gefängniswache. Hitler fand Argentina »sehr gut«, die Regie »schlecht«, aber das deutsche Publikum war enttäuscht. Die Ufa-Herren behielten recht, und der Film war ein finanzieller Misserfolg. Frau Argentina kehrte nach Argentinien und Spanien zurück, das deutsche Publikum hatte noch die Chance, einen Film »Temperament für Zwei« (1936) mit ihr in der musikalischen Hauptrolle zu sehen, und als sie noch einmal nach Deutschland kommen wollte, um einen weiteren Film zu drehen, brach der Krieg aus. Sie blieb in ihrer Welt eine gefeierte Diva und starb 2003 in Málaga (wo man einst die »Andalusischen Nächte« gedreht hatte), ohne je die Hoffnungen Hitlers erfüllt zu haben.

Die Geschichte Renate Müllers ist traurig, und manche Berichte über ihre späten Jahre widersprechen einander.[28] Sie war eine geborene Münchnerin (geboren 1906), Tochter eines bekannten Journalisten und einer begabten südamerikanischen Deutschen, wuchs im ländlichen Bayern (nicht weit von München) auf und übersiedelte dann nach Danzig, wo ihr Vater die Redaktion einer Zeitung übernommen hatte und sie das Gymnasium besuchte. Schon 1924 übersiedelte man nach Berlin, wo ihr Vater im liberalen *Berliner Tageblatt* zu arbeiten begann. Sie wollte Sängerin und Schauspielerin werden, studierte an der Theaterschule von Max Reinhardt und spielte kleine Rollen, sozusagen zur Übung (neben Helene Weigel,

Alexander Moissi und Tilla Durieux), ehe es ihr gelang, am Lessingtheater und am berühmten Staatstheater am Gendarmenmarkt Fuß zu fassen, zumal in Inszenierungen Erich Engels, der mit Brecht zusammengearbeitet hatte. Es war Reinhold Schünzel, der sie für den Film entdeckte und in seinen Unternehmungen lancierte. Mit 23 Jahren verließ sie das Staatstheater abrupt und begann an ihrer Filmkarriere zu bauen, bald in Rollen an der Seite von Max Schmeling und Luis Trenker. Sie war blond und blauäugig, das lebenstüchtige deutsche Mädchen, und nachdem Marlene Dietrich (mit der sie einst als Ballett-Girl auf der Bühne getanzt hatte) Berlin in Richtung Hollywood verlassen hatte, war sie bald der prominenteste deutsche Star internationaler Erfolge, zum Beispiel im Film »Die Privatsekretärin« (1931) oder in Schünzels »Viktor und Viktoria« (1933), in dem sie, in einer Rolle als Herren-Imitatorin, eine Frau zu spielen beginnt.

Mit der Machtübernahme beginnt für Renate Müller die Zeit der fatalen Bedrängnisse. Goebbels wollte das Urbild des arischen Mädchens in die intime Nähe Hitlers drängen, der von ihr angetan war (wenn auch nicht als zukünftige Gattin, wie der britische Autor R. Clements in seinem mitten im Krieg in London erschienenen Büchlein behauptet).[29] Hitler begann sie zu festlichen Banketts in der Reichskanzlei einzuladen; beim ersten waren noch zwölf andere Gäste da (sie allerdings als seine Tischdame), beim zweiten nur mehr sechs, und am dritten nahm sie nicht mehr teil und lehnte unter einem Vorwand ab. Es hat triftige Gründe, warum Fritz Redlich, der genaue medizinische und psychoanalytische Biograf Hitlers, eine Geschichte Renate Müllers darüber, wie ihr Hitler eine seiner sexuellen Perversionen als freudig misshandelter Liebhaber vorexerzierte, mit Skepsis behandelt (die Geschichte taucht dann nach dem Krieg auch noch in den amerikanischen OSS-Geheimprotokollen auf). Sie hatte einen anderen Gelieb-

Renate Müller

ten, einen jungen, eleganten, reichen Mann aus einer konservativen jüdischen Familie, die von der Filmkünstlerin gar nicht begeistert war. Er war bei einem Energiekonzern beschäftigt, emigrierte aber schon 1933, und sie war mit ihm zusammen, so oft sie konnte, in London, Paris oder in Italien, bei Dreharbeiten oder amourösen Exkursionen – ohne zu ahnen, das Goebbels die Gestapo beordert hatte, sie und Georg Deutsch durch Auslandsagenten zu überwachen, ja sogar fotografisches Material gegen sie zu sammeln.

Man setzte sie unter Druck, zwang sie, mit klappernder Büchse in den Berliner Straßen für das Winterhilfswerk zu sammeln, und die Partei beschwerte sich, dass sie am Volkstrauertag nach dem Ableben Hindenburgs bei geöffnetem Fenster musiziert hatte. Zuletzt gab sie nach und agierte in dem NSDAP-Propagandafilm »Togger« (1937), in dem sie eine junge Journalistin darstellte, die eine bewährte Zeitung vor jüdischen Manipulationen rettet. Nicht genug damit: Goebbels bestellte sie eines Tages in sein Büro, hielt ihr die Fotografien vor, die sie und Georg Deutsch in poetischen Cafés und Rendezvous zeigen, bezichtigte sie der »Rassenschande«, drohte ihr (falls sie Deutsch noch einmal sehen sollte), ihren liberalen Vater ins KZ zu bringen, untersagte ihr Reisen ins Ausland, und es ergab sich, dass man zukünftige Filmrollen bereits umbesetzt hatte.

Im Herbst 1937 war Renate Müller am Ende ihrer Kräfte. Ihre Gesundheit war angegriffen (schmerzstillende Drogen), sie zog sich in ihre Villa zurück, saß auf der Fensterbank und rutschte mit einem Mal ein Stockwerk tiefer in den Garten. Ihre Kollegin Sybille Schmitz fand sie dort übel zugerichtet und ließ sie ins Augsburg-Sanatorium einliefern. Ihr Hausarzt Doktor Ondarza (allerdings auch einer der Ärzte Görings) stellte eine Kniescheibenfraktur und eine klaffende Kopfwunde fest, die sein Chef Professor Erwin Gohrbandt vernähte. Sie war auf dem Weg der Besserung, empfing Besuche, erlitt aber am 7. Oktober 1937 einen epileptischen Anfall und starb nach sechs Stunden. Ihre letzten Augenblicke sind von Gerüchten umwittert; die einen sagen, sie hätte sich selbst aus dem Fenster gestürzt, als sie ein Gestapo-Auto kommen sah, andere wieder, Gestapoleute hätten sie ermordet. Ihr jüngster Biograf, Uwe Klöckner-Draga, hält mit Recht an dem ärztlichen Befund und an seinen Fakten fest[30] und berichtet auch über ihr Begräbnis, an dem nur ihre engsten Freunde und Kollegen, darunter Lilian Harvey und Willy Fritsch, teilnahmen, während Minister Goebbels sich durch einen Beamten des Ressorts vertreten ließ. Von Hitler, der es sonst an Blumensträußen für seine Lieblinge nicht fehlen ließ, nicht eine einzige Rose.

4.

Es war nicht Hitler, der Leni Riefenstahl suchte (obwohl er, wie er sagte, alle ihre Bergfilme gesehen hatte), sondern sie selbst[31], die Berliner Tänzerin, Schauspielerin und Fimregisseurin. Sie behauptete zwar früh und spät, keine politischen Interessen zu haben, aber nachdem sie die Dreharbeiten am »Blauen Licht« vollendet hatte (1931), las sie im Zug nach Berlin Hitlers »Mein Kampf« und fand sich mächtig bewegt von seinen deutschen Zukunftsperspektiven. Ein Kameramann des Teams, Heinz von Jaworsky, mit ihr im Zug, lachte sie aus, aber sie ließ sich nicht beirren, und als sie wieder in Berlin angelangt war, konfrontierte sie Harry R. Sokal (gebürtig aus einer jüdischen Kaufmannsfamilie rumänischer Herkunft), ihren einstigen (intimen) Partner und Koproduzenten des Films, mit Hitlers Buch und nannte ihm Hitler als den Mann der Zukunft. Am 27. Februar 1932 war sie mit Zehntausenden anderen im Berliner Sportpalast zu finden, um ihn reden zu hören, und die Premiere des Films »Das blaue Licht« fand am 24. März 1932 im Ufa-Palast in Berlin statt. Leni Riefenstahl sprach von einem »Triumph«, aber sie blieb sich dessen bewusst, dass die liberale Presse (oder wie sie bald sagte, die jüdischen Kritiker) kritische Meinungen geäußert hatte. Rudolf Arnheim erinnerte sich, dass sie im Gespräch nach einem Rundfunk-Interview am 3. November 1932 behauptete, dass es jüdische Kritiker waren, die ihrem Erfolg im Weg standen, aber mit Hitler würde sich das alles ändern.[32]

Zielbewusst wie immer (so hatte ihr Trenker einst den Weg zu Arnold Fanck öffnen sollen) schrieb sie am 19. Mai 1932 einen persönlichen Brief an Hitler im Braunen Haus in München und war selbst überrascht, schon am 21. Mai vom Adjutanten Brückner zu einem Treffen mit Hitler eingeladen zu werden. Sie war eben dabei, nach Grönland abzureisen, wo man die amerikanisch-deutsche Koproduktion des Films »SOS Eisberg« plante, und während sich das Team am Lehrter Bahnhof zu versammeln begann, nahm sie den Zug nach Wilhelmshaven, um von dort das Fischerdorf Horumersiel zu erreichen[33], in dem Hitler und sein Stab Quartier genommen hatten. Ein schwarzer Mercedes brachte sie an den Strand, wo Hitler wartete (»ungewöhnlich bescheiden«, wie sie später schrieb), sie ihn in ein Gespräch über Filme verwickelte und »Das blaue Licht« besonders rühmte (die Gestalt des Wiener Malers Vigo mochte ihn an seine eigene Vergangenheit erinnert haben). Er bemerkte unvermittelt: »Wenn wir einmal zur Macht kommen, müssen Sie meine Filme machen.« Zufall oder Schicksal, fragte sie sich später, aber Hitlers Adjutant sprach von einem »großen Zufall«, denn Hitler und er sprachen wenige Tage vorher über Filme, und Hitler sagte, dass ihr Tanz am Meer im »Heiligen Berg« das »Schönste gewesen war«, das er je im Film gesehen hatte – gerade da kam die Post an mit Lenis Brief darunter, und Hitler bestand darauf, sie noch vor ihrer Abreise nach Grönland zu sehen.

Er wusste, dass sie nicht viel Zeit hatte, und lud sie gleich nach Ankunft zu einem Strandspaziergang ein, man sprach über »Dinge, die ihn besonders interessierten« (Wagner, König Ludwig, Bayreuth), aber auch, leidenschaftlicher, von »seiner Berufung, Deutschland zu retten«. Nach dem Abendessen ging man wieder spazieren; Hitler »legte langsam seine Arme

Leni Riefenstahl mit Kameramann

um mich«, so erinnerte sich Leni, »und zog mich an sich«. Leni war bestürzt, so schrieb sie später, »diese Wendung der Dinge hatte sie sich nicht gewünscht«, aber Hitler ließ sie »sofort los« und sagte, die Hände erhebend, »ich darf keine Frau lieben, bis ich nicht mein Werk vollendet habe«. Das klingt dramatisch, aber nicht überraschend; Hitler misstraute seiner Körperlichkeit und Sexualität seit jeher, und die Worte über seine Pflicht, Deutschland und die Frauenliebe dürfte er auch zu anderen Zeiten rezitiert haben, selbst in seinen frühen Tagen mit Eva Braun. Leni blieb eine seiner »Paradefrauen«, die er sich vom Leibe hielt, ohne ihre Nähe zu verschmähen, und Lenis Lebensweg als Künstlerin und Filmregisseurin sollte sich binnen Jahresfrist von Grund auf ändern.

Leni war im Sommer von den Dreharbeiten zurück, besuchte Hitler im Hotel Kaiserhof und begann sich (nachdem sie Joseph und Magda Goebbels zu einem Empfang eingeladen hatten, an dem auch Göring teilnahm) in den höchsten Rängen der Nazi-Gesellschaft zu bewegen. Hitler besuchte sie in ihrer Wohnung, zusammen mit »Putzi« Hanfstaengl und Heinrich Hoffmann, und am 2. November war sie in einer Loge (»Madama Butterfly«) der Staatsoper zu finden, wiederum auf Einladung von Frau Magda und Gauleiter Goebbels, der in der Dunkelheit seine Hand unter ihren Rocksaum zu schieben suchte.[34] Später sagte sie, er hätte Ähnliches schon im Lift im Hotel Kaiserhof versucht. Und bald darauf saß sie in München mit Hitler im Sterneckerbräu, wo er seinen Wiener Charme bemühte. Sie dachte daran, einen Spionage-Film zu drehen, aber die Ufa hüllte sich in Schweigen. Man sprach, mit Goebbels und Hitler, von einem Hitler-Film-Projekt, und als sie wieder zu den Dreharbeiten in die Schweiz zurückgekehrt war, rief Göring mit der Nachricht an, dass Hitler zum Reichskanzler ernannt worden war und die Fackelzüge durch Berlin marschierten. Die Nachricht erreichte sie in Davos in einer Hotelsauna, wo sie sich mit den Männern ihres Teams erholte.[35]

Zunächst war nicht klar, was ein Hitler-Film eigentlich sein sollte, und als Hitler ihr den Vorschlag machte, sie sollte einen Horst-Wessel-Film drehen, lehnte sie ab (sie wäre vor allem Schauspielerin), entschuldigte sich aber am nächsten Tag und übersandte Hitler eine J.-G.-Fichte-Gesamtausgabe, denn sie hatte gehört, dass Fichte zu seinen Lieblingsdenkern zählte. Vieles bleibt undeutlich. Hitlers Vorschläge und die Intentionen der neuen Goebbels'schen Film-Bürokratie drohten zu kollidieren. Und als Hitler sie im späten August fragte, ob sie schon mit den Vorarbeiten zu einem Film über den nächsten Reichsparteitag begonnen hätte, starrte sie ihn verwundert an (so sagte sie später), denn das Filmministerium hatte sie offenbar von dem Befehl des Führers, ihr die Produktion des Films zu übertragen, noch gar nicht informiert. Sie hatte den Vorteil, mit Albert Speer zusammenzuarbeiten, der mit gigantischen Fahnen, einem Riesenadler und Hitler hoch über dem Volke den szenischen Raum schuf. Bei der festlichen Uraufführung des Films (den die Regisseurin selbst als »imperfektes Fragment«, nicht als Kunstwerk betrachtete) saß sie in der Führerloge, und Hitler überreichte ihr einen Strauß Rosen.

Der Film, den Hitler selbst »Der Sieg des Glaubens« nannte, hatte allerdings kein langes öffentliches Leben. Er zeigte den Führer immer in Gesellschaft des SA-Führers Ernst Röhm, der auf Hitlers Befehl im Sommer 1934, in der Nacht der langen Messer, als unwürdiger Machtpartner ermordet wurde; und nachdem zwanzig Millionen Deutsche den Film gesehen hatten (oder sehen mussten), wurde er aus dem Verkehr gezogen und verschwand für ein halbes Jahrhundert. Wer den Film über den nächsten Parteitag (1935) produzieren sollte, war weniger problematisch: Ein Ufa-Dokument vom 19. August 1934 zitiert Hitlers Entscheidung, die künstlerische und technische Leitung des Films sei Leni Riefenstahl zu übertragen. Und selbst eine erregte Szene im Büro des Propagandaministers, der ihr vorwarf, sich bei Hitler über Mitarbeiter seines Amtes beschwert zu haben, hielt sie nicht von der Übernahme des Kanzler-Auftrags ab (im Gegenteil). Ihre eigene Firma übernahm die Produktion (sie und ihr Bruder Heinz), aber die Ufa sollte die Distribution übernehmen und zahlte sogleich einen Vorschuss von 300 000 Reichsmark, der die gesamten Produktionskosten von »Sieg des Glaubens« um ein Vielfaches überstieg.

Im August war sie mit einem Team von 170 Männern in Nürnberg, Speer organisierte den szenischen Raum. Ein Lift entlang eines Riesen-Fahnenschafts gab Leni die Möglichkeit, in einem bewegten Auf-und-Ab aufzunehmen, und selbst Walter Ruttmann, der berühmte Avantgardist und Kenner

Dsiga Wertows, war zunächst mit von der Partie, ehe sich die Produzentin seiner später entledigte. Auch Fanck war gegenwärtig, aber nur indirekt, denn die Aufnahmen der Nürnberger Türme, Dächer und Straßenschluchten, mitsamt ziehenden Wolken, erinnerten noch an einstige Alpenlandschaften, und die Vielfalt der Kamera-Positionen, Kameraleute auch auf Rollschuhen, aber Hitler immer von unten gesehen und über dem Volke, demonstrierten, dass kinematografische Talente ihre bescheidene Begabung als Tänzerin und Schauspielerin längst überspielt hatten. Nachdem Hitler die Schlussredaktion des Streifens ohne Einwände akzeptierte hatte, fand die festliche Premiere am 28. März 1935 im Berliner Ufa-Palast am Zoo statt. Die Frage, was in diesem Film Dokumentation der Geschichte ist, was Montage und Propaganda-Gestaltung und ihre politischen und moralischen Implikationen, sollte die Produzentin noch ihr Leben lang beschäftigen.

Es ist nicht verwunderlich, dass Hitler und Goebbels einer Meinung waren, sobald sich die Frage erhob, ob Leni Riefenstahl auch den zukünftigen Film über die Olympischen Spiele in Berlin (1936) produzieren sollte. Ungewiss war eher, ob die Spiele überhaupt in Berlin stattfinden würden. Das Olympische Komitee hatte seine Entscheidung schon im Jahr 1931 getroffen, aber nach Hitlers Machtergreifung rührte sich die Opposition, insbesonders die amerikanische, denn das deutsche Komitee hatte Dr. Theodor Lewald, den Präsidenten, seines Amtes enthoben, weil eine seiner Großmütter Jüdin war. Doch die Komitees waren kompromissbereit. Dr. Lewald fungierte als »Ehrenarier«, und Dr. Carl Diem, vom deutschen Komitee, fragte Frau Riefenstahl im Sommer 1934, ob sie bereit wäre, den Film zu produzieren, und seine Idee, eine olympische Fackel von einem griechischen Altar nach Berlin tragen zu lassen, verfehlte ihre Wirkung nicht. Er war allerdings gar nicht befugt, Leni die Funktion anzutragen, das war allein der Staat, in der Person des Propagandaministers Goebbels, der ihr prompt die Produktion anbot und ihr zugleich, mit Zustimmung Hitlers, eine Barsumme von 1,5 Millionen Reichsmark anwies (es mochte einer seiner Gedanken gewesen sein, sie damit von seinem Amt abhängig zu machen).

Leni war pünktlich zur Stelle, als die Spiele am 1. August 1936 begannen, mit ihren 45 Kameraleuten, welche die Aufgabe hatten, die 136 olympischen Ereignisse festzuhalten, aber wie sie es wollte, in einem »Fest der Völker« (erster Teil) und einem »Fest der Schönheit« (zweiter Teil). Sie wollte die olympische Idee sichtbar werden lassen, im Fackellauf von Griechenland nach Berlin, im Stabhochsprung der Männer und im dekorativen Turmspringen, festgehalten in allen Phasen, auch in der Tiefe des Wassers, durch die spezielle Kameraarbeit Hans Ertls. Jesse Owens, der Afroamerikaner, gewann seine Goldmedaillen, und sie zwei neue Männer, den Fackelläufer Anatol Dobriansky[36] (kein Grieche, sondern russischer Emigrant) und den US-Athleten Glenn Morris[37], dem sie sich mit besonderer Leidenschaft ergab. Sie war in ihrem Element, umspielte die Männerkörper mit immer neuen Kameraeinstellungen, Bewegungen und Filtern. Und als die Ausgaben zu steigen begannen, beschwor sie Hitler weinend, sie seinem Stellvertreter Rudolf Heß zu unterstellen. Goebbels nannte sie in seinem Tagebuch ein ums andere Mal eine »Hysterikerin«, sperrte jede weitere Auszahlung (denn sie hatte ihre Unkosten mit den neuen Geliebten ins Budget übernommen). Hitler musste intervenieren und zahlte noch einmal eine halbe Million, ohne Fragen zu stellen.

Damit waren aber ihre Probleme mit dem Regime noch lange nicht zu Ende. Sie arbeitete seit 1934, mit langen Unterbrechungen, an einem »Tiefland«-Film[38], in den Jahren 1940 bis 1944 in Spanien und in den Dolomiten, die Kosten stiegen, und Hitler selbst stellte ihr die notwendigen 8,5 Millionen

Reichsmark (kein anderer Schwarzweißfilm hatte je so viel gekostet) durch das Finanzministerium zur Verfügung. Sie selbst übernahm die Rolle der Tänzerin Martha, zwischen dem tyrannischen Marqués Don Sebastian und ihrem geliebten Schäfer Pedro, und sie überzeugte die Ämter, ihr eine Gruppe von Roma und Sinti aus dem Lager Maxglan bei Salzburg zur Verfügung zu stellen, denn die einheimischen Statisten sahen ihr nicht spanisch genug aus. Sie war eben damit beschäftigt, den Film zu schneiden, als die Alliierten in Kitzbühel einmarschierten. Der »Tiefland«-Film erlebte seine Premiere 1954 in Stuttgart. Später (sie starb mit 101 Jahren) fehlte es nicht an Versuchen, »Tiefland« als Anti-Hitler-Film zu interpretieren (der tyrannische Don Sebastian wird ja von dem Schäfer, einem Sohn des Volkes, getötet), aber selbst Jean Cocteau, beeindruckt von den poetischen Qualitäten des Films, ließ sich in dieser Hinsicht nicht in die Irre führen.[39]

5.

Hitler war viele Jahre lang (1933 bis 1939) ein eifriger Filmkonsument ohne theoretische Interessen, und seine Kino-Leidenschaften sind ein gesteigertes Spiegelbild der deutschen Konsumentinnen und Konsumenten im Allgemeinen, denn die Kinobesuche und die Einnahmen erreichten damals, vor dem Kriegsbombardement der Städte, Rekordhöhen. In Deutschland waren im Jahre 1936 nur 8,6 Prozent der Bevölkerung in den Kinos zu finden (in England 41,3 Prozent, in den USA 34,2 Prozent), aber in den folgenden Jahren begannen die Zahlen zu steigen[40]; 1938 waren in Berlin 15,6 Prozent der Bevölkerung im Kino, 1943 21,4 Prozent, und die Schlangen vor den Kassen der Kinos, die amerikanische Produktionen zeigten, wurden immer länger (im Berliner Luxuskino Marmorsaal lief die »Broadway Melody of 1936« drei Monate lang). Nach Bogusław Drewniak waren im Jahre 1943 1117 Millionen Zuschauer in den deutschen Kinos zu finden (1939 waren es noch 624).

6.

Die Frage, ob Hitlers Befehl, eine Filmvorführung abzubrechen, oder seine negativen Einwände gegen Plot oder Regie Konsequenzen für den deutschen Filmfreund hatten, ist nicht einfach zu beantworten, weil Hitlers Vergnügen und Goebbels' komplizierte Filmbürokratie nicht präzis aufeinander eingestellt waren. So geschah es gelegentlich, dass Filme gezeigt wurden, die Hitler kritisiert hatte, oder dass man Filme zensurierte, an denen sich Hitler erfreut hatte. Hitler befahl, die Projektion von Wolf Liebeneiners »Du und Ich« (1938) abzubrechen[41], aber es ist nicht klar, ob ihm der Plot (ein kleiner Strumpfwirker wird Kapitalist) nicht behagte oder die Weigerung Joachim Gottschalks, der die Hauptrolle spielte, sich von seiner jüdischen Ehefrau zu trennen. Drei Jahre später tötete Gottschalk Frau und Kind und sich selbst, und Goebbels hatte alle Hände voll zu tun, die Presse zu zügeln. Hitler bezeichnete »Nanu, Sie kennen Korff noch nicht?« (1938) als den schlechtesten[42] aller Rühmann-Filme (ohne Folgen) und hatte seine Einwände gegen H. H. Zerletts »Zwei Frauen« (1938), Mutter (Olga Tschechowa) und Tochter (Irene von Meyendorff) im Zweikampf um Bühnenruhm und einen Mann.[43] Er nannte die Budapester Bürokomödie »Frau am Steuer«(1939), immerhin mit Willy Fritsch und Lilian Harvey in den Hauptrollen,

»widerwärtig«, wahrscheinlich weil die Ehefrau Chefin ihres Gatten war. Und selbst seine Kritik an Hans Steinhoffs »Tanz auf dem Vulkan« (1938), der ihm unsympathische Gründgens als Schauspieler Debureau, der einen König stürzt, richtete keinen Schaden an.[44]

Im Hinblick auf amerikanische Filme, vor allem Western und Laurel und Hardy[45] (die Hitler nicht weniger liebte als Mussolini) wird jede sachliche Analyse noch schwieriger, weil die Adjutanten, welche Goebbels schriftlich meldeten, ob Hitler einen Film mochte oder nicht, amerikanische Worte falsch buchstabierten (Laurel und Hardys »Swiss Miss« geistert immer noch als »Smith With« durch die Sekundärliteratur) oder Ad-hoc-Übersetzungen der Titel benutzten, welche die Identifikation des Films erschweren oder zu ungewisser Spekulation herausfordern.

Unter den Hunderten Filmen, die Hitler konsumierte, stehen Komödien und Musicals an erster Stelle, und er sparte nicht mit Zustimmung und dankbaren Kommentaren (obwohl es schwierig ist, den unbarmherzigsten Massenmörder der deutschen Geschichte lächeln oder gar lachen zu sehen). Er hatte, noch in der Münchner Zeit, sein Vergnügen an Weiß Ferdl und später an den Filmen von Heinz Rühmann, vor allem an »So ein Flegel« (1934), »Der Mustergatte« (1937), am »Florentiner Hut« (1939) und, schon im Krieg, an der »Feuerzangenbowle«[46] (1944). Er erfreute sich, vielleicht in Erinnerung an seine Wiener Zeit, an den Filmen von Hans Moser, nicht aber an seinem preußischen Gegenspieler Theo Lingen (»Geld wie Heu«). Felix Bressart war unterhaltend, aber er wollte ihm seine jüdische Abstammung nicht verzeihen, in einigem Gegensatz zu seiner Bereitschaft, Mosers Ehe mit einer jüdischen Gattin zu tolerieren. Hitler bewunderte (zusammen mit Goebbels) Eleanor Powell in »Broadway Melody of 1936«[47] (zusammen mit 120 000 Berlinern, die in den ersten

Tagen in die Kinos strebten, um diesen Film ja nicht zu versäumen). Zu anderen Film-Revuen, die Hitler gefielen, zählten Marika Rökks »Hallo Janine« (1938) und »Eine Nacht im Mai« (1938), und von den Filmen, in denen Zarah Leander sang, inbesondere »Heimat« (1938) – er war kein absoluter Leander-Fan und duldete es nicht, dass sie zu einer »Staatsschauspielerin« ernannt werden sollte. Zu seinen Lieblingskomödien zählten weiterhin »Die Finanzen des Großherzogs« (1934), in den Hauptrollen Viktor de Kowa und Heinz Rühmann, die er zwanzigmal gesehen haben soll, aber das hieß noch lange nicht, dass er den Regisseur Gustaf Gründgens auch in seinen anderen Filmen bewunderte (im Gegenteil). Das traditionelle Verwechslungsspiel »Ball im Metropol« (1937) mit Heinrich George fand seinen Beifall, und Walt Disney stand bei Hitler hoch im Kurs. Goebbels schenkte seinem verehrten Führer 1941 achtzehn Mickey-Mouse-Filme[48], die er ebenso gern sah wie die Filmfans seiner Nation, und das war nicht unvereinbar mit seiner alten Vorliebe für »King Kong«.

Gustav Ucickys »Flüchtlinge« (1933), Peter Hagens »Friesennot« (1935), beide über die Bedrängnisse der Wolgadeutschen, und Karl Ritters »Patrioten« (1937, ein deutscher Pilot stürzt im Ersten Weltkrieg in Frankreich ab) hatten ihren festen Platz in der Berghof-Filmsammlung. Hitler, Eva Braun und Goebbels waren zugleich Greta-Garbo-Verehrer von alters her, gerührt und ergriffen von der »Kameliendame« (1936). Henny Porten und Pola Negri, noch aus der Epoche des Stummfilms, war Hitlers Sympathie gewiss. Emil Jannings, Heinrich George, Hans Albers und Luis Trenker (solang er sich nicht ins Katholische wandte) durften auf seinen Beifall rechnen. Jannings in der Hauptmann-Verfilmung »Der Herrscher« (1937), in »Traumulus« (1936) und in Kleists »Zerbrochenem Krug« (1937); Heinrich George in »Hitlerjunge Quex« (1933) und »Wenn der Hahn kräht« (1936); Hans

Laurel und Hardy in »Swiss Miss«

Albers in »Carl Peters« (1941); und Luis Trenker in »Grenzfeuer« (1939) und »Der Rebell« (1939, von Mussolini in Italien verboten). Immerhin fordern drei Filme, die Hitlers zustimmende Aufmerksamkeit erregten, zu weiteren Fragen auf.[49] Reinhold Schünzel, wenige Jahre bevor er nach Hollywood flüchtete, analysierte in »Das Mädchen Irene« (1936) einen Mutter-Tochter-Eifersuchtskonflikt. Viktor Tourjansky, ein kosmopolitischer Flüchtling aus Kiew, der Abel Gance als Assistent diente, schilderte in »Stadt Anatol« (1936) das tragische Schicksal einer balkanischen Kleinstadt, die in einem Ölboom an den Rand des Untergangs gerät.[50] Und »Der Fall Deruga« (1938) rollte einen juristisch komplizierten Mordprozess (München vor 1914) auf und mag Hitler an seine jüngeren Jahre in der bayrischen Hauptstadt erinnert haben.[51]

Am 19. Juni 1938 war Hitler nach dem Abendessen auf

dem Berghof offenbar besonders kritischer Laune und drangsalierte seine Gäste mit fünf Filmen, ehe ihn ein sechster, mit Laurel und Hardy, erfreute. Er mäkelte an einer Wochenschau herum (eine Goebbels-Szene) und brach die Projektion eines deutschen Films jäh ab (»Capriccio« mit Lilian Harvey in einer undeutschen Hosenrolle). »Mist in höchster Potenz«, so lautete sein Urteil, aber der Film wurde vom Ministerium zugelassen. Binnen wenigen Minuten wurden auch zwei Western und ein Gangsterfilm verworfen, aber welche? Ob »Hyänen der Prärie« wirklich identisch war mit »Outlaws of the Prairie« (1937), bleibt eine offene Frage (Goldtransporte in Texas und die Banditen, welche die Postkutsche überfallen). Und es ist nicht unwahrscheinlich, dass der »König von Arizona« ursprünglich ein »Count of Arizona« (1936) war und Hitler nicht mit ansehen wollte, wie ein österreichischer Aristokrat namens Ferdinand Graf von und zu Reidenach, gespielt von dem aus Prag gebürtigen Francis Lederer, im Wilden Westen unbedingt ein waschechter Amerikaner sein will, mitsamt amerikanischer Ehefrau (mit Ann Sothern in »My American Wife«). Im Falle der Hollywooder »Tip-Off Girls« (1938) waren die Oberprüfstelle und Hitler allerdings einer Meinung. Gangsterfilme waren unbeliebt in Berlin und in Rom, und der Film wurde von der Oberprüfstelle (gegen den Einspruch der Firma Paramount) verboten, noch ehe Hitler die Projektion abbrechen ließ. Schon die Eingangsszene zeigt, wie ein Fernlaster ausgeraubt wird, der anhält, um einem Mädchen am Straßenrand Hilfe zu leisten. In der Folge beauftragt die Polizei eine blonde Agentin, um einer Gangstergruppe das Handwerk zu legen, die Kellnerinnen in den Cafés der Fernstraßen, eben die Tip-Off Girls, befragt, um Nachrichten über wertvolle LKW-Ladungen zu sammeln und zu nutzen.

Die Gäste und das Personal des Berghofs dürften aufgeatmet haben, als ihr Gastgeber keinerlei Anstalten machte,

Laurel und Hardys »Swiss Miss« (1938) zu unterbrechen.[52] Von Anfang bis Ende hatte er an den Abenteuern der beiden, die, als Salontiroler kostümiert, Mausefallen in der Schweiz verkaufen wollen, sein besonderes Vergnügen. Dieser war, nach Ansicht der amerikanischen Kritik, nicht der beste ihrer Filme. Sie transportieren ein Klavier über eine enge Brücke, und zwar mit Hilfe eines Gorillas, der in die Tiefe stürzt und dann, bandagiert von Kopf bis Fuß, wieder auftaucht, und eine Nebenhandlung, fast ein selbständiges Musical, konzentriert sich auf einen Operettenkomponisten und seine Diva. Hitler hatte seine ganz und gar unkritische Freude, aber die Kontingentenstelle des Ministeriums setzte den Film auf ihre Liste, zu viele amerikanische Filme liefen schon in den Kinos. »Swiss Miss« wurde nicht zugelassen, und das deutsche Kinopublikum hatte diesmal keine Gelegenheit, Hitlers Vergnügen an Dick und Doof zu teilen.

Der polnische Filmhistoriker Bogusław Drewniak hat Hitlers Repertoire geordnet, und Volker Koop[53] hat Buch über Hitlers Filmkritik geführt. Er nennt Hitlers Abneigung gegen Pferdefilme, Zaren, Zigeuner, nichtdeutsche Minderheiten und Mystisches, demonstriert aber im Einzelnen, dass der Filmkritiker in seiner Praxis weit über die Barrikaden seiner Vorurteile sprang.

Hitlers Kommentare über die importierte Produktion verraten oft mehr über seine Wünsche und Erinnerungen als seine Kritik an deutschen Filmen. Am 18. Juli 1934 lud ihn Goebbels ein, den neuen Film »Viva Villa« zu sehen, und der Minister notierte in seinem Tagebuch »Gut gemacht. Mexikanische Revolutionskämpfe … Für uns nicht aufführbar. Es wird zu gefährlich.« Goebbels folgte im Grunde nur dem Beispiel Mussolinis, der einmal einen Film über eine bloße Steuerrevolte der Bürger verbot.

Hitler war sehr viel mehr angetan. In Hollywood ging bald

die Nachricht um, dass ihn der Film interessierte, und der Psychoanalytiker Dr. Frederick Hacker, der mit der Szene vertraut war, gab die Nachricht später an seinen Kollegen Dr. Fritz Redlich weiter, der sie in seinem analytischen Buch publizierte.[54] Hitlers Wohlgefallen an »Viva Villa« (in der Hauptrolle Wallace Beery) ist also nur auf komplizierten Wegen dokumentiert, aber mehr als einleuchtend, sobald deutlich wird, dass ihm Pancho Villa eine neue Inkarnation des Volkstribunen Rienzi bedeutete – so wie ihn Wagner in seiner frühen Oper darstellte, die dem siebzehnjährigen Schüler Hitler einen unauslöschlichen Eindruck hinterließ. Pancho Villa triumphiert in Mexico City, fällt aber seinen Feinden zum Opfer, und es ist notwendig, in diesem Zusammenhang Hitlers Jugendfreund August Kubizek zu zitieren, der beschreibt, wie die beiden zum ersten Mal »Rienzi« sahen und Hitler seinen Freund mitten in der Nacht auf den Linzer Freinberg führte und von einem ganz neuen Sendungsbewusstsein zu sprechen begann.[55] »Seine Augen fieberten vor Erregung ... Er sprach von einem Auftrag, den er einst von seinem Volke erhalten würde, um es aus der Knechtschaft emporzuführen zu den Höhen der Freiheit.« Merkwürdig: Als Hitler am Abend des Münchner Putsches zur nationalen Revolution und zum Marsch auf Berlin aufrief, schrie ein Teilnehmer (wie uns Hitlers Biograf John Toland in Erinnerung ruft)[56]: »Das ist ja eine mexikanische Revolution!« Und der bayrische Rienzi-Villa wird gewiss nicht anderer Meinung gewesen sein.

Noch zwei Jahre später forderte Hitlers Büro das Propagandaministerium auf, dem Führer den Sowjetfilm »Wir aus Kronstadt« (1936) bereitzustellen[57], denn sein Interesse für (sogenannte) Volksaufstände war offenbar noch nicht erlahmt. Es ist nicht überliefert, was er über Jefim Dsigans berühmten Film dachte. Die Frage ist, ob ihm bewusst war, dass der Film, der die Tapferkeit der »roten« Matrosen feierte, die den Hafen Kronstadt gegen die »Weißen« (General Judenitsch) 1919 verteidigten, auch dazu diente, spätere Ereignisse, den spontanen Kronstädter Aufstand der unabhängigen Linken und Anarchisten gegen die Bolschewiken (März 1921), poetisch zu verschleiern.

In einem anderen Import-Film fand Hitler eine seiner politischen Intuitionen (oder Illusionen) und Erinnerungen an die preußische Geschichte und vielleicht die eigene Familie in glorreichen Technicolor-Farben bestätigt. Als Neville Chamberlain im Jahre 1937 Lord Halifax nach Deutschland entsandte, um Hitlers Ansichten über die politische Situation zu sondieren, lud man den berühmten Diplomaten in den Berchtesgadener Berghof ein. Hitler war in ungnädiger Laune, und die Konversation konzentrierte sich bald auf Indien, wo Halifax Vizekönig gewesen war und, aus seinen Erfahrungen schöpfend, Kompromissbereitschaft empfahl, sehr zum Unwillen seines Gesprächspartners, der behauptete, man müsste Ghandi und Hunderte seiner Anhänger erschießen, um mit unerbittlicher Strenge Ruhe im Land zu schaffen. Lord Halifax dürfte erstaunt gewesen sein zu hören, dass Hitler seine Lektion über indische Verhältnisse aus einem Hollywoodfilm gelernt hatte, dem Streifen »The Lives of a Bengal Lancer« (1935), den er nach eigenem Geständns dreimal gesehen hatte.

In seinen Tischgesprächen in den frühen Kriegsjahren (1941/42) bekannte sich Hitler immer wieder zu seiner Achtung vor den britischen Tories, einer »Herrenschicht«, mit der er sich lieber gegen die Vereinigten Staaten und die Sowjetunion verbündet hätte, als gegen sie kämpfen zu müssen. Er sympathisierte mit den Tories als Träger eines Weltreichgedankens und als Repräsentanten einer Auslese, die selbst ihre »drahtigen Frauen« betraf.[58] Wer sich, wie die britischen Tories, Indien unterworfen hatte, sollte aber nicht mit Gedanken

»The Lives of a Bengal Lancer« (Bengali)

an neue Freiheiten spielen: »Wer Blut vergossen hat, hat das Recht, die Herrschaft auszuüben.«⁵⁹

Hitler fand seine Erwartungen durch »Bengali«, so der deutsche Titel, dankbar erfüllt, denn zuletzt triumphieren konservative Disziplin und Kühnheit im Dienste der Armee, ohne das koloniale Prinzip je in Frage zu stellen. Die 41. Kompanie der Lanzenreiter, britische Offiziere und indische Mannschaften, verteidigen die nordwestlichen Grenzen Indiens gegen die Revolte der Stämme, die insgeheim von ihrem Prinzen Mohammed Khan organisiert wird. Auf einem Erkundungsritt nimmt Prinz Khan drei Offiziere gefangen, Lieutenant McGregor (Gary Cooper) und die jungen Lieutenants Forsythe (Franchot Tone) und Donald Stone (Richard Cromwell). Und während McGregor und Forsythe, die man foltert, um die Bewegungen eines britischen Munitionstransportes zu erfahren, tapfer ausharren, wird Donald Stone, der

Sohn des Kommandanten, im Konflikt mit seinem Vater zum Verräter. Die Munition fällt in die Hände der Rebellen, aber den drei Offizieren, zuletzt vereint, gelingt es, den Rebellen Widerstand zu leisten. McGregor sprengt den Munitionsturm mit einer Fackel (er stirbt dabei), Forsythe mäht die Rebellen durch MG-Feuer nieder, und der junge Stone macht alles wieder gut, indem er Khan mit einem wohlgezielten Dolchstoß tötet. Im Finale des Films werden die Auszeichnungen verteilt: Stone und Forsythe werden mit einem Verdienstorden dekoriert, und das Andenken McGregors durch das Victoria-Kreuz geehrt, das an die Satteltasche seines Pferdes geheftet wird.

Es war aber nicht nur Hitlers Hochachtung der Tories, sondern ein Handlungsstrang, der ihm den Film besonders empfahl. Es war der Vater-Sohn-Konflikt (Kommandant und Leutnant Stone), britische Disziplin und jugendliche Empfindsamkeit, der ihm ein Kapitel der preußischen Geschichte, Friedrich Wilhelm und Kronprinz Friedrich, in Erinnerung rief, und zugleich Steinhoffs Propaganda-Film »Der alte und der junge König« (1935), in welchem preußische Geschichte als Ouvertüre des Dritten Reiches erscheint[60], so wie in anderen Fridericus-Rex-Filmen. »Bengali« wurde der Hitler-Jugend zur Erziehung vorgeführt, aber ob sich Hitler durch die Kino-Vaterbilder an seine eigenen Familienverhältnisse erinnert fühlte, ist eine andere, berechtigte Frage.

7.

Sobald er an die Macht gelangte, war Hitler intensiver an der Situation des deutschen Films interessiert als Mussolini an der Entwicklung der italienischen Kinematografie, und selbst ein flüchtiger Vergleich fördert Einblicke in die Unterschiede der Physiognomien. Mussolini betonte den Familienvater und den vielbeschäftigten Staatsmann am Schreibtisch (an dem er auch reisende Filmstars wie Mary Pickford empfing); die übrige Zeit verbrachte er mit intellektuellen Partnerinnen wie Margherita Sarfatti oder seinen Sex-Eskapaden. Man muss von seiner Familie (nicht zuletzt seinem Sohn Vittorio) und einem ganzen Kreis von Beamten wie Luigi Freddi sprechen, sobald man an seine Film-Gewohnheiten rühren will. Er liebte es, theatralisch Grundsteine zu legen, Kongresse und Institute zeremoniell zu eröffnen, wie die neue Filmschule, deren Betrieb und Direktion er dann, zum Vorteil für den italienischen Film, anderen überließ.

Hitler war isoliert; sein Stundenplan war improvisierter und unregelmäßiger. Er stand spät auf (um die Zeit hatte Mussolini längst seinen Frühsport und die ersten Bürostunden im Palazzo Venezia hinter sich), intervenierte aber oft und gerne, sobald es um Filme ging. Er, der ehemalige Münchner, war persönlich am Gedeihen der bayrischen Produktionsstätten (Geiselgasteig) interessiert. Er sandte Glückwunschtelegramme an prominente Regisseure wie Karl Ritter, obwohl er seine Filme, wie Alfred Rosenberg glaubte, eher patriotisch als parteilich fand, verteilte hohe Reichsmark-Dotationen an prominente Schauspieler und Regisseure wie Emil Jannings, Veit Harlan, Heinz Rühmann, Wolf Liebeneiner und andere. Er zeichnete die Premiere politischer Filme wie »Ohm Krüger« durch seine persönliche Anwesenheit aus und sandte mitten im Krieg kleine Aufmerksamkeiten, wie Kaffee und Schoko-

Hitler als Zuschauer

lade, an beliebte Filmstars wie Jenny Jugo, die dann womöglich vom Propagandaminister bezichtigt wurden, die seltene Ware durch strafbaren Schwarzhandel ergattert zu haben.

Leni Riefenstahl war die einzige Filmproduzentin, an deren Arbeit Hitler steten und hilfsbereiten Anteil nahm. Sie war mehr Technikerin des Propagandafilms als Schauspielerin und Spielfilm-Regisseurin, und die Frage, ob sie Hitlers Einsichten in den Film seiner Zeit nicht eher blockierten anstatt sie zu fördern, lässt sich nicht von der Hand weisen. »Das blaue Licht« und »Tiefland« (sie arbeitete in Spanien, während er im Hauptquartier residierte) waren, beide auf ihre Art, balladeske Schwarzweiß-Anachronismen und nicht geeignet, seinen Blick für die Möglichkeiten des neuen Films, zum Beispiel des Neorealismus, in dem der italienische Film seine Zukunftsmöglichkeiten entdeckte, zu fördern.

Hinzu kommt noch ein anderer Umstand: Die biografische und historische Hitler-Literatur hat in den vergangenen Jahrzehnten eine Wandlung erfahren. Sie erinnert nicht mehr an den Dämon, aber an den mörderischen Politiker, für den die kategorialen Bestimmungen von der Banalität des Bösen gelten. Hitler delegierte nicht, wie Mussolini, die Aufgaben des Filmwesens an den eigenen Sohn und an einen Kreis vertrauter Funktionäre, sondern er fand sich, allein und mit seinen eigenen Film-Gewohnheiten, immer wieder in das persönliche Leben und die amtlichen Aktivitäten seines Ministers Goebbels verstrickt, der oft anderer Meinung war und doch, in seiner Verehrung für den Führer, nie den Mut besaß, diese offen durchzusetzen.

Kapitel 4

GOEBBELS

Dr. Joseph Goebbels, Katholik, Rheinländer, seit seiner Kindheit gehbehindert, wollte Dichter und Schriftsteller werden, aber niemand zeigte Interesse an seinen Gedichten, autobiografischen Romanen oder Dramen. Er kompensierte seine Hemnisse und Behinderungen durch eine politische Karriere, die ihn, den unbeirrbaren Komplizen Hitlers, zum mächtigsten Medien-Funktionär des Dritten Reiches emporsteigen ließ. Im Juli 1944 ernannte ihn der Oberbefehlshaber zum Generalbevollmächtigten für den totalen Kriegseinsatz. Als Hitler mit Eva Braun im Berliner Bunker Selbstmord beging, folgten ihm Goebbels, der Reichskanzler für einen Tag, und seine Gattin 24 Stunden später. Sie nahmen ihre sechs Kinder, die sie vergifteten, mit in den Tod.

1.

Goebbels wurde am 29. Oktober 1897 in Rheydt, nicht weit von Düsseldorf, in einer kleinbürgerlichen Aufsteigerfamilie geboren.[1] Sein Vater war Handlungsgehilfe (Laufbursche) in einer Dochtfabrik, ehe er zu ihrem Angestellten und Prokuristen avancierte. Er heiratete die Bauernmagd Katharina und setzte sechs Kinder in die Welt. Der junge Joseph war seit seinem vierten Lebensjahr mit einem Klumpfuß behaftet, den auch eine Operation nicht zu korrigieren vermochte, und als der Weltkrieg ausbrach, wurde er dem Zivildienst zugeteilt. In der Volksschule war er kein beliebter Schüler, aber das Gymnasium absolvierte er als Bester seines Jahrgangs. Er hielt die Festrede anlässlich des Abiturs, und die Familie, die seine älteren Brüder bald ins Berufsleben dirigiert hatte, sparte in der schlimmsten Zeit Pfennig um Pfennig, um ihm das Universitätsstudium zu ermöglichen, das auch eine lokale katholische Hilfsorganisation mit einem Stipendium unterstützte. Die wechselvollen Studienjahre (1917 bis 1922), zwei Semester in Bonn und dann in Freiburg, Würzburg, München und Heidelberg, wo er seine Dissertation über den wenig bekannten Romantiker Wilhelm von Schütz einreichte, verraten die Unruhe des jungen Menschen, den es unaufhörlich nach Klarheit und Erlösung verlangte.[2] Auch in seinen Romanentwürfen wie »Michael Voormann« und den Dramen über »Judas Iscariot« oder »Prometheus«. Ebenso wie seine chaotischen Affären mit treuen und untreuen Mädchen wie der unvergesslichen Anka Stahlherm oder mit Else Janke, deren Mutter jüdischer Herkunft war. Er las viel und gerne, Russen wie Dostojewski und Tolstoi oder skandinavische Autoren, und war, insbesondere in München, oft in der Oper und in den Schauspielbühnen zu finden. Es dauerte jedenfalls drei Jahre, ehe er in seinem Tagebuch (24. September 1924) einen Filmbesuch erwähnte.[3]

Seit Anfang des Jahres 1924, zwischen Depressionen und Erlösungshoffnungen schwankend, begann sich Goebbels, der versucht hatte, einige Monate in einer Bank zu arbeiten, für die lokale Politik der völkischen Bewegung zu interessieren und gründete am 4. April 1924 eine Ortsgruppe der Völkischen. Aber die Wahlen waren eine Enttäuschung, denn der völkische Block brachte es in Rheydt nur auf 528 Stimmen (2,7 Prozent). Eine Tagung in Weimar, Mitte August, bei welcher Goebbels eine Chance hatte, die Prominenz der Rechten, einschließlich Erich Ludendorff, Gregor Strasser und Gottfried Feder persönlich kennenzulernen, ließ ihn neue Hoffnung schöpfen. Er war unter seinen Gesinnungsfreunden bald als wirksamer Versammlungsredner und Journalist bekannt, und obwohl er sozialistische Ideen akzentuierte, bewunderte er den von bayrischen Gerichten inhaftierten Hitler *par distance*, feierte ihn nach seiner vorzeitigen Entlassung aus der Haft, und die erste persönliche Begegnung, am 12. Juli 1925 in Weimar, sollte sein Leben und seine Ideen von Grund auf ändern. Allerdings konvertierte er nicht von heute auf morgen. Er war bezaubert, aber in vielen Fragen war er noch anderer Meinung, so etwa in der »Fürstenabfindung« (in München war man dafür, im Ruhrgebiet dagegen) und in der Frage des Ostens. Denn Goebbels, der leidenschaftliche Leser Dostojewskis und Tolstois, glaubte an das »heilige Russland«, während Hitler an realistischeren Perspektiven festhielt. Hitler wusste genau, wie man mit einem jungen Bewunderer umgeht, den es nach totaler Unterordnung dürstete. In den frühen Monaten des Jahres war Goebbels noch enttäuscht von manchen programmatischen Ideen Hitlers, aber dann lud ihn der Führer Anfang April 1926 nach München ein (zusammen mit den Männern der Opposition im Westen). Hitlers eleganter Wagen stand zur Verfügung der Gäste, man sprach vertraulich miteinander, und zuletzt umarmten sich Hitler und Goebbels zu Tränen gerührt. Goebbels reiste noch einmal nach Berchtesgaden (25. Juli 1926), Hitler trug ihm in der Folge an, Gauleiter in Berlin zu werden (zumindest kommissarisch), aber Goebbels hatte Schwierigkeiten, sich zu entscheiden. Dann gab er seiner langjährigen Freundin Else (der nicht ganz arischen) den Laufpass, nahm das Amt an, reiste nach Berlin, und Hitler beförderte ihn nach zwei Jahren (November 1928) zum Reichspropagandaleiter. Rundfunk und Film lagen allerdings noch geraume Zeit, bis zum 4. Oktober 1932, in der Kompetenz Gregor Strassers.

Als neu ernannter Reichspropagandaleiter hielt Goebbels zunächst an den traditionellen NS-Propagandatechniken fest, die auf Massenversammlungen, Rednertugenden und gedruckten Texten basierten, wie sie Hitler in »Mein Kampf« gerühmt hatte. Noch in den Jahren 1926/27 hatte Goebbels in den NS-Briefen eine Reihe von theoretischen Artikeln publiziert[4] und konzentrierte sich darin, als ob es darum ginge, Hitlers Gedanken zu bestätigen, auf das »Wahlplakat« mit Riesenfiguren, etwa einen Arbeiter, der einen Riesenhammer schwingt. Und er betonte die Nützlichkeit eines kurzen mitgedruckten Textes, der in wenigen Minuten zu lesen und zu begreifen war (Mussolini, in einem Land mit einem hohen Prozentsatz an Analphabeten, hatte andere Sorgen). Erst in den späten zwanziger und frühen dreißiger Jahren, in einer Epoche des verschärften Machtkampfes und wiederholter Wahlen, fühlte sich Goebbels bereit, die alten Mittel der Massenversammlungen und der zündenden Reden durch neue technische Mittel zu intensivieren. Er ließ Zehntausende Schallplatten mit Hitler-Reden herstellen, das Flugzeug brachte den Redner Hitler in die entlegensten Provinzen der Republik, und Goebbels selbst organisierte die Demonstrationen[5] gegen die Premiere des Hollywoodfilms »Im Westen nichts Neues« (nach dem Roman von Erich Maria Remarque). Die Demonstranten drangen in den Berliner Mozartsaal ein (5. Dezember 1930), warfen Stinkbomben, streuten Nießpulver und ließen weiße Mäuse frei, um gegen die angeblich jüdischen Hintermänner der amerikanischen Filmproduktion und ihre mangelnde Hochachtung vor dem deutschen Frontsoldaten zu protestieren. Schon »nach wenigen Augenblicken glich das Kino einem Tollhaus«, notierte Goebbels in seinem Tagebuch und gratulierte sich, »die richtige Nase« gehabt zu haben. Am Tag danach sprach er am Wittenbergplatz zu Tausenden Parteigenossen. Die Demonstrationen wurden gegen den Widerstand der Polizei wiederholt, der Film wurde zuletzt von den Behörden verboten, und Goebbels sprach triumphierend von »unserem Filmsieg«. Die Demonstrationen nahmen auch in der Provinz ihren Fortgang, aber am 8. Juni 1931 wurde der Film wieder zugelassen, zunächst für bestimmte Personenkreise, und am 2. September 1931 für die Allgemeinheit, wenn auch in einer gekürzten Fassung.

Die NS-Demonstrationen gegen »Im Westen nichts Neues« signalisierten zum ersten Mal in aller Öffentlichkeit, welche Bedeutung die NSDAP dem Film beimaß. Doch wie die Dissertation[6] von Thomas Hanna-Daoud (1996) im Einzelnen und aus archivalischen Beständen nachweist, waren filmisch interessierte Parteimitglieder und Ortsgruppen (selbst Hitler soll am 21. November 1920 einer SA-Versammlung in München Fragmente einer Aufnahme von der Westfront gezeigt haben[7]) seit frühen Jahren damit beschäftigt, kurze Filme über Tagungen und Parteitage mit eigener Kamera festzuhalten.

Goebbels' erste Filmnotiz in den Tagebüchern (24. September 1924) betrifft eine Verfilmung des schwedischen Klassikers »Gösta Berling«, und er stellt fest, dass die skandinavischen Schauspieler weniger mit einer akzentuierten Mimik arbeiteten als die deutschen, also eine lobenswerte »Diskretion im Mienenspiel« – deutsche und skandinavische Filme im Plural erwähnt, als ob es dem Schreiber darauf ankäme, seine Kenntnisse des Mediums zu betonen. Und das alles in Ruhe, ohne den erregten Ton, der Hitlers Filmnotizen in »Mein Kampf« charakterisiert. In den zwanziger Jahren sah Goebbels eine Reihe von Filmen des internationalen Repertoires, Fritz Langs »Nibelungen« (11. April 1925) und Sergei Eisensteins »Panzerkreuzer Potemkin« (30. Juni 1928), die sich seiner Erinnerung unauslöschlich einprägten. Und als er den ersten Hollywood-Tonfilm »The Singing Fool« (2. September

1929) inspizierte, forderte er seine Parteifreunde auf, die neue Erfindung nicht als »amerikanisches Gemache« abzutun und »das Zukünftige« darin zu erkennen.[8]

Zwei Jahre vor den Demonstrationen gegen »Im Westen nichts Neues« war schon der erste NSDAP-Propagandafilm entstanden, auf Initiative des Gauleiters, der zugleich als Reichspropagandaleiter agierte. Ein Amateur hatte den »Dritten Märkertag«, eine Manifestation der Berlin-Brandenburger SA, auf Schmalfilm festgehalten. Goebbels bekam die Aufnahmen zu Gesicht und beschloss, sie durch seine Mitarbeiter umarbeiten zu lassen. Neue Titel und Szenen wurden hinzugefügt, die das Antisemitische und das Aggressive intensivierten. Am 3. März 1929 sah Goebbels »unseren Film« mit seinen Mitarbeitern, fand ihn »ausgezeichnet gelungen«, und die erste Aufführung des Films, nun mit dem Titel »Kampf um Berlin«[9], fand zu Ehren Hitlers am 20. April 1929 im Berliner Atriumpalast statt. Und dann wurde der Film von der eben gegründeten »Filmstelle« der Berliner Gauleitung an interessierte Ortsgruppen verliehen (nach NS-Angaben in mehr als 500 Ortsgruppen).

Die frühen dreißiger Jahre waren die Epoche der wiederholten Wahlen, für das Amt des Reichspräsidenten, in Land- und Reichstag, und Goebbels, ehrgeizig und selbstbezogen, suchte ein »Meisterstück der Propaganda« zu liefern. Die Filmpolitik der NSDAP war allerdings in jenen Jahren schwankender denn je und bewegte sich zwischen einer steten Dezentralisierung, welche die Gaue favorisierte, und dem wiederholten Versuch der Zentralisation, dem Versuch, eine Reichsfilmstelle zu schaffen, noch unter Philipp Bouhler oder Gregor Strasser, aber auch als Goebbels von Herbst 1932 bis Januar 1933 als Amtsträger aktiv war. Anlässlich der Reichspräsidentenwahl hielt Goebbels eine Tonfilmrede, die auf »den Plätzen der deutschen Großstädte« vorgeführt werden sollte, aber diese »Schicksalswende«, wie er den Film nannte[10], vermochte Hitlers Schlappe nicht zu verhindern (Hindenburg 53 Prozent, Hitler 36 Prozent). Für die Reichstagswahlen entwarfen die NS-Filmleute ein Programm von »Wahltonfilmen«, in welchen die gesamte NS-Prominenz (Strasser, Göring, Darré, Feder und der bayrische Gauleiter Wagner) zu Wort kommen sollte. Hitler (»Parole: Führer«) und Goebbels (»14 Jahre System«) hatten ihre besondere Chance. Aus den Wahlen im Juli 1932 ging die NSDAP mit dreizehn Millionen Stimmen überlegen hervor, büßte im November einiges ein (elf Millionen, ein Verlust von 34 Mandaten), triumphierte nach dem Reichstagsbrand (siebzehn Millionen Stimmen, 43,8 Prozent). Und am 14. März 1933 ernannte der Reichskanzler Hitler seinen treuen Gefolgsmann Goebbels zum Minister für Volksaufklärung und Propaganda.

2.

Am 4. März 1933 vereidigte Hindenburg den neuen Reichsminister, und der 36-Jährige, stolz und selbstbewusst in seiner neuen Würde, zögerte keinen Augenblick, das neue Amt, das er lange Monate geplant hatte, gleichsam über Nacht zu funktionalisieren.[11] Sieben Abteilungen waren vorgesehen, neben den juristischen und verwaltungstechnischen je eine Abteilung für den Rundfunk (III), die Presse (IV), den Film (V) und Musik und Theater (VI), und Goebbels sollte noch viel Energie darauf verwenden, den richtigen und effizienten Abteilungsleiter für den Film zu finden. Jedenfalls berief er drei Wochen nach seiner Vereidigung, am 28. März 1933, eine Konferenz der Filmschaffenden, einschließlich der Ufa-Direktoren, ins Hotel Kaiserhof ein, das Hitler zuzeiten als Hauptquartier gedient hatte. Er gab sich dort als kundiger und toleranter Filmfreund, der mit den bedeutenden europäischen und amerikanischen Filmen seit Jahrzehnten vertraut war, und erklärte, die Filmkunst sollte »frei bleiben«, aber an »Normen gebunden«, und das war die offene Frage. Um seine Filmfreundschaft zu bestätigen[12], nannte er vier Filme, die er, ungeachtet aller politischen oder personalen Fragen, als Kunstwerke besonders hochschätzte, und zwar Sergei Eisensteins »Panzerkreuzer Potemkin«, Irving Thalbergs Greta-Garbo-Film »Anna Karenina«, Fritz Langs Nibelungenfilm und Luis Trenkers »Rebell«. Unter den Gästen waren viele Parteimitglieder in Uniform, Stars wie Emil Jannings, Hans Albers, Willy Fritsch, aber auch die Schauspielerinnen Grete Mosheim und Lucie Mannheim (jüdischer Herkunft).

Am Tag nach der Kaiserhof-Versammlung fanden private Gespräche des Ufa-Vorstandes statt, der über die »Weiterbeschäftigung« der jüdischen Mitarbeiter und Angestellten beriet – zur gleichen Zeit, da Goebbels seinen berüchtigten Aufruf zum Boykott jüdischer Geschäfte publizierte und die SA den Boykott schlagkräftig kontrollierte. Man war sich darüber einig, 27 Fälle abzuhandeln, Produktionsleiter, Regisseure, Skriptautoren, Komponisten, Techniker und sogar Angestellte im Bürobetrieb und in den Vorzimmern. Unter den Prominenten waren der Produzent Erich Pommer (»Metropolis«) und der Regisseur Erik Charell (»Der Kongreß tanzt«), deren Verträge sogleich aufgelöst wurden. Bewährte Drehbuchautoren wie Robert Liebmann und Hans Müller wurden verabschiedet, und im Falle einiger Büroangestellter wollte man sich zu einem »langsamen Abbau« bequemen. Conrad Veidt, den man im Kaiserhof gesehen haben wollte, signierte einen Fragebogen demonstrativ als »Jude« und verließ Berlin mit seiner neuen ungarisch-jüdischen Braut Ilona Prager in Richting London. Goebbels lud den »Nibelungen«-Regisseur

Fritz Lang zu einem persönlichen Gespräch und bot ihm, mit besonderem Hinweis auf die Sympathie Hitlers, eine leitende Position in der deutschen Filmwirtschaft an – Grund genug für Lang, noch am gleichen Nachmittag Berlin im Schnellzug nach Paris zu verlassen.

Im Frühsommer 1933 zerbrachen die letzten Illusionen jener, die glaubten, die deutsche Filmwirtschaft könnte zumindest einen Teil ihrer Autonomie bewahren. Am 1. Juni 1933 erfolgte die Gründung der Filmkreditbank und am 14. Juli 1933, durch ein vorläufiges Gesetz, die Institutionalisierung der Reichsfilmkammer (RFK), die dann am 22. September 1933 den anderen Reichskulturkammern (RKK) eingegliedert wurde.[13] Die deutsche Filmwirtschaft stand 1933 nicht in Blüte, und die amtliche Gründung der Filmkreditbank wurde von den meisten begrüßt. Drei Großbanken (die Commerzbank, die Deutsche Bank und die Dresdner Bank) gründeten eine Gesellschaft mit begrenzter Haftung, deren Aufgabe es sein sollte, dem kränkelnden Filmbetrieb unter die Arme zu greifen. Es genügte, so sagten die Bestimmungen, dass der Filmproduzent eine dreißigprozentige Finanzierung nachweisen könne (in der Praxis war es allerdings notwendig, die Vorzensur zu bestehen). Bald finanzierte die Filmkreditbank mehr als siebzig Prozent aller Produktionen, die bis zur Abzahlung der Kredite Eigentum der Filmkreditbank waren. Vor allem die der großen Firmen; die kleinen fanden sich bald an den Rand gedrängt oder gingen bankrott, und die Filmkreditbank diente bald als Instrument einer vom Staat gewollten Konzentration, wenn nicht der schleichenden Verstaatlichung. Das Gesetz über die Filmkammer (vom 14. Juni 1933) bestimmte, wer in der Filmwirtschaft tätig sein durfte, also Ariernachweis und politische Eignung; und obwohl die Kammer den Anspruch auf Filmexpertise erhob, war sie zunächst jahrelang von Ministerialbürokraten geführt, ehe der Regisseur und Produzent Carl Froelich (1939 bis 1945) die Leitung übernahm.

Mit den Gesetzen über die Filmkreditbank und die Filmkammer erneute Goebbels seine Ansprüche in einer neuen Version des Reichslichtspielgesetzes vom 16. Februar 1939 und in den folgenden Revisionen.[14] Er verlangte nach einer positiven Zensur, die gute Filme förderte, und das neue Gesetz institutionalisierte die Instanz des Reichsfilmdramaturgen (zunächst Willi Krause, dann Hans-Jürgen Nierentz, zuletzt Ewald von Demandowsky), der das Recht hatte, jederzeit in die Produktion eines Filmes einzugreifen und der traditionellen Berliner Prüfstelle übergeordnet war. Obwohl man zehn Monate später bestimmte, dass die Vorlage eines Treatments nicht obligatorisch war, bestimmte das Ministerium vor Kriegsbeginn wieder (23. Februar 1939), dass man zur obligatorischen Vorlage zurückkehren müsse. Goebbels war mit Verzögerungen unzufrieden, versuchte es eine Zeitlang mit »Kunstausschüssen«, in welchen Schauspieler und Regisseure vertreten waren, aber auch sie funktionierten nicht recht, und Goebbels löste sie im Dezember 1938 wieder auf. Die neue Version des Lichtspielgesetzes (1934) regelte die Verleihung der Prädikate, die auf Vorschlag der Filmprüfstelle verliehen wurden; nach den neuen Regeln (1. April 1939) kamen acht Auszeichnungen in Betracht[15], von »staatspolitisch und künstlerisch besonders wertvoll« bis zu »kulturell wertvoll« oder »volkstümlich wertvoll«. Die Filme der höchsten Prädikate waren von jeder Vergnügungssteuer befreit, Filme der niederen Gruppe hatten vier Prozent zu verrechnen, und bei Filmen ohne Prädikate betrug die Steuer zwölf Prozent. 1939 wurde noch eine Auszeichnung, die höchste, »Film der Nation«, geschaffen, aber sie wurde nur fünfmal verliehen, darunter an die historischen Filme, die Goebbels besonders bevorzugte, zum Beispiel »Ohm Krüger« (1941), »Der große König« (1942)

oder »Kolberg« (1944). Ein Widerruf oder ein Protest gegen ein Prädikat war nicht vorgesehen, und Goebbels erließ am 26. November 1936 eine neue Verordnung, die das Ende jeder wertenden Kunst- und Filmkritik bedeutete.[16] »Ich untersage mit dem heutigen Tage endgültig die Weiterführung der Kunstkritik in der bisherigen Form.« Ein Funktionär des Ministeriums erklärte, der »Kunstrichter« sei ein »Kunstdiener«, der eine öffentliche Aufgabe erfülle. Seine »Kunstbetrachtung« sollte »alles enthalten, was zu sagen ist«, aber nicht »richten«, denn die Wertbestimmung stehe allein dem Staat und der Partei zu.

3.

Der Filmminister Goebbels, der durch die Emigration so vieler begabter Fachleute und den Boykott deutscher Filme im Ausland in einige Bedrängnis geriet, wollte nicht leichthin auf seine Erfolge verzichten. 1935 sank die Produktion auf 93 Filme (von 112). Ein internes Memorandum der Ufa bedauerte den Umstand, dass nur neun begabte Regisseure für zwanzig neue Projekte verfügbar waren, und Goebbels war bereit, dem Regisseur und Schauspieler Reinhold Schünzel (geboren 1899 in Hamburg und von seiner Mutter her jüdischen Ursprungs) von Film zu Film Sondergenehmigungen zu erteilen, welche die Ufa bereitwillig akzeptierte, solange Schünzel das Budget nicht allzu rasch überschritt.

Schünzel[17] war ursprünglich im Verlagshaus Scherl tätig, wechselte aber bald zum Theater (1912) und zum Film (1916). Er begann für eine Varieté-Tournee zu reisen, war Komiker am Theater in Bern und übersiedelte 1915 nach Berlin. Ein vielseitiger Praktiker, erfolgreich in seinen Rollen als Lebemann und Ganove, königlicher Minister in Lubitschs Drama »Madame Dubarry« (1919) und selbständiger Regisseur literarischer Vorlagen, wie zum Beispiel Friedrich Hebbels »Maria Magdalena« und anderer Spielfilme der zwanziger Jahre. Seine musikalischen Komödien »Saison in Kairo« (Uraufführung Juli 1933) und »Viktor und Viktoria« (Uraufführung Dezember 1933), mit Renate Müller in einer verdoppelten Transvestitenrolle (die Frau als Mann, der dann eine Frau spielt), waren Publikumserfolge, und nicht nur in Berlin.

Schünzels »Amphitryon – Aus den Wolken kommt das Glück« (1935) setzt die Reihe seiner musikalischen Komödien fort, hat aber die anderen überdauert, weil mehr als zwei Generationen von Zuschauern und Kritikern davon überzeugt waren, dass Schünzel die antiken Bilder und Figuren dazu benutzte, um mit seiner Mischung aus Kabarett, Pennälerwitz und ziviler Sprache gegen alles Heroische und Autoritäre zu fechten.[18] »Aus den Wolken kommt das Glück«, das war, für die meisten Zeitgenossen, eine satirische Anspielung auf Hitler, der in Leni Riefenstahls gleichzeitigem Film im Privatflugzeug nach Nürnberg zum Parteitag niederfährt.

Schünzels Film beginnt mit einer Friedensdemonstration der Frauen von Theben, die ihre Männer nicht länger entbehren wollen; und selbst die edle Alkmene, die sie zur Ruhe mahnt, betet zu Jupiter, er möge den thebanischen Waffen einen raschen Sieg verleihen. Auf dem Olymp wird Jupiter von Merkur noch rechtzeitig aus dem Schlaf geweckt, um Alkmenes Gebet zu hören und sie durch seine himmlische Lupe zu betrachten. Gegen Merkurs Protest entscheidet er sich, nach Theben niederzufahren und die schöne Alkmene zu verführen. Seine Gattin wittert Schlimmes, will ihn zur Kur nach Sparta senden, aber Jupiter und Merkur packen ihre Siebensachen und begeben sich per (Fall-)Schirm nach Theben. Jupiters erster Annäherungsversuch schlägt fehl, denn er hat

Reinhold Schünzel

vergessen, dass er längst eine Glatze hat, und er muss sich kosmetisch in den feurigen Hauptmann Amphitryon verwandeln, den Alkmene leidenschaftlich erwartet. Sie kredenzt ihm Samos, seinen Lieblingswein, und er trinkt sich in tiefen Schlaf.

Merkur fährt besser, denn Andria (Alkmenes Jungfer) ist glücklich, einem verwandelten Gatten zu begegnen, der (nicht wie ihr wirklicher Mann Sosias) dem Wein entsagt hat, ihr herrische Befehle erteilt und, kein Wunder, den Weg in ihr

Bett findet. Inzwischen kehren die Soldaten siegreich aus dem Krieg zurück, Hauptmann Amphitryon glaubt den Worten von Alkmenes Freundinnen zu entnehmen, dass ihm Alkmene untreu geworden ist. Sein Zorn ist grenzenlos, inzwischen möchte Jupiter einen neuen Annäherungsversuch unternehmen, hat aber einen akuten Schnupfen und wird vom Arzt ins Bett geschickt. Amphitryon wendet sich an eifrige Scheidungsanwälte (allerdings niemand anders als Jupiter und Merkur), und die Verwirrung ist allgemein. Juno, die einen neuen Seitensprung Jupiters wittert, fährt selbst vom Olymp nach Theben nieder und ordnet die Dinge rasch und entschieden. Amphitryon erkennt, dass ihn Alkmene nicht verraten hat, sie fallen einander glücklich in die Arme, Merkur spielt Sosias den neuen Hut zu, den Andria so lange wollte, und sie nimmt den Gatten wieder versöhnt bei sich auf. Juno, ihr »Juppi« und Merkur halten sich wiederum an ihren Schirm, fahren durch die Wolken zurück auf den Olymp, und man kann sich des Eindrucks nicht erwehren, dass Juno ihrem Jupiter noch manche Gardinenpredigt halten wird.

Goebbels besuchte am 25. Februar 1935 die Neubabelsberger Ateliers und war glücklich, alles in vollem Betrieb zu finden. Willy Fritsch sah blendend aus, Reinhold Schünzel ließ sich gerne sehen, und das Tagebuch verrät nichts darüber, dass er mit Sondergenehmigung drehte. Goebbels sah sich den fertigen Film am 13. Juli 1935 an und war skeptisch. »Typisch Ufa«, notierte er in seinem Tagebuch und meinte damit ein kitschiges »Konglomerat von widersprechenden Stilelementen«, ohne zu begreifen, dass es gerade die widersprechenden Stilelemente waren, die Schünzels polemische Absichten intensivierten. Das war dem New Yorker Filmkritiker Frank S. Nugent klarer, der am 24. März 1937 die französische Version im New Yorker Belmont-Kino sah und vor dem Kino die protestierenden Abordnungen jüdischer Organisationen

»Amphitryon – Aus den Wolken kommt das Glück«,
Komödie von Reinhold Schünzel

und der Antifaschistischen Liga. Er erklärte in der *New York Times*[19], die Abordnungen hätten sich den Film lieber anschauen sollen, als vor dem Kino zu protestieren, denn Schünzel hatte in seinem »rhythmischen Dialog« eine neue Möglichkeit entwickelt, sich der Filmoperette zu nähern, ohne sich mit ihr zu identifizieren. Nugent erkannte deutlich, wie wirksam die »amüsante« Sprachbildung das oppositionelle Element förderte – selbst wenn er nichts darüber sagt, wie entwaffnend die falschen Zitate (»Ich kenne in Sparta ein kleines Hotel«, so Merkur, Ralph Benatzkys Schlager im Flirt mit Andria) oder die komischen Reime im Song der Freundinnen »Arme Alkmene, sie hat Migräne« wirken.

Der routinierte Abenteuerfilm »Donogoo Tonka« (1936) schlüpfte noch durch, aber »Das Mädchen Irene« (1936) provozierte Goebbels zu einigem Protest. Er war nicht geneigt, mit einer Frau in reifem Alter zu sympathisieren, die neue

Lebenserfüllungen sucht, noch mit ihrer sechzehnjährigen Tochter, die stürmisch protestiert und den neuen Kavalier und sich selbst umbringen möchte. Goebbels notierte in seinem Tagebuch (17. Oktober 1936): »Ganz schlecht, eine überforcierte, schlechte Sache ... ich lasse die Vorführung abbrechen.« Schlimmer noch, Schünzels letzter Film in NS-Deutschland: »Land der Liebe« (1937). Wieder eine Verwechslungskomödie, aber politisch, hoch und niedrig, ein König und ein Poet, karikierte Minister (Polizeipräfekt Oskar Sima), eine Prinzessin und ein Mädchen, die beide ihr richtiges Glück finden. Goebbels notierte im April 1937: »Eine typische Judenmache. Ganz unausstehlich. Der darf so nicht heraus. Nun werde ich diesen Unrat ausmisten.« Und am 19. April 1937 fügte er hinzu: »Furchtbarer Ärger mit dem Schünzel-Film ›Land der Liebe‹, der 1,3 Millionen kostete und gänzlich unbrauchbar ist. Das hat dieser Halbjude mit Absicht gemacht.« Die Eintragung vom 30. April 1937 lässt keinen Zweifel mehr: »Schünzels ›Land der Liebe‹ bringt uns einen ungeheuren Schaden. Aber damit bin ich auch Schünzel und F. A. Mainz [den verantwortlichen Produktionschef der Terra] los.« Und in einer Pressekonferenz des Ministeriums wurde im Juni 1937 verlautbart, dass Schünzel Deutschland verlassen hatte. In Hollywood drehte Schünzel drei Filme (darunter »The Ice Follies of 1939« mit Sonja Henie) und spielte in anderen den ikonischen Nazi-Schurken, so in Hitchcocks »Notorious«. Er kehrte 1949 nach Deutschland zurück, wurde für einen neuen Film ausgezeichnet und starb am 14. September 1954 an einem Herzinfarkt auf dem Weg vom Münchner Luitpold-Kino in sein Hotel.

4.

Goebbels hatte radikalere Pläne, um die wirtschaftliche Konsolidierung und die politische Gleichschaltung der zersplitterten deutschen Filmwirtschaft zu erzielen. Er benutzte Max Winklers Cautio Treuhand GmbH, gegründet im Jahre 1929 und seit längerem nützlich im Aufkauf missliebiger Zeitungen und Verlage, um die Filmbranche zu zentralisieren und seine Widersacher auszuschalten. Die erste Filmgesellschaft, welche die Cautio Treuhand sanierte und dem Staat unterstellte, war die Tobis Filmkunst GmbH (so genannt nach ihrer Reorganisation), und die mächtigste Filmfirma, die Ufa, und andere, sollten ihr folgen.[20]

Die Ufa, deutschnational und konservativ, setzte Winkler wenig Widerstand entgegen. Goebbels' Hauptfeind im Aufsichtsrat, Hugo Correll, sollte noch bis 1939 bleiben, aber Winklers Angebot war finanziell zu günstig, um den Aufsichtsrat nicht zur Kapitulation zu bewegen, und am 18. März 1937 übernahm der Staat den Konzern, und Goebbels hatte allen Grund, Winkler für sein »Meisterstück« zu loben. Die anderen Gesellschaften folgten. Terra, Wien-Film, nur die bankrotte Bavaria musste auf expliziten Wunsch des Führers als Bavaria-Filmkunst erhalten bleiben, denn die Kunststadt München sollte nicht ihrer eigenen Filmproduktionsstätten beraubt werden. Erst im Krieg war verwaltungstechnisch alles unter Dach und Fach. Die Ufa (zu diesem Zwecke Ufi genannt) war die Dachorganisation, welcher die anderen Filmfirmen untergeordnet waren. Am 21. Februar 1942 verkündete Goebbels in einer Rede an die Filmarbeiter die Neuordnung, einschließlich der neuen Funktion eines »Reichsfilmintendanten« (zunächst Fritz Hippler, dann SS-Scharführer Hans Hinkel), die aber ihren Chef keineswegs daran hinderte, in die Filmplanungen einzugreifen, wo immer er wollte. Ob er nun

»Die goldene Stadt«

bestimmte, wer Regie führte, oder verlangte, dass sich die Nachwuchsschauspielerin Hildegard Knef einer Nasenoperation unterziehe.

Der Farbfilm »Die goldene Stadt« (1942) zeigt deutlicher als andere Produktionen, wie Goebbels darauf bestand, seine eigenen dramaturgischen und politischen Ideen durchzusetzen, und es ist nicht uninteressant, dass »Die goldene Stadt«, eine Prager Liebesgeschichte, der populärste Film war, den das Dritte Reich produzierte. Dieser Film spielte nach einem Dokument vom Februar 1944 schon in den beiden ersten Jahren 12,5 Millionen Reichsmark ein. Zu jener Zeit hatten schon 31 Millionen Deutsche diesen Film gesehen, ohne die Zahl jener, die in geschlossenen Formationen ins Kino marschierten, Mitglieder der Partei und anderer Organisationen.[21] Im

Vergleich waren andere Filme weniger erfolgreich: Den ersten deutschen Farbfilm »Frauen sind doch bessere Diplomaten« (1941) sahen 26,5 Millionen und Veit Harlans »Jud Süß« (1940), den aggressivsten der antisemitischen Parteifilme, 20,3 Millionen, also um ein Drittel weniger als die Prager Geschichte.

Die zeitgenössischen Angaben verschweigen nicht, dass »Die goldene Stadt« auf das erfolgreiche Schauspiel »Der Gigant« (1937) des Innviertel Dramatikers Richard Billinger zurückgeht[22], der sich allerdings auf die Schauspielerin Käthe Gold (Burgtheater) berief, die ihm die Geschichte aus den Schicksalen der eigenen südmährischen Familie berichtete. Die Ufa-Produzenten waren mit seinem Skript nicht zufrieden und beriefen Veit Harlan, ein zweites Skript zu schreiben, und zuletzt, als die Dreharbeiten schon beendet waren, intervenierte Goebbels als dritter Dramaturg, der wieder mit Harlans Happy End unzufrieden war und eine Rückwendung ins Tragische forderte, aber aus anderen, nationalpolitischen Gründen. Billinger allerdings zeigte kein Interesse daran, mit Harlan zu arbeiten, und das wieder gab Harlan die Chance, einen anderen Mitarbeiter zu wählen, der ihm schon als Regieassistant zur Seite gestanden war – Alfred Braun.[23] Dieser war ein ehemaliger Oranienburg-KZ-Häftling, Heimkehrer aus einem provisorischen türkischen Exil und nicht gewillt, hier und jetzt dem Regime programmatischen Widerstand entgegenzusetzen. Harlan und sein Mitarbeiter bemühten sich mit einiger Konsequenz, den Vater-Tochter-Land-Stadt-Konflikt in einen genaueren nationalen Kontext zu setzen. Vater Jobst, der Großbauer aus dem Budweiser Bezirk in Südböhmen, seine unruhige Tochter Anna, in die Stadt Prag fliehend, ihr Kavalier Tony, ein windiger Tscheche, der sie schwängert – zuletzt kehrt sie aber in der Harlan/Braun-Fassung doch auf den Hof zurück und heiratet den deutschen Großknecht.

Der dritte Dramaturg wollte kein Happy End dulden[24] und veranlasste Harlan und seinen Mitarbeiter, den Filmschluss und Annas letzten Satz aus ideologischen Gründen zu ändern. Goebbels verlangte ein tragisches Ende, denn er wollte nicht dulden, dass der deutsche Hof, in der späteren Folge, Annas »Tschechenbalg« anheimfalle. Goebbels, der am 4. Februar 1930 einen Nachmittag lang in Prag gewesen war (wahrscheinlich hatte ihn die DNSAP, eine Vorgängerin der Henlein-Partei, zu einem Vortrag eingeladen), sah die Stadt mit den Augen des Reichspropagandaleiters, »fremdes Volk. Der alte Dreck«, notierte er. Die Stadt, die er sah, war nicht golden, sondern »schmutzig«, und er bemerkte, nach einer Fiakerfahrt den Wenzelsplatz hinab, Prag sei »ganz deutsch angelegt, aber mit tschechischen Schildern. Ekelhaft!«

Zwölf Jahre später forderte der Dramaturg Goebbels: »Es muss darauf gedrungen werden, dass der Konflikt ganz ausgespielt werde.« Harlan und sein Mitarbeiter fügten sich nach einem Gespräch mit Goebbels am 15. Mai 1942, die schwangere Anna (Kristina Söderbaum, Harlans Gattin wieder einmal als »Reichswasserleiche«, wie sie die Kinogänger nannten) sucht den Tod im Moor, der Hof geht an den deutschen Großknecht, der das Moor trocknet, und zuletzt weht das goldene Getreide im Wind. Goebbels bestand darauf, Annas letzte Worte selbst zu schreiben, und notierte, Harlan sei mit den Änderungen »sehr einverstanden gewesen«. Harlan selbst erzählt die Vorgänge ein wenig anders. In seinen apologetischen Erinnerungen[25] (1966) besteht er darauf, den »fürchterlichen Satz«, den ihm Goebbels vorschrieb (»Ich habe meine Heimat zu wenig geliebt, deshalb muss ich sterben.«) ins Menschlichere gewandelt zu haben: »Vater verzeih mir, dass ich meine Heimat nicht so geliebt habe wie Dich.« Im Film sagt Anna zuletzt: »Vater, verzeih mir, dass ich meine Heimat nicht so liebte wie du.«

5.

In den Jahren 1931 bis 1937 sahen Hitler und sein Reichsminister alle bedeutenderen Filme Luis Trenkers, von »Berge in Flammen« (1931), »Der Rebell« (1932) bis hin zu »Der Kaiser von Kalifornien« (1936). Trenker war, durch Vermittlung »Putzi« Hanfstaengls, Gast auf dem Obersalzberg und im Kaiserhof, diskutierte Filmpläne mit Goebbels, und der Reichsminister war in Venedig, als »Der Kaiser von Kalifornien« dort ausgezeichnet wurde.

Am 15. Oktober 1931 sah Goebbels in Gesellschaft seiner Frau Magda und Hitlers »Berge in Flammen« und notierte, dass »alle begeistert« waren. »Ein fabelhafter Kriegsfilm. Luis Trenker sehr stark«, und als Leni Riefenstahl in einem späteren Privatgespräch »furchtbar« auf Trenker »zu schimpfen begann« (17. November 1932), war er geneigt, Trenkers Partei zu ergreifen. Am 19. Januar 1933 sahen Goebbels und Hitler Trenkers »Rebell«, eine »Spitzenleistung«, die Goebbels in höchsten Tönen lobte (die »ganz großen Massenszenen«). Er war sogar beeindruckt, als den Aufständischen ein großes Kruzifix vorangetragen wurde – »phantastisch«. Er notierte nichts darüber, was Hitler angesichts des Kuzifixes dachte, aber Hitler war ganz in »Feuer« geraten, und das »verdiente der Film auch«, denn Trenker war »ein ganz großer Regisseur«. Selbst Trenkers ziviler Heimatfilm »Der verlorene Sohn« (1934) fand noch des Reichsministers fast ungeteilten Beifall (ein Sohn der Berge geht nach Amerika und kehrt wieder heim zu seinem Tal und seiner Barbl), der Film hat »Format ... ganz wild und groß hingehauen«, nur »einige Übertreibungen«. Und am 11. Oktober 1934 berichtete er in seinem Tagebuch: »Lange beim Führer. Er begeistert sich an dem neuen Trenker-Film.« Am 17. Juni 1936 sah Goebbels Trenkers »Kaiser von Kalifornien« und fand seine Hochschätzung bestätigt: »herrlich gemacht ... glänzende Massenszenen« – nur den Schluss, eine Traumvision des wunderbaren Amerika mit seinen Maschinen und Wolkenkratzern, wollte er geändert sehen. Trenker sträubte sich offenbar, und als der Film in Venedig preisgekrönt worden war, war Goebbels gewillt, darüber hinwegzusehen und Trenker in der neuen, verstaatlichten Ufa in einer wichtigen Position zu beschäftigen.

Ein Jahr später sah sich Goebbels gezwungen, sein Urteil über Trenker von Grund auf zu revidieren, nicht weil er wollte, sondern weil er sich von Hitler dazu gedrängt fühlte. Am 17. März 1937 sah Goebbels den historischen Film »Condottieri«, den Trenker auf Wunsch der Italiener und mit italienischen und deutschen Subventionen gedreht hatte. Trenker als Anführer eines Heers von Landsknechten (zumeist in Schwarz, bande nere), die gegen die Feinde der italienischen Einheit kämpfen (wie Mussolini und die Seinen). Doch als sie in den päpstlichen Palast eindringen, die Knie vor dem Kirchenfürsten beugen, der sie segnet, war nicht zu ignorieren, dass in dieser Szene die Landsknechte von Hitlers SS-Leibstandarte gespielt wurden, die man zu diesem Zweck abkommandiert hatte. Goebbels fällt ein zwiespältiges Urteil: »Herrlich fotografiert, mit einer schönen Grundidee, aber doch ein wenig zu breit angelegt.« Im Film über die Tiroler Rebellen gegen Napoleon hatte Goebbels noch das große Kruzifix, das man den Rebellen voranträgt, bewundernd akzeptiert, aber hier meldet er seine Zweifel an dem »mystisch-katholischen Zauberkram« an, in dem sich Trenker »allzusehr verliert«. Er konzediert: Das Ganze wirkt »edel und strebsam«, aber Trenker ist daran, »manieriert« zu werden. Hitler belehrte ihn in zwei Ferngesprächen aus München eines Besseren. Er nannte »Condottieri« – »erregt« – einen Film »der katholischen Aktion«, und wenn Goebbels zunächst an zensurierende Schnitte dachte, überlegte er, nach Hitlers zweitem Ferngespräch, ein »Verbot« des Films, allerdings ein »geräuschloses«, um die italienischen Freunde nicht zu verstimmen. Am Tag danach (18. März 1937) stand Goebbels wieder am Rand einer Kapitulation. Er gab zwar die Hoffnung nicht auf, den Film durch Zensurschnitte zu retten (»vielleicht geht er dann durch«), aber es war ihm klar, »der Führer will ihn nicht« und »mit Recht«, denn Trenker ist »zu katholisch«. Nicht einfach, Trenker fallenzulassen, »mal sehen, was daraus wird« (1. April 1937).

Goebbels hatte, nach Hitlers Interventionen, seine Schwierigkeiten mit Trenker, den er als »echten« (23. Mai 1937) oder »wilden« (3. Oktober 1934) Künstler bewundert hatte, aber seine letzte Wendung gegen Trenker war nicht von filmkritischen, sondern nationalpolitischen Argumenten diktiert. Am 21. Oktober 1939 hatten sich Hitler und Mussolini über ein Gesetz der Option für deutsche Südtiroler und Ladiner verständigt. Südtiroler hatten die befristete Mögklichkeit, für das Dritte Reich zu optieren (und in deutsche oder okkupierte Gebiete umgesiedelt zu werden, oder die totale Italianisiering in Kauf zu nehmen). Trenker zögerte, solange das überhaupt möglich war. Goebbels bezichtigte ihn am 18. Januar 1940 der »Charakterlosigkeit«, denn er hatte, so Goebbels, für Italien optiert, und er bezeichnete ihn in der Folge seiner Tagebucheintragungen als »Miststück« und, nachdem er Trenkers neuen Film »Der Feuerteufel« (1940) einen »furchtbaren patriotischen Schmarren« genannt hatte, als »Vaterlandsverräter« und »Schweinsstück« (Anfang März 1940). Als er Trenker noch einmal privat empfing, blieb er »kühl bis ans Herz hinan«, denn Trenker würde (»schwafelte«) ihm etwas von einem Deutschtum vorlügen, das er täglich verriet, und er wies einen diplomatischen Versuch Alfieris brüsk zurück (August 1940), der Trenker verteidigen wollte. Trenker lavierte, riet seinen greisen Eltern, nicht für Deutschland zu optieren und zu Hause zu bleiben, reichte aber seine eigenen Optionspapiere am 28. März 1940 in Innsbruck ein.[26] Ob Goebbels diese Dokumente jemals sah oder nicht sehen wollte, ist schwer zu entscheiden. Trenker hatte noch die Möglichkeit, eine Filmrolle in »Germanin« (1943) zu spielen (die Geschichte eines deutschen Heilmittels gegen die afrikanische Schlafsucht), dann war es mit seiner Karriere im Dritten Reich endgültig zu Ende (obwohl er die Reichsfachschaft Film noch einmal schriftlich daran erinnerte, Reichsbürger zu sein).[27] Er übersiedelte mit seiner Frau und den Kindern von Berlin nach Rom, wo er prompt einen Film über den Papst produzierte und für die italienische Cines arbeitete. 1945, nach dem Krieg, war er wieder in Bozen[28], und seine zweite, illustre Karriere als Alpinist, Schriftsteller, Filmregisseur und populärer Fernsehstar nahm ihren Anfang.

6.

Goebbels war seit Mitte der zwanziger Jahre immer bereit, sich in politischen und artistischen Fragen seinem Erlöser Hitler zu unterwerfen, aber seine Leidenschaft zu der tschechischen Filmschauspielerin Lída Baarová stürzte ihn, in der Konfrontation mit Hitler, in eine schwere Krise, in der seine Ehe mit Magda, Amt, Ehre und Gefolgschaft bedroht waren.

Lída Baarová (geboren 1914, die Mutter Chorsängerin mit artistischen Aspirationen, der Vater Abteilungsleiter im Prager Magistrat) kam nach ihren jugendlichen Erfolgen in tschechischen Filmen im Jahre 1935 zur Ufa nach Berlin. Und es ist nicht ganz klar, wie sie den Minister kennenlernte. Ob bei einem Atelierbesuch, oder ob Goebbels am 2. Juni 1936 Lída Baarová, die mit Gustav Fröhlich in einer Villa auf Schwanen-

Lída Baarová

werder lebte, als neue Nachbarin begrüßte, wie Peter Longerich in seiner neuen Biografie[29] berichtet. Jedenfalls begannen damals interessante Gespräche, Spaziergänge, Havel-Fahrten auf Goebbels' Yacht »Baldur« (Lída Baarová in einem sparsam geschnittenen Badeanzug, den die anderen Gäste, darunter Goebbels' Gattin, als provokativ empfanden). Goebbels zögerte durchaus nicht, mit Lída, und ohne Magda, im Theater, in der Oper oder im »Kabarett der Komiker« zu erscheinen (Magda verließ ostentativ ihren Platz, als sie die beiden bemerkte).[30] Die Ohrfeige, die Fröhlich seiner Partnerin versetzte, als er sie in einer zweideutigen Situation mit dem Minister überraschte, dürfte der Legende angehören, ebenso wie die andere Ohrfeige, die Goebbels selbst einstecken musste.

Die Gerüchte wussten mehr als Magda. Goebbels, den der Volksmund den »Bock von Babelsberg« nannte, hatte so seine kleinen Affären, und Magda dachte, die Geschichte mit Lída sei eine von ihnen.

Sie wurde allerdings eines Besseren belehrt, als eines Tages Goebbels und Lída bei ihr erschienen und ihr im vertrauten Gespräch den Vorschlag unterbreiteten, ihre Ehe mit Lída als einer Dritten im Bunde zu führen. Von nun an dachten Goebbels und Magda (durchaus kein unbeschriebenes Blatt, denn ihr früher Freund Viktor Arlosoroff war ein zionistischer Aktivist, und sie heiratete ihren ersten Mann Günther Quandt, den reichen Industriellen, aus Vernunftgründen, nicht aus Leidenschaft) an eine Scheidung. Magda zog ihre innige Freundin Ello (ihre Schwägerin) ins Vertrauen, und Karl Hanke, persönlicher Sekretär ihres Gatten (und Magdas geheimer Verehrer), erbot sich, jedes zukünftige juristische Verfahren mit einer Liste von 36 Seitensprüngen ihres Gatten zu ermöglichen. Er war es auch, der ihr eine Vorsprache bei Hitler in die Wege leitete. Und während Hitler, Freund des Hauses, geduldig hörte, was Magda gegen seinen Minister zu sagen hatte, war er, aus politischen Interessen, gegen jede Scheidung an so sichtbarer Stelle, und man vereinbarte eine Bedenkzeit, um die Beteiligten vor überstürzten Entschlüssen zu bewahren. Mitte August 1938 hatte die Krise einen ihrer Höhepunkte erreicht: Goebbels verließ das Haus, logierte im Hotel Kaiserhof, musste aber am 16. August 1938 von Hitler hören, dass eine Scheidung absolut nicht in Frage kam (obzwar er ihm angeboten hatte, als Gesandter nach Tokio zu gehen).

Goebbels notierte in seinem Tagebuch, Hitler wäre wie ein Vater zu ihm gewesen, aber »die Pflicht steht über allem … man muss sich dieser unterordnen … Ein neues Leben beginnt … ein hartes, grimmiges Leben.« Hitler erfüllte Magdas

Hochzeit mit Magda

erste Bedingung, ließ Lída Baarová durch den Berliner Polizeipräsidenten von Helldorff wissen, dass es mit ihrer Filmkarriere in Deutschland zu Ende sei. Ende Oktober 1938 waren Magda und Goebbels wieder bei Hitler auf dem Obersalzberg und ordneten sich seinen Wünschen unter, auch die anfangs angriffslustige Magda. Hitler ließ einige Fotos anfertigen, die das Ehepaar Goebbels, ihre Kinder und ihn miteinander zeigten (als Zeichen einer wieder glücklichen Ehe), aber es dauerte geraume Zeit, zumindest bis Januar, wenn nicht gar bis zum Sommer 1939, ehe die Ehepartner wieder ruhig miteinander redeten. Karl Hanke wurde als Gauleiter von Schlesien diskret nach Breslau entfernt (wo er Magda entsagte und später von Partisanen getötet wurde), die Baarová blieb verbannt (obwohl sie Magda in einem Brief beschwor, Milde walten zu lassen). Ihr Film »Preußische Liebesgeschichte« (in welchem sie die Rolle einer polnischen Geliebten Wilhelm I. übernommen hatte) wurde im Dritten Reich verboten (1938, obwohl der Minister ihm den innigsten Beifall gezollt hatte), und Goebbels unterzeichnete ein Verzeichnis von jungen und älteren Damen, die in Magdas Haushalt unerwünscht waren. Eine Woche später brach der Zweite Weltkrieg aus, und Goebbels wusste sein Ansehen in den Augen Hitlers wieder so zu steigern, dass er ihn im Sommer 1944 zum »Reichsbevollmächtigten für den totalen Kriegseinsatz« ernannte.

Goebbels soll noch einmal weinend mit Lída telefoniert haben, ehe sie nach Prag heimkehrte[31], zu ihrer Familie und zu den Barrandov-Ateliers, wo sie unter der deutschen Okkupation acht Filme drehte, darunter den populären Streifen »Ohnivé léto« (1939, Feuriger Sommer) mit ihrer talentierten Schwester Zorka Janů und »Dívka v modrém« (1940, Mädchen in Blau), die märchenhafte Geschichte einer Barock-Prinzessin, die aus ihrem Porträt hervortritt, lebendig wird und den Besitzer des Bildes, dargestellt von Oldřich Nový, heiratet (noch im Jahre 2016 hatte der Film im Internet mehr als 80 000 registrierte Interessenten versammelt). Später ging sie nach Italien, filmte dort (unter anderem »La Fornarina« in der Rolle der Geliebten Raphaels), kehrte 1944 nach Prag zurück, versuchte mit Hilfe von Hans Albers nach Deutschland zu gehen, wurde aber von der amerikanischen Militärpolizei aufgegriffen, in München inhaftiert und dann an die tschechoslowakischen Behörden ausgeliefert, die ein Strafverfahren wegen Kollaboration gegen sie eröffneten. Das Justizverfahren zog die ganze Familie schwer in Mitleidenschaft. Ihre Mutter starb nach einem Verhör an einem Herzinfarkt, und ihre Schwester Zorka, der man den Zutritt in ihr Theater verweigert hatte, beging Selbstmord, indem sie sich aus dem Fenster stürzte. Lída selbst verbrachte achtzehn Monate in Untersuchungshaft (die Polizei nutzte ihre Talente als Tippfräulein) und wurde dann aus Mangel an Beweisen freigelassen (23. Dezember 1946). In der Haft wurde sie oft von dem bekannten Puppenspieler Jan Kopecký besucht, den sie später heiratete. Sie gingen gemeinsam über die Grenze, aber er reiste bis nach Argentinien, während sie sich in Salzburg einer ärztlichen Kur unterzog. In Argentinien hatte sie kein Glück (sie musste in einer Seifenfabrik arbeiten), und sie ging lieber wieder nach Italien, wo sie in einigen Filmen mitwirkte, darunter in Fellinis »I vitelloni«, und später nach Spanien (fünf Filme). Im Jahre 1969 heiratete sie ihren Salzburger Arzt Dr. Kurt Lundwall (gestorben 1972), lebte dann in Salzburg und spielte beizeiten Theater in Wien und Berlin. Im Jahre 1995 wurde sie mit einem Filmpreis in der Slowakei geehrt, man durfte in ihrer Heimat wieder von ihr reden, und nachdem sie in Salzburg gestorben war (2000), wurde ihre Asche auf dem Straschnitzer Friedhof beigesetzt[32], auf dem auch Kafka ruht.

7.

Goebbels stellte sich den Filmleuten, denen, die mitarbeiten wollten, und jenen, die jede Mitarbeit ablehnten, am 28. März 1933 im Hotel Kaiserhof als »ein leidenschaftlicher Liebhaber der Filmkunst« vor und hatte zugleich vier Beispiele der großen internationalen Filmkunst bereit, einschließlich Eisenstein und Greta Garbo. Hitler hatte noch im zweiten Teil seines Buches »Mein Kampf« (1926) gegen alle Filmkunst polemisiert, Goebbels war zumindest bereit, in seinem Tagebuch schon im Jahre 1924 einen Filmbesuch zu notieren. Es dauerte aber doch noch drei Jahre, ehe er, nach seiner Ernennung zum Minister, die Notwendigkeit empfand, Tagebuch über inspizierte Filme zu führen (»abends Filme«). Im Dezember 1936 ging er dann dazu über zu notieren, er hätte Filme »geprüft«, um sich auf diese Art offener zu einer amtlichen Funktion zu bekennen.

Goebbels inspizierte Filme zuweilen allein, manchmal mit Hitler, mit Ministerialbeamten und Regisseuren oder mit seiner Familie. Bemerkenswert ist, dass er im Januar 1939 drei amerikanische Filme mit Hitler sah, aber nur einen davon, Henry Kings »In Old Chicago« (mit Tyrone Power und Alice Faye), in den Tagebuchnotizen mit dem genaueren Titel nennt: »Handlung mäßig, aber mit einer großartigen Regie beim Brande der Stadt.«

Am 15. März marschieren Nazi-Truppen in Böhmen und Mähren ein, das »Protektorat« wird proklamiert (»der größte politische Geniestreich aller Zeiten«), aber bald werden die bürokratischen Filminspektionen fortgesetzt, schon am 19. März werden zwei neue Streifen inspiziert, und einer am Tag danach. Am 23. März ein neuer Film des Regisseurs Karl Ritter, »Die Hochzeitsreise« (»eine furchtbare Schwarte«), und am Tag darauf »Der Florentiner Hut« von Liebeneiner und Rühmann (»ganz lustig, aber etwas zu burlesk«). Mit dem beginnenden Frühling geht es auf eine diplomatische Reise nach Griechenland, Ägypten und in die Türkei, aber kaum ist Goebbels wieder in Berlin, beginnt die Filmarbeit von neuem: am 16. April zwei Filme, am 18. den einen zu Ende gesehen und am 19. Mai drei Streifen, darunter Frank Capras »Mr. Deeds Goes to Town« mit Gary Cooper: »Großartig gemacht, ein ergreifendes Kunstwerk, wunderbare Tendenz, vorzüglich gespielt.«

Während die Nazi-Armeen in Polen einfallen, klafft eine Lücke in den Tagebucheintragungen, ehe Goebbels am 9. Oktober zu seinen schriftlichen Notizen einschließlich der Filmprüfungen zurückkehrt. Vom 9. Oktober bis zum Letzten des Monats (und darüber hinaus) prüft Goebbels, mit wenigen Ausnahmen, ein oder zwei Filme täglich, als ob er seine Versäumnisse nachholen müsste. Am 9. ein paar Kinderfilme, am 10. die alte »Dreigroschenoper« (»Unrat«), am 11. Harlans »Die Reise nach Tilsit« (»ein gutgemachter, künstlerischer Film, aber eine zu quälende Ehetragödie«), am 21. zwei neue Streifen, darunter Zarah Leanders »Das Lied der Wüste« (»eine Abenteuerschwarte«), und dann fast jeden Nachmittag oder Abend ein oder zwei Filme, darunter Ucickys »Mutterliebe« mit Käthe Dorsch (»ein ergreifendes Kunstwerk ... und in keiner Weise übertrieben«). Wenn die Chronologie nicht lügt, war Helmut Käutners »Unter den Brücken« der letzte Film, den Goebbels am 16. Dezember 1944 inspizierte (»ein ausgezeichnetes Kunstwerk«), ehe der Film nach Jahren und mit Erlaubnis der Alliierten in den deutschen Kinos anlaufen durfte.

Goebbels sah fünf- oder sechzehn Sowjetfilme, und seine Bewunderung für Eisensteins »Panzerkreuzer Potemkin« hat ihre eigene Geschichte. Er sah den Film zum ersten Mal (1926) mit seinem Elberfelder Freund Karl Kaufmann, der den Film

»glänzend« fand, aber Goebbels zögerte noch, ein Urteil zu fällen, und notierte »mal sehen« (15. Mai 1926). Als er Eisensteins Film zwei Jahre später (am 30. Juni 1928) noch einmal sah, hatte er nur Rühmliches zu sagen: »Dieser Film ist fabelhaft gemacht. Mit ganz prachtvollen Massenszenen, technische und landschaftliche Aufnahmen von prägnanter Durchschlagskraft. Und die Bombenparolen so geschickt formuliert, dass man keinen Widerspruch erheben kann.« Von hier führt der Weg unmittelbar zur Kaiserhof-Rede: »Ich wünschte, wir hätten einen solchen« Film (1933).

Fraglich, ob Goebbels Hitlers Urteil über »Panzerkreuzer Potemkin« vergessen oder verdrängen wollte. Hitler hatte in einem Artikel im *Völkischen Beobachter* am 26. Mai 1926 diesen Film »eine Hochschule der Bestialität«[33] genannt. Die Geschichte selbst sollte das letzte Wort haben, und als Goebbels noch einmal einen Teil des »Panzerkreuzers Potemkin« im Oktober 1939 ansah, Hitler kam gerade aus dem besiegten Warschau zurück, notierte Goebbels, fast melancholisch, »zu seiner Zeit eine gute Mache«, heute »längst überholt«. Der Einzige, der an Eisenstein heranreichte, war Wsewolod Pudowkin, den Goebbels auf Grund zweier Filme, »Der lebende Leichnam« (1929) und »Suworow« (1941), beim Namen nennt. Der Regisseur des »Lebenden Leichnams« (nach Tolstois Stück) ist zwar Fjodor Ozep, aber Pudowkin ist unter den Hauptdarstellern, und das überspielt alle Einwände, »gemacht ist das alles hervorragend«. »Alles ist hingelegt, ohne Mache. Pudowkin ist ein großer Künstler« (26. Februar 1929).

Am 8. Februar 1940 sah Goebbels den historischen Film »Peter der Erste«, fand ihn als »Experiment« (Regisseur W. Petrow) hochinterrsant, weil er »ganz russisch, panslawistisch, und gar nicht bolschewistisch« war. Goebbels sah wahrscheinlich auch den zweiten Teil und kehrte noch einmal zu dem Gedanken zurück, dass die Bolschewiken erkannt hätten, dass Politik einer nationalen Orientierung bedürfe – eine Erkenntnis, die Goebbels schon in seinen frühen Zeiten inspirierte, Russland aber jetzt doppelt gefährlich machte. Am 26. März 1942, also mitten im Krieg gegen die Sowjets, inspizierte Goebbels »Suworow«, »einen ausgesprochen nationalistischen Film«, der versuchte, »den Zusammenhang zwischen dem heutigen Russland und seiner alten heroischen Geschichte wiederherzustellen«. »Manches ist naiv«, andere Passagen wieder »sind von einer außerordentlichen vitalen Kraft«, und diese Kraft, konkret und gegenwärtig, stelle eine »ungeheurliche Gefahr« für Europa dar, die es in den kommenden Offensiven zu bekämpfen gelte.

Das frühe Interesse an Sowjetfilmen mag noch mit Goebbels' ursprünglicher Achtung vor dem revolutionären Russland verbunden sein[34] (im Gegensatz zur Münchner NS-Zentrale), aber aus seinen Notizen spricht schon der Reichspropagandaleiter, der geglückte Beispiele des Agitatorischen sucht. Und später, als die Sowjets ihre patriotischen Filme zu drehen beginnen, findet er seine politischen und militärischen Ideen über die historische Macht Russland vollauf bestätigt. Seine Kenntnisse bleiben allerdings fragmentarisch. Er hat weder Dsiga Wertows »Mann mit der Kamera« (1929) noch »Tschapajew« (1934) gesehen, wie andere Zeitgenossen, und seine Notizen oder Urteile über »Lustige Burschen« (1934), die erste Jazzkomödie mit der blonden Ljubow Orlowa und der Musik von Isaak Dunajewski, oder »Wir aus Kronstadt« (1936), einen Film, den selbst Hitler sehen wollte, sind wenig instruktiv.

8.

Als gelehriger Reichspropagandaleiter sah Goebbels ungefähr fünfmal so viele amerikanische Filme wie sowjetische, und er wurde nicht müde, die technischen Erfindungen und Errungenschaften Hollywoods genau zu beobachten, die Ton- und Farbfilme, die Zeichentrickfilme Walt Disneys, und seine Mitarbeiter zum Wettbewerb mit den Amerikanern anzuspornen. Greta Garbo, darin stimmten er und Hitler überein, war die größte der Filmschauspielerinnen, nicht nur in »Anna Karenina« (1935), »eine fabelhafte Leistung ... ein Hochgenuss« (11. Juni 1928), und nicht anders als »Maria Walewska« (26. Dezember 1937). Als Goebbels sich gedrängt fühlte, einmal negativ zu urteilen, unterschied er im Falle der »Königin Christine« (1933) zwischen dem »entsetzlichen« Film und der Hauptdarstellerin (21. September 1934). Neben und mit Garbo: Marlene Dietrich (zumindest vor der Machtergreifung), und als Hitler und Goebbels »Shanghai-Express« (21. Dezember 1933) sahen, waren beide bezaubert. »Die Dietrich, die kann was«, notierte Goebbels, vielleicht in der vagen Hoffnung, dass Marlene doch noch nach Deutschland zurückkehren würde. Goebbels versäumte es selten, amerikanische Großfilme zu inspizieren, und vor Kriegsausbruch war Hitler gerne mit dabei. Im Jahre 1931 sahen die beiden »Viva Villa«, die Geschichte des mexikanischen Revolutionärs, Goebbels notierte »gut gemacht, aber politisch gefährlich« (18. April 1934), während Hitler sich selbst im Bild des Volkstribunen zu sehen beliebte. Am 2. März 1934 sahen Goebbels und Hitler gemeinsam die Familiengeschichte »Kavalkade«, die ihren Eindruck auf Goebbels nicht verfehlte (»sehr ans Herz greifend. Meisterhaft«), aber als er sieben Jahre später den Ufa-Film »Annelie« (der dem Beispiel der »Kavalkade« folgte) zu Gesicht bekam, notierte er, »ausgezeichnet gelungen«, forderte aber Revisionen, weil einige Szenen zu pessimistisch waren (21. Juli 1941). Kurz nach Kriegsbeginn delektierte sich Goebbels (30. September 1939) an dem amerikanischen Anti-Nazi-Film »Confessions of a Nazi Spy«, der prompt verboten wurde, obgleich ihn Goebbels »nicht ungeschickt« fand und er selbst eine Rolle spielte: »und nicht einmal eine besonders unangenehme.« Sein Alter Ego im Film war ein junger Deutsch-Russe namens Martin Kosleck, der nach Studien bei Max Reinhardt schon 1931 emigriert war und die Goebbels-Rolle noch einige Male wiederholen sollte. Die Musik war von keinem Geringeren als dem Wiener Max Steiner, der später die Musik zu »Casablanca« (1942) komponierte.

Der Reichsminister für Volksaufklärung, der sich vorgenommen hatte, jeden deutschen Film zu prüfen, versäumte es durchaus nicht, seine amerikanischen Filmkenntnisse systematisch zu fördern. Am 6. September 1936 sah er »Meuterei auf der Bounty« mit seinem Lieblingsschauspieler Clark Gable. Einiges war Kitsch, aber sonst alles »ganz groß ... hinreißend in Regie und Darstellung«. Im selben Jahr folgte »San Francisco« (21. Dezember 1936), wieder mit Clark Gable: »Ein ganz großer Wurf, ein Kunstwerk, das uns alle tief erschüttert.« Am 23. Januar 1939 sah Goebbels »Chicago«, nicht ohne Einwände, attestiere aber eine »gewaltige Regie« beim Brand der Stadt, und am 27. Mai 1939 sah er »Mr. Deeds Goes to Town«, ein sozialpolitischer Film, »ganz große amerikanische Klasse«, dessen »wunderbare Tendenz« ihn »begeisterte« (Dr. Deeds erbt ein Vermögen und hilft Bedürftigen).

Kein Zweifel, dass Goebbels »Vom Winde verweht« als den wirkungsvollsten Film der neuen amerikanischen Produktion betrachtete und nicht müde wurde, ihn Gästen und Mitarbeitern vorzuführen. Er sah den amerikanischen Großfilm, »leider« in English und drei Stunden lang, am 30. Juli 1940: »Großartig in der Farbe und ergreifend in der Wirkung«, wieder mit Clark Gable, der »wunderbar« spielte, »eine große Leistung der Amerikaner. Das muss man öfter sehen.« Gesagt, getan: Einen Monat später, Harlan war zu Gast, und sein Gastgeber führte ihm Teile des Films vor, die sehr gefielen. Im Winter 1942 führte Goebbels einem »kleinen Kreis« von Filmmitarbeitern Szenen des Streifens vor und fühlte sich durch eine anhaltende Debatte belohnt, und am 2. November 1940 zeigte er geladenen Filmleuten den ganzen Film, der »allgemeine Bewunderung« erregte. Im Juni 1941 fand eine neuerliche Vorführung des Films vor illustren Gästen statt, die der Minister allerdings der Initiative des italienischen Diplomaten Alfieri zuschrieb. Wahrscheinlich hatten sich diese privaten Vorführungen herumgesprochen, denn Hitler intervenierte am 4. Oktober 1942 und gab Goebbels zu bedenken, dass es »nicht angängig sei«, ausländische, »feindliche Filme zu sogenannten Lehrzwecken« vorzuführen. Das betraf vor allem den Film »Vom Winde verweht«, und Goebbels kapitulierte.

Zwei amerikanische Filme, »Swanee River« (1939) und »Mrs. Miniver« (1942), waren für den Minister von besonderer Bedeutung, denn sie beschäftigten sich, in ihrer kulturpolitischen Dramaturgie, mit Fragen, die in der Produktion des Dritten Reiches noch ohne Antwort geblieben waren. »Swanee River« zeichnete, auf romantische Art, Leben und Werk des populären Pittsburgher Komponisten Stephen Collins Foster (1826 bis 1864). Er nahm als junger Mensch Unterricht bei dem deutschen Musiklehrer Henry Kleber (gespielt von keinem anderen als dem emigrierten Ufa-Komiker Felix Bressart), blieb aber bezaubert vom amerikanischen Süden, seinen Liedern, den Frauen (er heiratete im Film eine Tochter des Südens) und den *blackface minstrels*, die seine Kompositionen sangen. Im Bürgerkrieg war Foster südlicher Sympathien verdächtigt, starb aber plötzlich in New York an einem Herzschlag. Goebbels führte den Film einer illustren Versammlung von Produktionsleitern vor, weil er an einen Film über das deutsche Volkslied dachte (3. Mai 1942). Er wusste, dass die Deutschen allzu sehr von »Pietät und Tradition« belastet waren und sich scheuten, ihr »Kulturgut« in ein modernes Gewand einzuhüllen, wie es notwendig war. Die Amerikaner, so notierte er schematisch, haben nur weniges, aber sie stellen es so »aktuell« dar, dass sie damit große Teile der modernen Welt erobern. Die Deutschen besitzen mehr, aber haben weder Kunst noch Kraft, es zu »modernisieren«, und ein Film über das deutsche Volkslied »darf nicht hausbacken geschaffen werden«. In seinen Notizen über die Versammlung der Produktionsleiter gab sich Goebbels optimistisch; er hoffte, sie hätten den Wink mit dem amerikanischen Zaunpfahl verstanden und der moderne Volkslied-Film würde sogleich in Angriff genommen und in neun Monaten oder einem Jahr vorliegen. Vergebliche Hoffnung! Seine Anregung stieß auf taube Ohren.

9.

Am 9. Juli 1943 ließ sich Goebbels »den soviel besprochenen« amerikanischen Film »Mrs. Miniver« (1942) vorführen, der ihm in den Jahren des immer intensiveren Luftkrieges als didaktisches Vorbild dienen sollte. Kein anderer Film bewegte ihn je ähnlich durch seine überzeugende Verflechtung von Krieg und Intimität; der Streifen schilderte »ein Familienschicksal« mit einer »unerhört raffinierten und wirkungsvollen propagandistischen Tendenz«. »Kein Wort gegen die Deutschen« (Goebbels erinnert sich nicht daran, was ein abgestürzter deutscher Pilot, gespielt vom Wiener Emigranten Helmut Dantine, über den Krieg zu sagen hat), und doch ist die »antideutsche Tendenz in Vollendung« zu sehen. Goebbels bewundert, wie es diesem Film gelingt, das Epochale und das Private, das Familiäre und das Historische miteinander zu verbinden: »Die Amerikaner verstehen es meisterhaft, aus nebensächlichen Ereignissen künstlerische Vorgänge zu machen.« Es war sein fester Vorsatz, »Mrs. Miniver« den »deutschen Produktionschefs vorzuführen, um ihnen zu zeigen, wie es gemacht werden muss«. Aber weder sein Versuch, Veit Harlan durch Hinweise auf »Mrs. Miniver« zu bewegen, »Kolberg«, den letzten Durchhaltefilm des Dritten Reichs nicht ganz zu monumentalisieren, noch die Tobis-Produktion des Heinrich-George-Streifens »Die Degenhardts«, offenbar in der dramaturgische Nachfolge des amerikanischen Films, zeitigten jenen Erfolg, den er sich erhoffte.

Goebbels nannte »Mrs. Miniver« mit Recht einen »viel besprochenen Film«, und das war noch zu wenig gesagt. In Amerika, Kanada und England war »Mrs. Miniver« (Regie: William Wyler) der populärste Film des Jahres 1942, brachte den MGM-Produzenten Millionen an Pfund Sterling und Dollars ein und sollte sechs Academy Awards einheimsen. Der Film zeigt schon im Titel an, dass Frauen eine bedeutende Rolle spielen (oder die ganze Familie), deren Schicksale immer deutlicher von den Kriegsereignissen bestimmt werden. Clem Miniver (Walter Pidgeon), ein erfolgreicher Architekt, lebt mit seiner Frau (Greer Garson) und zwei kleinen Kindern, einem Sohn und einer Tochter, in einem stattlichen Haus mit Garten in einer Kleinstadt südlich von London. Der ältere Sohn ist eben von seinen Studien aus Oxford heimgekehrt, als die Kampfhandlungen beginnen. Mrs. Miniver entdeckt einen abgestürzten, verletzten deutschen Piloten (Helmut Dantine) im Park. Er zwingt sie mit vorgehaltener Pistole, ihn mit Nahrung zu versorgen, wird aber ohnmächtig, und sie alarmiert Polizei und Krankenhaus. Ihr Ehegatte Clem ist inzwischen mit seinem Motorboot, mit Hunderten anderen Bootsbesitzern, nach Dünkirchen an die französische Küste geeilt, um die dort eingeschlossenen britischen Truppen zu befreien und nach England heimzubringen. Der ältere Sohn meldet sich bei der Royal Air Force und drosselt seinen Motor immer, wenn er das Elternhaus überfliegt, als Gruß an seine Familie. Er ist es auch, der für weitere Komplikationen sorgt, denn er verliebt sich in die Enkelin der stolzen (aber zuletzt sehr menschlichen) Aristokratin, die ihre Herkunft bis auf Richard Löwenherz datiert, und heiratet sie auch. Sie ist es, die, vom MG-Feuer einer stürzenden deutschen Maschine getroffen, in den Armen von Mrs. Miniver stirbt. Ihr Begräbnis in der kleinen Ortskirche vereint alle Betroffenen, nicht nur die Miniver-Familie. Der Pastor (Henry Wilcoxon) spricht (während die Kamera durch die halbzerstörte Kirche wandert) vom Krieg, nicht mehr einer Sache der uniformierten Soldaten auf traditionellen Schlachtfeldern, sondern eine Angelegenheit aller, Männer, Frauen und selbst Kinder, die (wie die Minivers) in Bunkern schlafen müssen – ein Volkskrieg im wahrsten Sinne des Wortes.

Als Goebbels das erste Harlan-Braun-Drehbuch des Durchhaltefilms »Kolberg« studiert hatte, berief er sogleich eine Konferenz der Herstellergruppe ein, um die Autoren des Drehbuchs davon zu überzeugen, sich nicht allzu sehr in »Schreckensszenen« zu knien und »intimere Wirkungen« nicht zu vernachlässigen. Harlan, notierte er, muss von seinen »Monumentalplänen etwas herunter« und den Film »etwas mehr im Stil von ›Mrs. Miniver‹ gestalten«.[35] Er wusste, dass es schwer sein würde, aber es blieb nichts anderes übrig, als das Drehbuch »noch einmal zu überarbeiten«. Die Herstellung des Films lief vom Oktober 1943 bis zum Sommer 1944, aber von Intimitäten war wenig zu sehen. 50 000 Soldaten der Wehrmacht waren als Statisten abkommandiert, Bürgermeister (Heinrich George), Generäle, Könige und Königinnen (Irene von Meyendorff) bewegten sich auf den Höhen der Geschichte, und Maria (Kristina Söderbaum, die Gattin Harlans) war eher melodramatischer Begabung als ziviler. Von familiären oder gar privaten Verhältnissen, wie im Falle der Minivers, war in »Kolberg«, der Festung, wenig oder gar nichts zu spüren.

»Die Degenhardts« (1944), ein anderer Film für die bedrängte Bevölkerung bombardierter deutscher Städte, sollte im familiären und zivilen Geiste der »Mrs. Miniver« entstehen. Die Kamera bleibt dem Lübecker Gartenbaubeamten Degenhardt vom Anfang bis zum Ende treu. Degenhardt wird in den Ruhestand versetzt und versucht dann der Familie (vier Söhne und eine Tochter) vorzutäuschen, noch immer täglich ins Büro zu gehen. Der große Luftangriff auf Lübeck ändert auch sein Leben. Auf Verlangen der Wehrmacht wird er wieder zum Inspektor befördert, und es ist seine erste dienstliche Anordnung, kriegsnützliche Pflanzen anzubauen. Wir hören wenig von der übrigen Familie. Der ältere Sohn geht als U-Boot-Matrose auf See verloren (wir erfahren das nur, weil seine Fotografie mit einem Trauerflor umrandet erscheint), die anderen Söhne sind zum Heer einberufen, die Tochter wird Krankenschwester, das alles nur rückblickend in den Gedanken des Inspektors, der Hausmusik betreibt und sich der Gegenwart eines neuen Enkelkinds erfreut. »Die Degenhardts« (der Name selbst soll sprechen) ist ein traditioneller Star-Film mit dem alternden Heinrich George, ein wenig Feldgrau beigemischt, aber von der Vielschichtigkeit der Minivers ist nichts zu sehen.

Helmut Käutner

10.

Unter den jüngeren Filmregisseuren, die Goebbels lebhaft interessierten, war Helmut Käutner, den ein späterer Beobachter[36] an die 28. Stelle der deutschen Rangliste (1944) setzte, mit einem Pauschalhonorar von 35 000 Reichsmark, nicht 80 000 wie Willy Forst und andere, die an erster Stelle standen. Käutner[37] (1908 bis 1980) war der Sohn eines Düsseldorfer Kaufmanns, studierte seit 1926 an der Münchner Universität, tendierte bald zum Studentenkabarett (in dem man sich kein Blatt vor den Mund nahm) und zum Theater, mit Engagements in Leipzig, München und Berlin, ja selbst im berühmten »Kabarett der Komiker«. Er schrieb Filmskripts und drehte seine erste Filmkomödie »Kitty und die Weltkonferenz« (1939), die auf Ribbentrops Intervention (als allzu probritisch und pazifistisch) verboten wurde, ohne Goebbels gegen Käutner einzunehmen, denn Ribbentrop war immer sein Konkurrent in Sachen Propaganda gewesen. Käutner war weder ein kühner Widerspruchsgeist noch ein dienstfertiger Parteigenosse, und es dürfte nicht einfach zu definieren sein, warum ihn Goebbels, zumindest in den späteren Kriegsjahren, einen »Avantgardisten« nannte – immer mit Achtung, durchaus nicht ironisch und mit einer Terminologie, die er sonst niemals gebrauchte.

In seinen Filmen, in »Romanze in Moll« (1943) oder »Unter den Brücken« (1945), war Käutner dem europäischen Neorealismus verwandt, wie ihn Marcel Carné in Frankreich und Luchino Visconti in Italien repräsentierten. Das Interesse konzentrierte sich auf das psychologische Einzelschicksal, vor allem auch auf die Frauen, ohne Parteiabzeichen, Führerporträts oder allzu viel Feldgraues, so wie die melancholischen Dinge wirklich geschehen. Käutner hatte das Glück, mit Schauspielerinnen wie Marianne Hoppe oder Hannelore Schroth und Schauspielern wie Paul Dahlke und Hans Albers arbeiten zu dürfen. Selbst im Kriegsfilm »Auf Wiedersehn, Franziska« (1941) konzentrierte sich Käutner auf die Schicksale einer Frau aus der Provinz, die ihren Michael, einen erfolgreichen internationalen Reporter und Wochenschaumann, inständig liebt, obwohl er sie dauernd allein lässt und sie mit dem Gedanken an Scheidung zu spielen beginnt. Er hat internationale Auftraggeber und kehrt gerade aus China nach Europa zurück, als der Krieg gegen Polen ausbricht und er, seinem Stellungsbefehl folgend, zu einer Propaganda-Kompanie (PK) der Wehrmacht einrücken soll. Franziska hat ihre Entscheidung getroffen. Dieser Abschied hat, zum ersten Mal, einen anderen und tieferen Sinn als die früheren. Die Kinder, die sie ihrem Michael geboren hat, singen, und sie eilt zum Bahnhof, um tapfer von ihm Abschied zu nehmen. Käutner und Marianne Hoppe sorgen dafür, dass Franziska nicht zu einer patriotischen Kitschfigur absinkt, aber der Film wurde nach Kriegsende von den Alliierten verboten, 1951 in einer gekürzten Fassung wieder zugelassen, und Wolfgang Liebeneiner drehte 1957 eine neue Fassung unter demselben Titel.

Käutners »Romanze in Moll« (1943) geht auf Guy de Maupassants »Les Bijoux« (1883) zurück und bleibt dem Fin de Siècle treu. Man fährt in Kaleschen statt Autos, die eleganten Kavaliere tragen steife Hüte, fordern einander zum Duell, und die Kulisse der düsteren Großstadt mag auf Paris hinweisen oder auf das kaiserliche Wien. Georges Sadoul hat »Romanze in Moll« den bedeutendsten Fim der Nazi-Epoche genannt, und er ist gewiss der melancholischste und traurigste. Madeleine, so heißt die Heroine, entflieht einer engen Ehe mit einem Buchhalter, der gern Karten spielt, in eine romantische Affäre mit einem mondänen Komponisten. Ein Vorgesetzter ihres Gatten entdeckt ihr Doppelleben, erpresst sie, und sie sieht keinen anderen Ausweg, als sich ihm hinzugeben und Selbstmord zu begehen. Ihr Komponist tötet den Erpresser in einem Duell, wird aber so schwer an der Hand verletzt, dass es mit seinem Klavierspiel ein Ende hat, und der blind liebende Gatte bricht über dem Leichnam seiner Frau zusammen. Goebbels hatte seine Bedenken, aber der Film wurde für die Frontkinos und das Ausland freigegeben und auf Fürsprache der Frontsoldaten auch im Inland gezeigt.

Käutners »Große Freiheit Nr. 7«, ein melancholisches Musikdrama von der Reeperbahn, stieß an alle Ecken und Enden der Aufsichtsbehörden. Hans Albers als Hannes (nicht Johnny, wie urspünglich vorgesehen), ein alternder Matrose, verdient sein Brot als Sänger in einem Nachtlokal auf St. Pauli (neben der unvergesslichen Chanteuse Hilde Hildebrand). Er nimmt Gisa, die ehemalige Geliebte seines verstorbenen Bruders, in der Hoffnung bei sich auf, mit ihr sesshaft zu werden, aber sie verliebt sich in einen jüngeren Werftarbeiter, und Hannes entscheidet sich, wieder zur See zu fahren. Großadmiral Karl Dönitz soll mit den vielen alkoholisierten Matrosen nicht sympathisiert haben, aber der Film wurde am 12. Dezember 1944 verboten, weil man dem deutschen Publikum nicht mehr schöne Bilder Hamburgs, das damals in rauchenden Trümmern lag, zumuten wolle. Goebbels war wendig genug, drei Tage später eine Uraufführung in der festlichen Prager Lucerna zu organisieren, den Film also für das Ausland zuzulassen. Und die Alliierten veranstalteten am 6. Dezember 1945 eine deutsche Premiere in Berlin. »Große Freiheit Nr. 7« war ein Film, der nicht rasch aus dem Filmrepertoire und aus dem deutschen Fernsehen verschwand.

Nicht unwahrscheinlich, dass sich Käutner an Eugene O'Neills Schleppkahn-Drama »Anna Christie« (1922) orientierte (oder gar an der deutschen Fimversion, Greta Garbo als Anna, Walter Hasenclever als deutscher Skriptautor), als er »Unter den Brücken« (1945) inszenierte. Zeit ist die Gegenwart, Ort der Handlung die Berliner Havellandschaft, die Glienicker Brücke, Potsdam. Der Film, eigentlich ein poetisches Kammerspiel, erzählt die Geschichte zweier Freunde, Hendrik (Carl Raddatz) und Willy (Gustav Knuth), die recht und schlecht auf ihrem Schleppkahn wohnen und arbeiten und von einer Frau träumen, mit der sie ihr Leben teilen könnten.

Eines Abends sehen die beiden eine weinende Frau (Hannelore Schroth) auf einer Brücke stehen. Sie fürchten, die Frau will Selbstmord begehen. Sie springt nicht in den Fluss, lässt aber einen Zehn-Mark-Schein ins Wasser fallen. Die beiden gehen an Land, um ihr das Geld zurückzubringen, sie aber will das Geld nicht, und es wird ausgemacht, dass Anna (wie

»Unter den Brücken«

bei Eugene O'Neill), so heißt die Frau, für die zehn Mark auf dem Kahn bis nach Berlin zurückfahren darf. Ehe sie den Kahn verlässt, gesteht sie Hendrik, dass sie das Geld durch Modellstehen verdient hat. Die beiden Männer glauben, dass sie ein Modell von Beruf ist, und besuchen sogar ein Museum, um dort ihr Bild zu finden (vergebens). Sie vereinbaren untereinander, dass derjenige, der Annas Zuneigung gewinnt, den Kahn verlassen wird. In einem anderen Gespräch gesteht sie

Willy, dass sie das Geld loswerden wollte, weil sie sich schämte, dem Maler nackt als Modell gedient zu haben, ermahnt Willy aber, Hendrik ja nichts von diesem Vorfall zu erzählen. Willy beginnt zu begreifen, dass ihre Zuneigung Hendrik gilt und nicht ihm. Anna küsst Hendrik, der in ihrer Wohnung aufgetaucht ist, und nicht Willy, und zuletzt entscheidet sich Hendrik, Anna und den Kahn, der fortan ihren Namen führen wird, nicht zu verlassen.

Goebbels inspizierte »Unter den Brücken« am 16. Dezember 1944, gestand aber in seiner ausführlichen Notiz, dass er »kein rechtes Interesse« für die Ufa-Filmvorführung mehr aufbringe, denn die Entwicklung an den Fronten war »so dramatisch, dass sie alle Aufmerksamkeit für sich beansprucht«. Er wollte aber gerecht sein; »es handelt sich bei diesem Film um ein ausgezeichnetes Kunstwerk, das vor allem durch seine kluge psychologische Führung und durch seine moderne Psychologie besticht. Käutner ist der Avantgardist unter unseren deutschen Filmregisseuren.«

Die Ironie liegt darin, dass Goebbels' letztes Filmurteil später Bestätigung fand. Der Film wurde bei den Filmfestspielen in Locarno (1953) vorgeführt. Und obwohl es fünf Jahre dauerte, ehe er in den deutschen Kinos erschien, zählte er zu den erfolgreichsten der frühen Nachkriegszeit. Ebenso wie viele andere Filme Käutners, darunter »Die letzte Brücke« (1954), ausgezeichnet mit dem Jury-Preis der Filmfestspiele von Cannes, oder »Himmel ohne Sterne« (1955), den zwar das Publikum nicht mochte, die Kritik dafür umso mehr. Mitte der fünfziger Jahre drehte Käutner zwei Filme nach Carl Zuckmayer, »Des Teufels General« (1955) und »Der Hauptmann von Köpenick« (1956, von der amerikanischen Filmakademie prämiert als bester Auslandsfilm), produzierte in den Vereinigten Staaten zwei Filme, die nicht zu seinen erfolgreichsten zählen, und kehrte dann nach Deutschland zurück, wo er sich, von Filmen enttäuscht, bis zu seinem Tod 1980 vor allem der Fernsehproduktion widmete. Goebbels wäre erstaunt gewesen, wenn er geahnt hätte, dass seine Urteile über den »Avantgardisten« Käutner, mit dem er immer wieder ohne jede Ironie und Bosheit sympathisierte, in der deutschen und internationalen Kritik ihre freundliche Bestätigung finden sollten.

Kapitel 5
STALIN

Es ist nicht einfach, Stalins Weg zum Film genauer zu beschreiben, denn er war in seinen jüngeren Jahren eher ein eifriger Leser, Schreiber und Aktivist, und wenn ihn sein Biograf Simon Sebag Montefiore mit Recht einen Filmfan oder gar einen vom Film besessenen Diktator nennt[1], meint er den späteren Stalin, der sich vom Literaturfreund zum Oberzensor des russischen Films wandelte. Kein Vergleich jedenfalls mit Maxim Gorki, der im Jahre 1896 in einem Nischni Nowgoroder Wanderkino mit Begeisterung den ersten Lumière-Streifen sah (den Zug, der in einen Bahnhof einfährt) und noch Jahrzehnte später Lenin, der ihn in Capri besuchte, zu einem Kinobesuch überredete (man sah wahrscheinlich den französischen Komiker Max Linder).

1.

Josef Dschugaschwili (geboren am 18. Dezember 1878 in der georgischen Kleinstadt Gori) war der Sohn des Schusters Bessarion und der frommen Magd Ekaterina, und sowohl sein Vater als auch seine Mutter wollten seinen zukünftigen Lebensweg bestimmen.[2] Der Vater holte ihn für ein paar Tage in eine Schuhfabrik, aber seine Mutter beharrte auf einer richtigen Volksschule, denn er sollte Priester werden. Als Volksschüler in Gori war er lebhaft und intelligent und hatte keine Mühe, als Seminarist in Tiflis aufgenommen zu werden (1894),

Der junge Stalin

als einer von 600 Studenten und sogar mit Stipendium. Die Volksschule war zwei Jahre lang georgisch, dann russisch, das Seminar eine russische Institution, und Josef schrieb und las Georgisches (Gedichte, die er 1895 publizierte), begeisterte sich für Aleksandre Qasbegis »Vatermord«, mit dessen Freiheitshelden Koba er sich jahrelang identifizierte (Genosse Koba). Eine örtliche Leihbibliothek sorgte für russische Klassiker (Gogols » Die toten Seelen«) und Weltliteratur (Thackerays »Vanity Fair« und Victor Hugos »93«), und noch ehe Koba das Seminar 1899 verließ, studierte er Darwin, Marx, Plechanow und Lenin (damals noch Tulin). Nach seinem Abgang vom Seminar (ob er nun gehen wollte oder gehen musste) war Koba ein revolutionärer Aktivist, der unter Studenten und

Eisenbahnarbeitern agitierte. Er brachte sich mit Stundengeben durch oder einem Job am Observatorium in Tiflis und erregte bald die Aufmerksamkeit der zaristischen Ochrana. In den Jahren 1902 bis 1913 wurde er wiederholt verhaftet und nach Sibirien deportiert. Sechsmal gelang es ihm zurückzukehren – nicht so nach der Verhaftung von 1913 und dem Exil im fernen Norden, wo ihn die Revolution von 1917 befreite.

Der Weg ins Kino war noch weit. Obwohl es in Tiflis seit 1896 ein permanentes Kino gab[3], das man in einem luxuriösen Adelspalast eingerichtet hatte (in dem Koba nie zu finden war). Die sibirischen Gehöfte, in denen sich Koba/Stalin der Bücher verstorbener Mit-Exilierter zu bemächtigen pflegte (wenn er nicht in den vereisten Jenissei fischen ging), lagen außerhalb der Reichweite selbst jener Wanderkinos, die im zaristischen Russland durchs Land zogen. Allerdings: Stalin, der Illegale, nahm an den Kongressen seiner Partei in Prag (1912) und anderswo teil, arbeitete sechs Wochen lang in Wien (Anfang 1913), aber nichts weist darauf hin, dass er die Chance nützte, ins Kino zu gehen (auch nicht in Franz Kafkas Ponrepo, ins Londoner Regent Street Cinema oder ins Wiener Bellaria, das seit 1911 spielte und es heute noch tut).

2.

Den ersten Versuch, eine Kontinuität der Filminteressen Stalins zu konstituieren, unternahm Boris Schumjazki, damals Chef des sowjetischen Filmwesens, in einem Essay-Entwurf über »Stalin über das Kino« (1935).[4] Nicht unmöglich, dass Schumjazki (damals noch Stalins Protegé, ehe man ihn verhaftete und als Spion hinrichtete) Stalins frühe Filmneigungen akzentuiert, um sich selbst in seiner Autorität zu bestätigen. Schon am Anfang des Essays weist Schumjazki auf ein Telegramm Stalins (1924) an die sowjetischen Vertreter im Ausland (Schumjazki selbst war damals in Persien) hin, in welchem Stalin betont, wie wichtig es sei, dem Film über das Begräbnis Lenins weite Verbreitung zu sichern, um den Gerüchten entgegenzutreten, die von Demonstrationen nach Lenins Tod sprachen. In seinen Notizen über den 13. Parteitag im Mai 1924 behauptet Schumjazki, dass der Kongress, auf Initiative Stalins, den Beschluss gefasst hätte, das »Kino müsste ein mächtiges Mittel der kommunistischen Erziehung und Agitation« werden. Es sei notwendig, die Aufmerksamkeit der breiten proletarischen Massen, der Partei und der Berufsorganisationen zu erregen, in der Folge wurden 739 neue Filmprojektoren auf dem flachen Lande installiert.

Im Februar 1926, so Schumjazki, sah Stalin Eisensteins »Panzerkreuzer Potemkin« und schätzte ihn außerordentlich hoch. In Gesprächen mit leitenden Filmfunktionären betonte Stalin, »dass bereits aus den Gruppen schöpferischer Filmemacher, Fachleute auftauchten, die fähig waren, die provokativsten und kompliziertesten Themen aufzugreifen und sie in einer talentierten und expressiven Art zu behandeln«. Es sei Aufgabe der Partei, diese Experten ideologisch zu erziehen und zu leiten. In seinem Bericht an den 15. Parteikongress (Dezember 1929) kam Stalin in einem anderen Zusammenhang auf das Kino zu sprechen, und zwar von einem fiskalen Standpunkt aus gesehen. Es sei hoch an der Zeit, die Staatseinnahmen aus der Wodka-Steuer graduell durch Einnahmen aus Radio und Kino zu ersetzen. Schumjazki sagt nichts darüber, dass Trotzki schon 1923 in einem Artikel in der *Prawda* (12. Juli) Wodka, die Kirche und das Kino im Wettbewerb um die öffentliche Aufmerksamkeit sah und deshalb forderte, den Film für die Parteipropaganda zu sichern.

Stalin, Generalsekretär der Partei seit dem Frühling 1922[5], war nicht lange auf Schumjazkis Rekonstruktionsversuche angewiesen, denn seit den Jahren 1929/30 intervenierte er persönlich in Fragen der Kinematografie und der Filmpolitik. Die Dokumente beginnen für sich selbst zu sprechen, und Schumjazki muss sich dann jahrelang damit begnügen, Stalins Urteile über Filme, die sie gemeinsam oder mit anderen Gästen sehen, in stenografischen Notizen zu rechtfertigen. Die Wende kommt ganz plötzlich: Im Frühling 1929 sind Eisenstein, Alexandrow und Tissé mit den letzten Korrekturen ihres Films »Die Generallinie« (über die Kollektivierung der Landwirtschaft) beschäftigt, da läutet das Telefon, und Stalin bestellt das Filmteam für den nächsten Tag in sein Büro, in Gesellschaft Woroschilows und Molotows.

3.

»Die Generallinie« war der erste Film, der sich auf die Kollektivierung der Landwirtschaft konzentrierte, aber seine Herstellung wurde unterbrochen, weil die Partei Eisenstein und sein Team zur Produktion des Films »Oktober« abkommandierte. Man wollte die revolutionären Ereignisse des Jahres 1917 rechtzeitig zu den Zehn-Jahres-Feierlichkeiten ins Gedächtnis zurückrufen, nicht ohne Hemmnisse, denn eine Trotzki-Episode musste herausgeschnitten werden.

Der Film »Die Generallinie« selbst beginnt mit Bildern aus dem Leben armseliger Bauernfamilien. Jede von ihnen versucht sich durchzuschlagen, wie es geht, und zwei Brüder sägen ihre Hütte entzwei, weil jeder Anspruch auf das besondere Eigentum erhebt. Die junge Bäuerin Marfa (Marfa Lapkina) besitzt eine Kuh und einen Pflug, aber kein Pferd, mit dem sie pflügen könnte, und als sie einen reichen Nachbarn um Hilfe bittet, lehnt es der Kulak ab, ihr ein Pferd zu leihen. »Das geht nicht so weiter«, klagt sie verzweifelt, aber auch die armen Nachbarn lehnen ihre Forderung nach gemeinsamer Arbeit lachend ab, typisch »Baba« (Weibsbild), meinen sie. Sie hat nur die Unterstützung weniger Nachbarn und eines Partei-Agronomen, der mit ihrer Initiative ein »Artel«, eine kleine Genossenschaft gründet, die Rahm und Butter produziert, nachdem er eine kleine blitzende Maschine zu diesem Zweck in Betrieb gesetzt hat. Als eine sommerliche Dürre einsetzt, veranstalten die Bauern und die Ortspfarre eine Prozession, um den Himmel um Regen zu bitten, aber ein Sturm zieht vorbei, ohne die Felder zu berühren, und die Genossenschaft gewinnt neue Mitglieder. Man erhält das erste Geld für die Butterlieferungen, aber Marfa will das Geld nicht verteilen, weil sie fürchtet, dass die Bauern das Geld versaufen. Der Agronom erinnert sie daran, dass der ursprüngliche Plan war, einen Zuchtstier zu erwerben, und Marfa träumt prompt von einem Riesenstier, Riesenkühen und Riesenmilchfontänen. Arbeiter aus der Stadt helfen beim Bau eines Genossenschaftsstalls für die Kühe und meinen, dass die Feldarbeit einfacher wäre, wenn die Genossenschaft einen Traktor erwerben könnte (die älteren Bauern behaupten, ihre Hände seien genug). Die Kulaken vergiften den Zuchtstier der Genossenschaft. Marfa und ein Genosse reisen in die Stadt ins Traktorenbüro, aber sie müssen erst so manchen bürokratischen Widerstand brechen, ehe man ihnen einen Traktor zuteilt. Die Genossenschaft feiert ein kleines Fest, mit Lenin-Porträts und Fahnen, und ein neues Kapitel ihrer gemeinsamen Arbeit beginnt.

Schumjazki, der nicht selber am kritischen Gespräch teilnahm, zitiert Stalin wörtlich in seinem Essay-Entwurf (für das Jahr 1929), und seine Zitate klingen durchaus glaubhaft.[6] Stalin hatte einige Mühe, diesen Film »als künstlerische Generalisation der Parteilinie« zu sehen. Es fehlt das Fundament. Dorf und Bauern sind monolithisch, stagnierend, unbeweglich dargestellt, und das zu einer Zeit, in der jedermann den Konflikt der einen mit den anderen zu sehen vermochte – die Armen gegen die Kulaken, und die Kulaken gegen die Armen. Korrekturen, die den revolutionären Kampf vor Augen führen, waren angebracht, und deshalb ist es besser, den Film nicht »Die Generallinie«, sondern »Das Alte und das Neue« (1929) zu nennen, und so geschah es auch.[7]

Stalin ermahnte die Filmleute, nicht so viele Bücher zu lesen und mehr Zeit darauf zu verwenden, »unsere Sowjetrealität« zu studieren. »Unsere Filme«, fuhr er fort, »manifestieren nicht nur die großen Ziele, denn sie zeigen, gerade im Ausland, unser Leben in all seiner vibrierenden Vielfalt«, und das vermöchten Bücher nicht so zu tun, denn sie sprächen – auf Russisch – allein zu einer kleinen Lesergemeinde. Stalin kehrte im Verlauf seiner Ermahnungen von neuem zu einem Gedanken zurück, der ihm von besonderer Bedeutung war. Er betonte, dass die Filmleute, aber auch die Künstler anderer Gattungen, nicht genug von den spezifischen Bedingungen und den distinktiven Charakteristiken »unseres blühenden Sowjetlebens« wüssten. Um die Herausforderungen der Kinematografie zu bewältigen, müssten die Künstler ihrem Volk näherstehen und sich mitten darin bewegen. Sie sollten »ihr Leben genauer studieren, um die lebendigsten Figuren unter den besten Arbeitern und Helden unseres Volkes herauszuholen«.

Stalin war allerdings nicht bereit, das Happy End des Films (der Traktorist und Marfa auf der Landstraße) in seiner ursprünglichen Version zu akzeptieren. Stalin wurde nicht müde, seine Fassung des Happy Ends in einigen Einzelheiten zu entwerfen[8]: Marfa in einem Erholungsheim für Bauern im sonnigen Süden, wie es der Staat in einem ehemaligen Zarenpalast eingerichtet hatte, und der Traktorist, nicht in seiner Maschine sitzend, sondern auf dem einstigen Thron des Herrschers: »Dieses Detail könnte der Schlussszene eine neue Bedeutung verleihen.« Es wäre auch visuell vorteilhafter, die Szene an der Küste der Krim zu lokalisieren, sie würde neue Perspektiven eröffnen, und nicht nur »lokale Lyrik« bieten. Eisenstein war kühn genug, diesen Korrekturvorschlag Stalins zu ignorieren und das Happy End ohne grandiose historische Perspektive zu bewahren – der Traktorist hat sich auf einem altmodischen Pferdewagen breitgemacht, und Marfa erscheint in einer technologisch perfekten Traktoristinnen-Uniform, ehe sie zueinanderfinden. Selbst in seiner chiastischen Fassung vermag sich Eisenstein dem üblichen Traktor-Kitsch nicht ganz zu entziehen, oder er wollte es nicht.

Das Ergebnis dieser Ermahnungen war, dass Stalin Eisenstein und seine Assistenten zunächst einmal zu einer Reise durch die neue Realität aussandte, zum Dnjeprostroj, zum Selmaschstroj (bei Rostow am Don) und zu dem unlängst gegründeten Staatsgut »Gigant« im nördlichen Kaukasus[9], ehe sie ihre längst geplante Reise in die Vereinigten Staaten antreten durften, um dort die neuen technologischen Errungenschaften des Tonfilms zu studieren.

Im Jahre 1931 greift Stalin selbst in eine amtliche und persönliche Korrespondenz ein, Eisensteins langen Aufenthalt in Amerika und Mexiko betreffend[10], und spart nicht mit skeptischen Kommentaren. Stalin findet sich in eine fortlaufende Korrespondenz zwischen sowjetischen Kultur- und Regierungsstellen und dem amerikanischen Schriftsteller Upton Sinclair verwickelt, der es auf sich genommen hat, die Sowjetorganisationen um einen Zuschuss für Eisenstein zu bitten, denn die Subvention von 25 000 Dollar, mit welcher er und seine Frau Eisenstein unterstützt haben, ist längst erschöpft. Stalin, der Eisenstein einen »Trotzkisten, oder noch schlimmer« nennt (12. September 1931), meint, Eisenstein wolle die sowjetische Regierung durch Sinclair hintergehen, das Ganze rieche nach Betrug, und er setzte hinzu, es wäre das Beste, die Angelegenheit dem Zentralkomitee vorzulegen.

Zu gleicher Zeit bittet Sinclair um Aufklärung des Falles Danischewski senior, der (ein ehemaliger Menschewik) 1924 in die Sowjetunion zurückkehrte und nun von der GPU (Staatliche Politische Verwaltung) der Sabotage bezichtigt wird, während sein Sohn Fred in Amerika als Techniker für Eisenstein arbeitet. Stalin antwortet Upton Sinclair in einem in englischer Sprache abgefassten Telegramm[11] am 21. November 1931, in welchem er bestätigt, dass man Anklage gegen Danischewski senior erhoben hat und er auf Wunsch Sinclairs auf eine Amnestie hinwirken könnte. Zugleich schiebt er die Frage einer Sowjetunterstützung Eisensteins wieder auf die lange bürokratische Bank (die zuständigen Beamten sollen sich darum kümmern). Eisenstein, der lange in Amerika und Mexiko geblieben ist, wird ja »als Deserteur betrachtet, der mit seiner Heimat gebrochen hat ... Ich fürchte, die Leute hier werden bald ihr Interesse an Eisenstein verlieren.« Eisenstein und seine Kollegen kehrten allerdings binnen Jahresfrist in die Sowjetunion zurück und meldeten sich in einem freundlichen Brief, der über ihre fast dreijährige Arbeit im Ausland berichtete (20. Mai 1932), beim Generalsekretär der Partei. Dieser lehnte es vorerst ab, sie zu empfangen.

4.

Stalin, in seinem neuen Interesse für Filme, ihre Herstellung, Resonanz und Distribution, handelte als Generalsekretär der Partei, die seit ihrer ersten Konferenz zu Kinofragen (14./15. März 1929) ihre Aufmerksamkeit intensiv der Kinematografie zugewandt hatte. Stalin stand dabei seit Anfang der dreißiger Jahre in einem pragmatischen Arbeitsbündnis mit dem Spitzenfunktionär B. S. Schumjazki, der sich politisch in Sibirien und anderswo bewährt hatte und sich nun in Fragen der Filmkunst einarbeiten sollte, zuerst als Leiter der neuen zentralen Aufsichtsbehörde Sojuskino und dann der GUKF (Hauptverwaltung der Kino/Foto-Industrie beim Rat der Volkskommissare).[12] In den Jahren 1934 bis 1937 arbeiteten Stalin und Schumjazki eng zusammen. Schumjazki, der nie müde wurde, stenografische Notizen zu machen, veranstaltete Filmprojektionsabende für Stalin, Mitglieder des Politbüros und Regisseure, um so unmittelbar oder mittelbar auf die Schicksale neuer Filme (für die er verantwortlich war) zu wirken. Das beste Beispiel für das wirksame Arbeitsbündnis Schumjazki/Stalin und Stalins Interventionen ist der Film »Tschapajew«.

»Tschapajew« (1934) ist ein Musterbeispiel für das revolutionäre Epos, das zum Teil auf historischen Tatsachen beruht (hier auf den authentischen Notizen des Kommissars Furmanow), zum Teil auf den Fiktionen, die sich die Regisseure Sergei und Georgi Wassiljew in ihrem Skript erdachten.[13] Tschapajew (bäuerlichen Ursprungs) ist Kommandant einer roten Division im Kampf gegen den Koltschak-Offizier Borozdin, der sich ihm im Süden Russlands in den Weg stellen soll. Eines Tages erscheint im Quartier Tschapajews der politische Kommissar Furmanow, den die Partei damit beauftragt hat, Tschapajew im richtigen Sinne zu führen. Mit dem Kommissar stellt sich eine Gruppe von Freiwilligen aus seiner Textilfabrik ein, zu welcher auch Anka zählt, die von Petka (Tschapajews Ordonnanz) zu einer mutigen MG-Expertin ausgebildet wird (Petka und Anka bilden das Liebespaar dieses Soldatenfilms). Am Beginn des Films befindet sich eine Schar roter Soldaten im chaotischen Rückzug aus einem von tschechischen Ver-

»Tschapajew«

bündeten Koltschaks verteidigten Bauernhof, aber Tschapajew, in einer mit einem Maschinengewehr bestückten Droschke, gelingt es, seine Soldaten aufzuhalten und zum Gegenangriff anzuspornen. Auch Tschapajews Gegenspieler Oberst Borozdin gewinnt deutlichere Gestalt. Er verbringt seine Zeit damit, klassische Musik auf einem Klavier zu spielen, und verurteilt den Bruder seines Dieners Petrowitsch zu einem militärischen Spießrutenlauf. Tschapajew und sein Polit-Kommissar Furmanow finden (ironisch und sympathisch zugleich gezeichnet) ungeachtet aller Widerstände zueinander. Der Kommandant sieht ein, dass Furmanow recht hat, wenn er auf einem Plünderungsverbot besteht und Tschapajew wohlwollend auffordert, doch mehr für seine militärische Kleidung zu tun. Furmanow wird zu einer anderen Division abkommandiert, und Oberst Borozdin befiehlt einen Generalangriff auf Tschapajews Hauptquartier, um ihn vom Gros seiner Truppen zu isolieren. Anka reitet in die Nacht, um Verstärkungen zu alarmieren. Petka wird im feindlichen Feuer tödlich getroffen, und Tschapajew, schwer verletzt, verschwindet in den Fluten des Ural-Flusses. Borozdin wird von Petrowitsch (zur Vergeltung für den Bruder) getötet, die Verstärkungen sind im Anmarsch, und der Triumph der roten Bataillone ist nicht mehr aufzuhalten.

Schumjazki arrangierte die erste Projektion von »Tschapajew« für Stalin und seine Politbüro-Gäste Molotow und Woroschilow am 4. November 1934. Er wollte Stalin die Regisseure vorstellen und empfehlen, war sich seiner Sache aber nicht ganz sicher. Die erste Szene, der chaotische Rückzug einer Tschapajew-Abteilung, hatte einige Verwirrung zur Folge. Die Zuschauer fragten ungläubig, wer denn diese Soldaten, die waffenlos flüchteten, eigentlich wären[14], aber sobald der Kommandant eingriff, schlug die Stimmung rasch um, und man begann den jungen Darsteller Tschapajews (Boris Babotschkin) zu loben. Schumjazki fragte Stalin um Erlaubnis, die Regisseure holen zu dürfen, und nachdem der Generalsekretär gefragte hatte: »Sind es auch nette Leute?«, wurden die Wassiljews herbeigeholt[15], und Schumjazki überantwortete ihnen zunächst den Projektionsapparat, um sich selbst am kritischen Gespräch zu beteiligen. Eine Feder des Projektionsapparats brach (drei Minuten Pause), aber sobald der Film zu Ende war, erhob sich Stalin als Erster und gratulierte Schumjazki zu seiner Unternehmung: »Gut gemacht, mit Intelligenz und Takt. Tschapajew ist gut, und auch Furmanow und Petka. Dieser Film wird noch eine bedeutende Lehraufgabe zu erfüllen haben. Ein schönes Geschenk für die Feiertage.«[16] Stalin dankte den Regisseuren für ihre Arbeit, und die erste Projektion des »Tschapajew« war um 1:51 Uhr nachts zu Ende, wie Schumjazki genau registrierte. Am 7. November 1934 fand die zweite Vorführung für Stalin und seine Gäste statt, darunter Kaganowitsch und, auf besonderen Wunsch des Generalsekretärs, Schdanow. Stalin selbst führte den Film ein, skizzierte die Charaktere, schilderte die Vorgänge und spendete den Regisseuren und Schauspielern das höchste Lob. Kaganowitsch bemerkte, dass in der Sowjetunion niemals ein ähnlicher Film zu sehen gewesen war, und Schdanow, der zu spät gekommen war, gestand, der Film hätte ihn »gestärkt« und »beruhigt« (Ende der Diskussion 2:50 Uhr morgens).

Bei einem Abendessen am 10. November 1934 fragte Stalin nach dem kritischen Echo des »Tschapajew« in der Presse[17], und Schumjazki berichtete über die *Prawda*, die einen »wenig energischen Artikel« publiziert hatte, und von einer Rezension in der *Iswestija*, die viel Lob mit einem kritischen Einwand vermischt hätte. Molotow bestätigte Schumjazkis Befund und fügte hinzu, die *Iswestija* hätte gefordert, die Figur des Kommissars Furmanow über die des Kommandanten zu erhöhen. Stalin war der Ansicht, dass eine solche Interpretation den Zuschauer nur verwirren könnte, ging selbst zum Telefon und gab seinem Sekretär Mechlis den Auftrag, in der Redaktion der *Iswestija* nach dem Rechten zu sehen. Und er fügte hinzu, dass die *Prawda* noch am nächsten Tag einen Artikel publizieren werde, der die »korrekte Richtung« in der Beantwortung dieser Frage angeben werde. Es sei notwendig, dass die Kritiker »korrekt« zu schreiben lernen und nicht Dinge, die »offenbar falsch sind«. Stalin fuhr fort, »Tschapajew« mit Interesse zu sehen (am 20. Dezember zum sechzehnten Mal), rühmte ganz besonders die schauspielerischen Leistungen Boris Babotschkins (Tschapajew) und Leonid Kmits (Petka), und er lobte die Szene Petka/Tschapajew (der Kommandant in der Rolle des Kommissars) und die Szene mit den Bauern aus dem Dorf (die Leistung Boris Tschirkows hatte er schon früher gelobt).

Stalin stellte eine dringende Frage nach der Distribution des »Tschapajew«, aber die Antwort Schumjazkis war enttäuschend, den nur 400 bis 500 regionale Zentren hatten Tonfilmprojektoren. Stalin präsizierte seine Frage und wandte ein, dass also 2000 Regionen den »Tschapajew« nicht zu Gesicht bekämen, und Schumjazki musste ihm versprechen, dem Zentralkomitee binnen zwei oder drei Tagen einen genauen Bericht einzureichen, der es möglich machen sollte, den »Tschapajew« zumindest in jedem regionalen Zentrum zu zeigen. Am 2. April 1935 sah Stalin den Film in einer Art Familien- oder Kindervorstellung[18], in einer stummen Fassung. Woroschilow war mit seiner Gattin gekommen, und Stalins Kinder Wassili und Swetlana, die das Kino besonders liebte, waren da. Nicht überraschend (zumindest für Mitglieder der Partei) war, dass »Tschapajew« im Januar 1935 das zentrale Ereignis der Film-Jubiläumsfestlichkeiten bildete, und nicht anders beim folgenden Internationalen Moskauer Filmfestival. Stalin selbst, in seinen Glückwünschen an die Filmindustrie (11. Januar 1935 in der *Prawda*), rühmte »Tschapajew« als einzigen sowjetischen Film, »der uns verpflichtet, unsere neuen Aufgaben zu erfüllen und uns an unsere Leistungen als auch an die Schwierigkeiten unseres sozialistischen Aufbaus zu erinnern«.[19] Noch eine Generation nach Stalins Tod war »Tschapajew« in den Fernsehprogrammen zu finden, in den staatlichen wie in den privaten Sendern.

5.

Swetlanas Anwesenheit im Kreml-Kino unter den Zuschauern, die ihres Vaters Filmvorführungen sehen sollten oder durften, war kein Zufall, denn sie war eine Theater- und Filmfreundin. Und wenn sie einmal allein ins Theater oder Kino wollte, fragte sie ihren Vater um Erlaubnis (allerdings wurde sie von einem Spezialagenten überwacht, der ihr überallhin folgte, auch in die Schule, wo er ein Extrazimmer hatte, in dem er und andere Agenten während des Unterrichts warten durften). Sie kannte die Lieblingsfilme ihres Vaters, »Tschapajew« und Alexandrows musikalische Komödien, vor allem »Wolga, Wolga«, und eine Reihe von Chaplin-Filmen, mit Ausnahme des proskribierten »Diktators«. Sie war eine fleißige und intelligente Schülerin der (Elite-)Modellschule Nr. 25, las viel, Weltliteratur und russische Lyrik, auch die verbotene Anna Achmatowa und Sergei Jessenin, und suchte der Aufmerksamkeit ihrer Mitschüler und Mitschülerinnen bescheiden zu entgehen, obwohl jeder wusste, aus welcher Familie sie kam. Nach dem Tod ihrer Mutter fühlte sie sich einsam, bewegte sich aber gern in Gesellschaft ihres Bruders Wassili, des Piloten, und seiner Freunde und Freundinnen, lauter trinkfreudige und elegante Flieger, Journalisten, Schriftsteller und Leute vom Film und vom Theater.[20]

In Gesellschaft ihres Bruders lernte die sechszehnjährige Schülerin im Spätherbst 1942 den 38-jährigen Schriftsteller Alexei Kapler[21] kennen, der zu den bekanntesten Drehbuchautoren zählte. Sie wusste gewiss, dass er der Autor der Filme »Lenin im Oktober« und »Lenin 1918« gewesen war (für den er 1941 den Stalin-Preis erhalten hatte). Man sprach, wie nicht anders zu erwarten, über Filme. Kapler bewunderte ihre »Anmut und Intelligenz« und sie seine Weltläufigkeit und sein sicheres Urteil. Am Abend des 8. November 1942 feierte man das Jubiläum der Revolution, Kapler forderte sie zu ihrer Überraschung zum Tanzen auf und bewunderte eine Brosche, die sie auf ihrem einfachen Kleid trug. Sie erzählte ihm von der Einsamkeit ihres Lebens (denn die Brosche stammte von ihrer Mutter), und von Stund an waren sie zusammen anzutreffen. Man ging ins Kino, sah Greta Garbos »Königin Christine«, spazierte im Park, in den kriegsverdunkelten Gassen Moskaus, oder besuchte, sehr oft, die Tretjakow-Galerie – im-

Stalin und Tochter Swetlana (1936)

mer gefolgt von dem Spezialagenten Michail Klimow, der mit den beiden sympathisierte und dem gar nicht wohl zumute war, weil er wusste, dass Stalin auch die Telefongespräche der beiden abhören und ihre Korrespondenzen kontrollieren ließ. Als Swetlana und Alexei Ende Februar 1943 in einer Wohnung zusammen waren, saß er im Vorzimmer, und die Türen mussten offen stehen – für lange Zeit ihr letztes Rendezvous.

Kapler, der Stalins Zorn besonders durch einen *Prawda*-Artikel provoziert hatte, in dem ein Leutnant das verschneite Stalingrad evozierte (immer in Erinnerungen an die glückliche Zeit mit seiner Moskauer Geliebten), wurde am 2. März 1943 verhaftet und als Spion zu fünf Jahren Zwangsarbeit in Sibirien verurteilt. Er hatte aber noch das Glück, vom Workuta-Kommandanten als berühmter Häftling zum Lager- und

Stadtfotografen ernannt zu werden, der sogleich in der musikalischen Drama-Gruppe Workuta mitwirkte, zusammen mit der Schauspielerin Valentina Tokarskaja (seiner neuen Geliebten).

Er hatte Moskau-Verbot, machte aber nach seiner Entlassung in Moskau Station, um seine erste Frau zu sehen, und wurde prompt am Bahnhof verhaftet, wo er den Zug nach Kiew nehmen wollte, um seine jüdischen Eltern wiederzusehen. Er wurde wieder zu fünf Jahren verurteilt, diesmal in die Bergwerke von Inta, ohne Erleichterungen irgendwelcher Art. Und er überlebte nur, weil ihn seine Geliebte Valentina besuchte und ihm immer etwas zu essen mitbrachte. Kurz nach Stalins Tod wurde er entlassen und heiratete Valentina Tokarskaja, der er sein Leben verdankte.

Seine und Swetlanas Geschichte war aber noch nicht zu Ende. 1954, ein Jahr nach dem Tod ihres Vaters, besuchte sie den Kongress der Sowjetschriftsteller, der im Kreml tagte, und begegnete Alexei, rehabilitiert und mit neuen Filmprojekten beschäftigt. Sie trafen einander in einem Café, der alte Zauber war mächtig, und als Kapler auf der Krim arbeitete, fuhr sie ihm in ihrem kleinen Wagen und mit ihrem Sohn Josef nach, und die Liebenden von 1943 waren, nach elf Jahren, wieder in Erinnerungen und Umarmungen vereint. Sie konnte es nicht lassen, das Gespräch mit Alexeis zweiter Frau zu suchen, und ihr die Wahrheit zu gestehen. Valentina soll sie ausgelacht haben (sie wusste längst alles), aber ein Jahr später war Alexei wieder auf Freiersfüßen und suchte die Gesellschaft der jungen Dichterin Julija Drunina, die seine dritte Frau werden sollte.

Er fuhr fort, erfolgreiche Filme zu entwerfen, die Komödie »Hinter den Fenstern des Warenhauses« (1955) und »Der amphibische Mensch« (1962), gab Hochschulkurse für Szenaristen und Regisseure, wurde als »Verdienter Künstler der russischen Sowjetrepubliken« (1969) geehrt und starb zehn Jahre später in Moskau. Swetlana, immer wieder verheiratet und geschieden, suchte ihr Glück zwischen den Kontinenten und Liaisons in Russland (hin und her), Indien, England und Amerika (Princeton) und starb, als Lana Peters, am 22. November 2011 in Richland County, Wisconsin, im Alter von 85 Jahren, einsam wie eh und je.[22]

6.

Schumjazki und Stalin waren von Anfang an Verbündete in der Forderung nach Filmen »für Millionen«, Arbeiter und Bauern, aber ihre allgemeine Sympathie für Alexandrows Komödien vermag die feineren Differenzen nicht ganz zu verdecken.[23] Alexandrows erste Komödie »Lustige Burschen« und seine dritte Komödie »Wolga, Wolga« gehören zu Stalins Lieblingsfilmen, nicht unbedingt Alexandrows zweite Komödie »Zirkus« und seine vierte »Der helle Weg.«

In allen diesen Komödien arbeitet Ljubow Orlowa, die erste sowjetische Filmdiva, an der Gestalt eines Aschenbrödels, allerdings jedes Mal auf eine andere Weise. In »Zirkus« spielt sie die Amerikanerin Marion Dixon, die in ihrer Heimat fast gelyncht worden wäre, weil sie einen schwarzen Sohn zur Welt gebracht hat. In der Sowjetunion findet sie künstlerische Erfüllung, allgemeine Sympathie für das Kind und eine neue Liebe. Im »Hellen Weg« wird das Aschenbrödelmotiv noch deutlicher – Tanja, bäuerlichen Ursprungs, arbeitet als Bedienstete in einem Hotel, wird von ihrer Parteifreundin in die Schule und in eine Textilfabrik geschickt, wo sie gelobt, mit 240 Webstühlen zugleich zu arbeiten. Sie wird mit einem Orden ausgezeichnet und träumt davon, in den Obersten

»Zirkus«

Sowjet gewählt zu werden und ihren Ingenieur Lebedew zu heiraten. Alexandrow berichtet, dass Stalin ihn bei einem Empfang ansprach und bemerkte, der ursprüngliche Titel sei ungeeignet. Und schon am nächsten Morgen hielt Alexandrow eine Notiz Stalins in Händen, der den Film »Der helle Weg« benannte – im Rückgriff auf die revolutionäre Poesie der Jahre 1915 und 1919. Stalin war aber von dem Film nicht restlos begeistert. Er bemerkte, dass Alexandrow die Autoritäten erfreuen wollte[24], und das missfiel ihm. Und es ist nicht ausgeschlossen, dass die vielen Imitationen amerikanischer Ballettszenen im Stile Busby Berkeleys (alle in leichtem Gewande) in Alexandrows »Zirkus« seinen Erwartungen nicht entsprachen. Im Ausland war »Zirkus« dennoch ein bedeutender Erfolg beschieden, vor allem beim antifaschistischen Publikum, weil man die Sowjetunion deutlicher denn je als Verbündete gegen Hitlers Rassenpolitik zu begreifen hoffte.

Es war eigentlich Schumjazki, der für die Herstellung jener Alexandrow-Filme »für Millionen« verantwortlich war, die zu Stalins Lieblingsfilmen gehören sollten, sowohl »Lustige Burschen« (1935) als auch »Wolga, Wolga« (1938). Schumjazki fasste den Gedanken, eine Jazzshow des längst berühmten Musikers Leonid Utjossow aus Odessa in einen Filmstoff zu verwandeln, in erstklassiger Besetzung (Musik: Isaak Dunajewski, Skript: Nikolai Erdman und Wladimir Mass, Kamera: Wladimir Nilsen, ein langjähriger Assistent Tissès, Anjuta: Ljubow Orlowa). Die »Lustigen Burschen« folgen in ihrem ein wenig ungeordneten Verlauf der amerikanischen Idee des Musicals, das einer Provinzkarriere von Kansas oder Oklahoma bis zum Brodway nachgeht, hier allerdings von einem Kolchos im Süden zum Bolschoi-Theater in Moskau. Kostja Potechin, Hirte in einem Kolchos, will unbedingt seine musikalischen Talente pflegen, nimmt Unterricht bei einem emigrierten deutschen Musiker (einem der letzten positiven deutschen Charaktere im Sowjetfilm, für lange Zeit), und eine wenig talentierte modische Dame der neukapitalistischen NEP-Gesellschaft, die sich viel von seiner Förderung verspricht, hält ihn für den gastierenden südamerikanischen Virtuosen Frascini. Ihre singende Magd Anjuta hat längst ein Auge auf ihn geworfen, ehe seine Herde im Haus der Schönen peinliches Unheil anrichtet und ihn als Hirten entlarvt. Er muss (man weiß nicht genau, wie) nach Moskau entweichen, reüssiert in der Rolle Frascinis und als Haupt einer neuen Jazzkapelle, entdeckt Anjuta als neuen Musikstar und führt sie ins Happy End.

Schumjazki hatte seine Mühe mit dem Film, denn die Partei-Traditionalisten in der Kinokommission stellten sich gegen den neuen Streifen, und es war, in letzter Instanz, das Urteil Stalins und des Politbüros, und eine Intervention Gorkis, der den »Lustigen Burschen« half, den konservativen Widerstand zu brechen. Stalin und Mitglieder des Politbüros inspizierten den Film am 21. Juli 1934 und fanden ihn ganz passabel. Stalin bemerkte: »Gut! Es ist, als hätte ich einen Monat in den Ferien verbracht«, und Gorki antwortete auf den Vorwurf, der Film sei amerikanisch, es sei jedenfalls »unser Sowjet-Amerikanismus«. Nach einigem Zögern fand die amtliche Premiere der »Lustigen Burschen« am 25. Dezember 1934 im Udarnik-Kino in Moskau statt. Alexandrow, Frau Orlowa und Dunajewski saßen inmitten des Publikums, um die Kommentare nicht zu versäumen, und zuletzt gab es eine Party im berühmten Hotel Metropol. Amtliche Zahlen besagen, dass damals 5737 Kopien des Films zur Verfügung standen, um das Publikum in der Sowjetunion und im Ausland zu unterhalten, und die Dunajewski-Melodien blieben lange unvergessen.

Der andere Lieblingsfilm Stalins unter Alexandrows Komödien, »Wolga, Wolga«, beginnt im kleinen Ort Melkowodsk, wo der ehrgeiziger Bürokrat Bywalow eine kleine Musikinstrumentenfabrik leitet und hofft, durch die Partei an eine höhere Stelle berufen zu werden. Ein Telegramm beruft ihn nach Moskau zu Olympiade der Volkskunst, und er muss sich entscheiden, ob er mit den Freunden der Kunstmusik in seinem Ort, geführt vom pedantischen Buchhalter Aljoscha, gemeinsame Sache machen soll, oder mit der Postbotin Strelka, welche die Volkskünstler im Ort um sich sammelt. Er entscheidet sich für die hohe Kunst, bringt die Symphoniker auf einen alten Raddampfer, der Kurs auf Moskau nimmt, und die Volkskünstler müssen auf einem Floß und weiter mit dem Segelboot auf der Wolga vorankommen. Raddampfer und Segelboot, Symphoniker und Volkskünstler sind in einer Wettfahrt nach Moskau begriffen, aber das hindert Strelka nicht daran, ihren Aljoscha zu sehen (Küsse und Streit) und ihren patriotischen Wolga-Song zu erfinden. Allerdings fehlt das Papier, um die Noten festzuhalten, und ihre Hörer benutzen

Bywalows Briefpapier (mit seinem Namen im Kopf), um das Lied festzuhalten. Die Papiere werden aber von einem Sturm fortgeweht, und ihr Lied wird so unter den Sängern und Sängerinnen an den Flussufern, einschließlich den Matrosen der Flotte, bekannt. Je weiter man sich Moskau nähert, desto technologisch märchenhafter wird die Landschaft; am Eingang des neukonstruierten Wolga-Moskau-Kanals übernimmt ein eleganter Dampfer die Führung, am Ufer erscheinen die Statuen der Staatsführer, und im Palast der Olympiade warten schon die Repräsentanten der Sowjetvölker in ihren vielen Kostümen. Man sucht verzweifelt nach einer Dunja, die Bywalow als Autorin des Liedes nannte. Strelka erklärt, sie sei diese Dunja, und erhält den ersten Preis, während ein Orchester und ein Volkschor das Lied und Strelkas Happy End mit ihrem geliebten Aljoscha feiern.

Manche Kritiker waren immer noch unzufrieden, weil sie den Konflikt zwischen den Anhängern der Kunstmusik und den Parteigängern der Volkskunst übertrieben fanden, aber »Wolga, Wolga« erhielt im Jahre 1941 den Stalin-Preis, Alexandrow wurde mit dem Lenin-Orden ausgezeichnet, und Stalin sagte ihm bei der Verleihung, dieser Orden »wird für Courage verliehen. Ich habe ihn auch.« Bei einer späteren Vorführung des Films, anlässlich einer Feier für ukrainische Volkskünstler, ergab sich, dass Stalin den Film sehr gut kannte, komische Textstellen auswendig zu rezitieren wusste, und als ihm Bywalow (Igor Iljinski) vorgestellt wurde, sagte er zu ihm: »Du bist ein Bürokrat und ich auch. Wir werden einander gut verstehen. Komm, lass uns ein wenig miteinander reden.«[25]

1942 besuchte Harry Hopkins, Ratgeber Roosevelts, Moskau. Stalin ließ ihm den Film vorführen und sandte dann, durch den amerikanischen Botschafter, eine Kopie an Roosevelt, der annahm, dass in dem Geschenk eine Botschaft an ihn enthalten war. Das Gerücht will es, dass er sich die Songs übersetzen ließ und genau hinhörte, als es hieß, dass Amerika Russland einen Dampfer als Geschenk geschickt hätte, der Dampfer aber »schrecklich langsam war«. Roosevelt soll geglaubt haben, dass Stalin ihn so daran erinnerte, dass die zweite Front leider immer noch nicht eröffnet war. Ein findiger Publizist beschäftigte sich 2004 mit dieser Episode und kam zum Schluss, dass sie ins Reich der Legende gehörte.[26]

7.

Am 17. Mai 1935 erhielt Eisenstein die Erlaubnis höherer Stellen, mit den Dreharbeiten zu einem Film, genannt »Die Beschinwiese«, zu beginnen, wie er das in einer Festansprache anlässlich des 15. Film-Jubiläums der Sowjetunion und sehr zum Unwillen Schumjazkis angekündigt hatte, denn er hatte den Filmchef nicht zu Rate gezogen. Die blutige und wahre Geschichte aus der Zeit der Kollektivierung hatte mit dem Turgenjew-Titel (1852) wenig oder gar nichts zu tun. Ein vierzehnjähriger Junge denunziert seinen Kulaken-Vater als »Volksschädling«. Der Vater wird zu zehn Jahren (also zum Tod) verurteilt, und seine Brüder (und die Großmutter) töten den Jungen und seinen Bruder, ehe sie selbst verhaftet werden. Das Drehbuch (der Vater selbst tötet den Sohn) stammte von Alexander Rsheschewski, der das volle Vertrauen des Komsomols (Kommunistischer Jugendverband) genoss, aber kein Regisseur wollte so recht heran, ehe Eisenstein, künftige Komplikationen nicht ahnend, mit der Besetzung der Hauptrollen begann. Den Vater sollte Boris Sachawa, ein Wachtangow-Schüler, spielen, die Vorsitzende der Kollektivfarm Elisaweta Teleschowa, und den vierzehnjährigen Stepok ein Junge namens Witja Kartaschow, den Eisenstein aus 600 Kandidaten ausgesucht hatte.[27] Dann begann das Team (dem auch Tissé wieder angehörte) zu reisen, in die Gegend des Kuban-Flusses, wo Eisenstein schon die Korrekturen zu »Das Alte und das Neue« gedreht hatte, nach Charkiw und Moskau. Aber die Arbeiten wurden immer wieder verzögert, weil Eisenstein an einer Mageninfektion und den Pocken erkrankte und schließlich nach Kislowodsk zur Kur musste, um die kardiologischen Komplikationen zu heilen.

Die Zeit stand nicht still. Während Eisenstein allmählich gesundete und der amtliche Kampf gegen den Formalismus in allen Künsten (als Negation des Sozialistischen Realismus) seinen aggressiven Fortgang nahm, und während die *Prawda* einen speziellen Artikel gegen den Formalismus im Film publizierte, inspizierte Schumjazki die ihm vorliegenden Streifen der »Beschinwiese« und verdammte Eisensteins bisherige Arbeit als mystisch (der alttestamentarische Abraham und sein Sohn), nicht realistisch und nicht klassenkämpferisch genug. Eisenstein antwortete am 11. März mit einem persönlichen Bekenntnis in der *Prawda*, in dem er die Hoffnung aussprach, »gelernt zu haben und den Film in diesem Sinne neu zu bearbeiten«. In seinem intimen Tagebuch war er weniger hoffnungsvoll und notierte: »Ich bin wie eine Hure und vermag der Versuchung nicht zu widerstehen, mit meiner Kreativität zu flirten.«[28]

In den ersten Märztagen 1937 (während die großen Terrorprozesse gegen die alten Bolschewiken abrollen) entscheidet sich das Schicksal des Films. Schumjazki sendet Teile der zweiten Version in den Kreml. (Stalin zweifelt an den weißen Tauben, die aus Brandflammen fliegen.) Das Zentralkomitee erlässt eine Resolution, in welcher die sofortige Einstellung der Filmarbeit an »Beschinwiese« gefordert wird, als einer »politisch irreführenden und anti-künstlerischen Produktion«. Schumjazki bemüht sich, alle Schuld am Misslingen auf

Eisenstein abzuwälzen. Vom 19. bis 21. März findet eine Moskauer Tagung statt, die den Film verdammt (Eisenstein akzeptiert das Urteil demütig), und am 28. Mai 1937 erscheint sogar ein Buch mit Beiträgen Schumjazkis, Eisensteins und prominenter Kritiker, welches die Sünden des Films noch einmal definiert und in dem Eisenstein sich noch einmal widerspruchlos zu seinen subjektiven Lastern bekennt. Schumjazki als Ankläger, der Eisenstein bezichtigt, den Klassenfeind wie Pan in einem symbolistischen Gemälde darzustellen, den jungen Pionier als schweigenden Engel, und die allgegenwärtige Macht der Partei zu unterschätzen. Eisenstein in Selbstanklage gegen seinen Individualismus und experimentellen Ehrgeiz, der zu politischem Versagen führte.[29]

Im April fuhr Eisenstein fort, Briefe an Schdanow und Stalin zu schreiben, die Schumjazki an die Adressaten zu lenken wusste, zugleich mit der Forderung, das Zentralkomitee müsste ein letztes Wort in dieser Angelegenheit sprechen und Eisenstein ein für alle Mal verbieten, in seiner Arbeit fortzufahren. Schumjazkis Eifer demonstrierte klar, dass er nicht genug über seine eigene Situation wusste, denn seine Forderung an das Zentralkomitee hatte zur Folge, dass sich die Mitglieder für und gegen Eisenstein aussprachen, die Mehrzahl, einschließlich Schdanow, Molotow, Woroschilow und Stalin selbst, für Eisenstein, allein Kaganowitsch gegen ihn. Und so wurde beschlossen, Eisenstein noch einmal eine Chance zu geben. Eisenstein notierte in seinem Tagebuch, er »lebe wie in einem Glassarg«.[30] Aber schon am 18. Mai benachrichtigte ihn Elena Sokolowskaja, die Direktorin von Mosfilm, dass sie ihm ein neues Skript zukommen lassen wolle. Schumjazki durfte noch ein Jahr lang als Chef der Sowjetkinematografie amtieren. Am 8. Januar 1938 wurde er seines Amtes enthoben und in die Provinz relegiert, am 28. Juni verhaftet, der Sabotage und Spionage angeklagt und am 29. Juli 1938 hingerichtet.

Jene Kollegen Eisensteins, die nicht unbedingt zu den Freunden Schumjazkis zählten, waren der Ansicht, dass es die Regierungsstellen, wenn nicht Stalin selbst, waren, die es Eisenstein ermöglichten, seine Filmarbeit fortzusetzen. Es war das Mosfilm-Studio, das ihm ein Skript (vorerst genannt »Rus«) in die Hände spielte. Und er fasste den Plan, einen Film über den mythischen Helden und Armeeführer Alexander Newski daraus zu machen.

Man hatte aber den Vorsatz gefasst, ihn zur Arbeit mit anderen zu verpflichten: den Drehbuchautor Pjotr Pawlenko zu respektieren, den Schauspieler Nikolai Tscherkassow in der Hauptrolle zu beschäftigen und Dmitri Wassiljew zu akzeptieren, der ihm als zweiter Regisseur zur Hand gehen sollte (zum Glück war sich Wassiljew seiner Grenzen bewusst und drängte sich niemals vor). Als Komponisten wollte Eisenstein Sergei Prokofjew gewinnen, der lange auf Reisen war. Endlich aber war es so weit, der erste vollendete Tonfilm Eisensteins zeichnete sich durch eine außergewöhnliche Synchronie von Bild und Ton aus, die auch den skeptischen Experten nicht entging.

Eisenstein reiste zunächst nach Nowgorod, um zu sehen, ob er den Film nicht in der alten Stadt drehen könnte, aber von den historischen Bauten war nicht viel übrig. Er entschloss sich, den ganzen Film in den Mosfilm-Studios zu produzieren, einschließlich der historischen Schlacht der patriotischen Russen gegen den deutschen Ritterorden auf dem brechenden Eis des Peipussees – auch das im Juli: das Eis eine Asphaltdecke bestreut mit Kalk und aufgenommen durch die richtigen Filter. Im Oktober 1938 war er schon dabei, die Ergebnisse zu schneiden, und die amtlichen Stellen waren freudig überrascht von der Möglichkeit, den Film innerhalb der vertraglichen Kalender- und Budgetgrenzen gedreht zu sehen. Am 8. November 1938 wurde der Film (minus einer Film-

»Alexander Newski«

rolle, die jemand vergaß) Stalin vorgeführt, der seine Freude an dem patriotischen Spektakel hatte (keine Montage), Eisenstein lobte und ihn im Gespräch »also doch einen Bolschwiken« nannte[31] – zu gleicher Zeit notierte Eisenstein in seinem intimen Tagebuch: »Newski« sei der erste Film gewesen, in dem seine künstlerische Art nicht zur Geltung kam.[32]

Es sollte aber bald noch schlimmer kommen. Die Sowjetunion und Hitlers Drittes Reich verhandelten über einen Nichtangriffspakt, ein neues Kulturprogramm wurde definiert, und Eisenstein (dem Vater nach jüdischer Herkunft) übernahm die Regie einer festlichen Bolschoi-Theater-Aufführung von Wagners »Walküre«, zu der das ganze deutsche diplomatische Korps in Paradeuniform erschien. Der patriotische »Alexander Newski« wurde inzwischen stillschweigend aus den Kinoprogrammen gezogen.

8.

Nachdem Schumjazki seines Amtes enthoben worden war, übernahm Semjon Dukelski (der in seiner Jugend Klavierspieler in einem Stummfilm-Kino und später Tschekist in den Provinzen gewesen war) seine Funktionen, aber nicht für lange (1938/39). Sein Nachfolger war I. G. Bolschakow, der das Amt des Filmministers volle fünfzehn Jahre (1939 bis 1954) innehatte und sich redlich bemühte, Stalins Wünsche zu erfüllen; und wenn er glaubte, Stalin sei übler Laune, ließ er lieber einen importierten Film vorführen, als eine sowjetische Produktion zu gefährden. Nicht alle Mitglieder des Politbüros nahmen ihn ernst. Es war seine Aufgabe, Importfilme zu kommentieren oder Dialoge zu übersetzen, aber seine Englischkenntnisse waren fragmentarisch, und er behalf sich mit Notizzetteln, ohne Stalins Fragen beantworten zu können. Die Filmvorführungen fanden zunächst in den Räumlichkeiten des Filmkomitees in Kreml-Nähe statt, aber Stalin, der Geselligkeit liebte, ließ nach dem Selbstmord seiner Frau (1932) den Wintergarten des Kreml in ein bequemes Kino verwandeln mit Stühlen und Tischen. Die Mitglieder des Politbüros und andere Gäste sollten mit Speis und Trank versorgt werden, und die Projektionen und (Streit-)Gespräche zogen sich bis lange nach Mitternacht und oft bis in den grauen Morgen hinein.[33]

Die Jahre Dukelskis und, mehr noch, Bolschakows waren jedenfalls die Epoche, in welcher sich der aktive Filmfreund Stalin in den allmächtigen Diktator der sowjetischen Kinematografie verwandelte (1938 bis 1953). Er wählte Filmstoffe, wies sie bestimmten Regisseuren zu, las die Drehbücher (selten ohne Korrekturwünsche), intervenierte in Besetzungs- und Finanzfragen, kontrollierte die Filmkritik, bestimmte die Schicksale der Filmleute, der Techniker eher als der Produzenten (Gulaghaft oder Stalin-Preis) und ihrer Filme, die sein Urteil buchstäblich vernichtete oder zu Angelegenheiten der gesamten Nation(en) erhöhte. Aus den Notizen Schumjazkis geht sogar hervor, dass Stalin der Unterhaltung (vor allem der importierten) nicht abhold war. Ihm gefiel »Sous les toits de Paris« (»dynamisch«, »nette Leute«). Ein US-Musikfilm über Johann Strauß »The Great Waltz« (Regie: Julien Duvivier, mit Luise Rainer, der geborenen Wienerin, in der weiblichen Hauptrolle) bewegte ihn zur Frage, ob man nicht ähnliche sowjetische Musikfilme herstellen könnte, und er sparte nicht mit Lob über Sänger Beniamino Gigli und Diva Magda Schneider in der italienisch-deutschen Koproduktion »Vergiß mein nicht« (1935). Möglich sogar, dass er Luis Trenkers Film (1932) über den Tiroler Aufstand gegen Napoleon sah, aber der Streifen wurde im Protokoll als amerikanisch bezeichnet.[34] Später hieß es, dass Stalin Detektivgeschichten, Cowboyfilme und Raufereien besonders mochte, nicht aber explizit Sexuelles, das er als Oberdramaturg (und ehemaliger Seminarist) niemals duldete.

Im Krieg standen militärische Biografien und Episoden hoch im Kurs, und Stalin selbst gab seine Anweisungen, wie Feldmarschall Kutusow (1745 bis 1813) als Held der patriotischen Kriege gegen Napoleon zu interpretieren wäre. Stalin polemisierte[35] gegen ein Theaterstück, das Kutusow allzu gottesfürchtig und abhängig vom Zarenhof gezeigt hatte, und forderte, dass er anders darzustellen wäre: unabhängig in seinen Entscheidungen, kämpfend auf eigene Gefahr und geliebt von seinen Soldaten. Der Film sollte sofort in die Kinos kommen, aber es ergab sich, dass der Schauspieler Alexei Diki, der die Rolle Kutusows übernommen hatte, auch Stalin selbst im neuen Kriegsfilm »Die Schlacht bei Stalingrad« spielte. Man wollte aber keinen Wettbewerb, diskutierte die Frage und entschied sich, dem Film über Stalingrad den Vorrang zu geben.[36]

Ein anderer Kriegsfilm, »Moskau schlägt zurück« (Regie: Leonid Warlamow und Ilja Kopalin, 1942), war ebenfalls Stalins eigene Idee. Und er soll seinem Filmminister sogar geheime Moskauer Gegenangriffspläne mitgeteilt haben, um den dokumentarischen Charakter des Streifens zu garantieren, aber auch den Gedanken, dass er als oberster Kommandeur Marschall Schukow den Rang ablaufe.[37]

Stalin war aber durchaus nicht geneigt, Dowschenkos »Ukraine in Flammen« (1943) in den Kriegskinos zu zeigen, obwohl er genau wusste, dass Dowschenko zu den begabtesten Regisseuren zählte und er selbst Dowschenko empfohlen hatte, »Schtschors«, die Lebensgeschichte des ukrainischen Tschapajew zu verfilmen (Stalin-Preis 1941). Diesmal war Stalin nicht zu bewegen, sein Urteil zu ändern. Er nannte den neuen Film in einer wohlgesetzten Rede an das Politbüro[38] eine »revisionistische, nationalistische Arbeit«. Dowschenko »hatte die einfache Wahrheit« nicht begriffen, dass »unser Volk, unsere Armee, unser Staat ohne die Liquidation der ausbeutenden Klassen nicht so mächtig wäre, so schlachtbereit und so einig, wie es sich heute im Kampf gegen die deutschen Imperialisten zeigt«. Stalin fühlte sich als oberster Kriegsherr angegriffen und betonte, dass »unser sozialistischer Staat keinen Angriffskrieg« gegen ein anderes Volk vorbereiten wollte, dass dieser Staat aber eine Verteidigung geplant hatte, »die es heute möglich mache, gegen die Okkupanten zu kämpfen«. Stalin war in diesem Fall unerbittlich, auch die revidierte Version des Films, »Chronik der flammenden Jahre«, wurde verboten und niemals öffentlich gezeigt.

Ein anderer Film, den Stalin nicht einmal bis zu Ende sehen wollte, denn er stürmte wortlos aus dem Vorführraum, war »Licht über Russland« (Drehbuch Nikolai Pogodin, Regie Sergei Jutkewitsch, 1947). Er ließ das Politbüro ratlos zurück. Schdanow wollte den Film über Lenins Elektrifizierung der

Sowjetunion sogleich verbieten, aber man einigte sich darauf, eine zweite Version anzufordern. Auch sie fand Stalins Beifall nicht, denn er glaubte, seine Mitwirkung an Lenins Projekt sei nicht genügend beachtet, die Lenin-Szenen seien überhaupt unauthentisch, und das Land erscheine als »rückständig«. Der Film wurde, wie Marjamow bezeugt, vernichtet.[39]

Das Schicksal anderer Filme war in Schwebe, solange sich Stalin nicht entschließen konnte, eine endgültige Entscheidung zu treffen, sei es nach wiederholten Inspektionen innerhalb eines Monats, sei es nach Vorführung einer korrigierten Version nach einem Jahr. »Maxims Jugend« (Regie Grigori Kosinzew und Leonid Trauberg, 1935) war der erste Teil einer Trilogie, welche die Lebensgeschichte eines jungen Mannes, sozusagen aus der Nachbarschaft, berichtet, der zu einem beispielhaften Bolschewiken heranreift.[40] Stalin sah den Film in Gesellschaft seiner Kinder zum ersten Mal am 11. Dezember 1935, glaubte aber, den Film noch einmal in Gesellschaft seiner Politbüro-Kollegen sehen zu müssen, um sein Lob und seine Einwände genauer definieren zu können, und so geschah es auch. Nicht genug, es folgten noch drei weitere Inspektionen (alle binnen eines Monats), ehe Stalin zu dem Schluss kam, dass der wagemutige Film die Partei in ihrer Funktion als politische Lehrerin nicht genug betone, die Regisseure und Schauspieler aber allen Lobes würdig waren, selbst wenn gewisse Momente des Streifens der Langweile nicht entbehrten. Der Film wurde zugelassen, und die Trilogie wurde ein bedeutender Kassenerfolg und Maxim (Darsteller Boris Chirkow) ein volkstümlicher Held.

Stalin sah »Maxims Jugend« fünfmal binnen eines Monats, aber seine kritischen Argumente gegen Pudowkins »Admiral Nachimow« (1946) waren schärfer formuliert, und Pudowkin musste eine neue Version nach Stalins Wunschliste herstellen, ehe der Film nach einem Jahr die höchste Zensur passierte. Nach seiner ersten Inspektion bezichtigte Stalin den berühmten Pudowkin (seine Gorki-Version der »Mutter«, einer heroischen Arbeiterfrau im Jahre 1905, hatte ihn weltberühmt gemacht) »historischer Unkenntnis«. In seinem Film über den Verteidiger Sewastopols zeige er »zwei oder drei Papierschiffe, der Rest ist Ballett, und alle möglichen Vignetten, um das Publikum zu unterhalten«. Pudowkin »kennt die Geschichte nicht«. Die Russen »nahmen doch eine ganze Gruppe türkischer Generäle gefangen«, aber der Film zeige das nicht. »Warum?« Vielleicht »weil es viel einfacher ist, ein Ballett vorzuführen«. Pudowkin war willens zu lernen. Er drehte die verlangten Schlachtszenen, verkürzte das Ballett und wurde mitsamt seinen Mitarbeitern prompt mit einem Stalin-Preis belohnt.[41]

9.

Es war die Neigung moderner Diktatoren, sich selbst in Figuren der realen Geschichte antizipiert zu sehen oder sich in den Charakterzügen anderer Gestalten analog wiederzufinden. Mussolini war nicht abgeneigt[42], Filme zu fördern, die einen antiken Herrscher oder einen Medici als Antizipation seiner Politik vor Augen führten, und selbst der Egotist Hitler setzte den Versuchen amtlicher Interpreten, Analogien seines Schicksals im Leben preußischer Kronprinzen zu finden, keinen Widerstand entgegen.[43] Die sakrale Gleichsetzung der historischen Gestalt und der Herrscher- und Erlöserfigur war eher eine sowjetische Besonderheit, in welcher der traditionelle Analphabetismus, der nach Bildern und nicht nach Worten strebt, und eine ererbte Frömmigkeit eine widersprüchliche Kombination bilden. Lenin, in Übereinstimmung mit seiner Gattin, war jeder Darstellung seines Lebens abgeneigt (genug die Wochenschauen, die Tissè drehte), aber nach seinem Tod oder seit Dsiga Wertows »Drei Lieder über Lenin« (1934) und anderen gab es kein Halten mehr. Und Stalin, auf den Kult seiner Person bedacht, initiierte und förderte selbst Antizipation, Analogie und Gleichsetzung. Christine Engels' neuere Geschichte des sowjetischen und russischen Films (1999) notiert achtzehn Lenin- und dreißig Stalin-Filme.

Das patriotische Spektakel, das sich der russischen Geschichte in »Alexander Newski« bemächtigte, wählte unter dem Zwang Stalins den monumentalen Weg, um der Montage und der Artistik Eisensteins zu entgehen. Und der zweiteilige Film über den Zaren »Peter den Großen« (einer von Stalins Lieblingszaren, nur Iwan stand ihm höher) sparte nicht mit didaktischen Hinweisen auf den Kriegshelden, den Reformator und den »Volkszaren« eines modernisierten Russlands.[44] Zu Beginn des ersten Teiles (1937) erleidet Peter eine vernichtende Niederlage gegen die Schweden, die ihm den Zutritt zu den Meeren streitig machen wollen. Aber er beginnt sogleich mit rationalen Maßnahmen, um den künftigen Sieg vorwegzunehmen: ein Edikt, das die Bojaren verpflichtet, je zwanzig ihrer Leibeigenen zur Armee abzukommandieren, Kreditverhandlungen mit den reichen Kaufleuten, eine neue Kanonenproduktion durch das Einschmelzen der Kirchenglocken und eine gesteigerte Erzproduktion im Ural. Und selbst die »Modernisierung« der Bojaren, denen die Bärte abgeschnitten werden, ergibt eine komische eher als eine barbarische Szene. Die Frauenschicksale sind durch die Realitäten der Historie gekennzeichnet. Ein Soldat namens Fedka erobert sich eine blonde Magd im Haushalt eines Pastors (Glück mit Namen) als »Kriegstrophäe«. Sie wird ihm durch den vorgesetzten Kommandanten abgenommen und landet im Bett des Zaren – Katharina, die künftige Zarewna.

Im zweiten Teil[45] des Films (1939) hat Zar Peter einen Sieg über die schwedischen Gegner errungen (bei Poltawa), und eine Allianz seiner europäischen Feinde, einschließlich Frankreichs, Englands und des Kaisers des Heiligen Römischen Reiches, beginnt sich abzuzeichnen, in deren Machenschaften sich sein Sohn Alexei zu verwickeln beginnt. Alexei kehrt aus Neapel nach Moskau zurück, wird (nach Verhaftung und hochnotpeinlicher Befragung seiner Euphrosyne) vom Staatssenat zum Tod verurteilt. Der schmerzliche Abschied des Vaters vom Sohn dauert nicht lange, denn Zar Peter muss an die Seefront, um einen neuen Sieg über die Gegner auszufechten, und die Frage neuerer Kritiker, ob dieser Film nicht gerade in seiner Entstehungszeit dazu beitrug, Stalins Terrorurteile gegen seine Widersacher zu rechtfertigen, hat ihre unverminderte Gültigkeit.

Die Reihe der Filme, die Stalins Alleinherrschaft glorifizieren, beginnt mit zwei Lenin-Filmen, in denen der Nachfolger Lenins eine deutlich sichtbare Rolle spielt. Die Arbeiten am Film »Lenin im Oktober« begannen Anfang August 1937, und der fertige Film ging, ein kleines Wunder, im November 1937 in die Kinos, um das Jubiläum der Revolution zu feiern.[46] Im Film kommt Lenin im frühen Oktober 1917 in Petrograd an und hat ein langes und geheimes Gespräch mit Stalin. Während einer Parteikonferenz am 10. Oktober stellt sich Lenin an der Seite Stalins gegen Trotzki, Kamenew und Sinowjew, ruft zum sofortigen Aufstand gegen die Regierung Kerenski auf, und Stalin im Verein mit Swerdlow trifft alle Vorbereitung zur Aktion. Die Regierung versucht die Arbeiter zu entwaffnen, aber Lenin eilt ins Smolny-Institut, das Hauptquartier der Aufständischen, die Revolutionäre besetzen strategische Punkte der Stadt, und Lenin, immer mit Stalin an seiner Seite, proklamiert die Machtübernahme durch die Sowjets.

Der andere Film, »Lenin 1918«, folgte binnen kurzer Frist, wieder mit Michail Romm als Regisseur und Boris Schtschukin als Lenin, und berichtete über die Ereignisse in den beginnenden Jahren des Bürgerkriegs.[47] Delegationen aus den Provinzen informieren Lenin über ihre Probleme. Stalin dirigiert den Sieg über die Feinde bei Zarizyn, und die Nachricht bestärkt Lenin, der nach dem Attentat Fanny Kaplans schwer verwundet darniederliegt, in seinem Lebenswillen. Als Lenin und Stalin wieder zusammentreffen, ermahnt Lenin seinen Freund und Helfer, eiserne Entschlossenheit sei notwendig, um die Revolution zu retten. Die Rolle Stalins übernahm in diesem Film zum ersten Mal der Georgier Micheil Gelowani (mit heimatlichem Akzent), und Semjon Golschtab, der Stalin im ersten Lenin-Film gespielt hatte, fuhr fort, als Stalin auf Provinzbühnen zu agieren. Stalin zog Gelowani vor, und als der Georgier Micheil Tschiaureli, Stalins später Lieblingsregisseur[48], drei Filme drehte, war es Gelowani, den Millionen bewunderten. Diese drei Filme waren »Der große Funke« (1938), »Der Schwur« (1946) und »Der Fall von Berlin« (1949), die Stalins Persönlichkeitskult auf der Leinwand, aber auch anderswo begründeten.

»Der große Funke« wurde in den Tifliser Ateliers hergestellt, der erste der Stalin-Filme über den allwissenden und allgütigen Herrscher, dessen Mythos Tschiaureli über die Kriegsjahre hinweg zu bilden beginnt, zunächst noch mit dokumentarischen Zügen, später in bedingungsloser Ergebenheit an das Idol. »Der große Funke« beginnt im Sommer 1917. Die Regierung Kerenski will den Krieg gegen die Deutschen bis zum Ende führen, aber die Soldaten an den Fronten glauben eher, der Krieg wäre eine Sache der reichen Leute, und beginnen mit den deutschen Soldaten zu fraternisieren. Drei Soldaten und eine Frau (ein Georgier, ein Ukrainer, ein Russe und die Krankenschwester Swetlana) verlassen die Front und gehen nach Petrograd, um authentische Nachrichten zu sammeln und eine Summe Geld, die sie gesammelt haben, an die Redaktion der *Prawda* weiterzugeben. Die Regierung, repräsentiert durch einen Menschewiken, und die Partei der Bolschewiken (Lenin) geraten aneinander. Die Regierung fordert die Fortsetzung des Krieges, die Bolschewiken sein Ende, aber Stalin rät Lenin, sich nicht mit der Regierung einzulassen, denn sie könnte versuchen, ihn zum Schweigen zu bringen. Lenin (der sich inzwischen auch als Familienfreund bewährt hat, denn die Mutter Swetlanas hat Einwände gegen ihren georgischen Bräutigam) verbirgt sich nicht weit von Petrograd, und Stalin ruft in einer Versammlung der Bolschewiken zur Revolution gegen die Regierung und den Krieg auf. Die Soldaten beginnen mit Lenin und Stalin gegen die Regierung und den Winterpalast zu marschieren, auch die Kanonen des Kreuzers Aurora (im Hafen) beginnen zu feuern, und Stalin prophezeit, dass die Welt »den großen Funken« nicht mehr vergessen wird (wie alle Stalin-Szenen später von den Zensoren geschnitten).

»Der Schwur« war der weitgespannteste Stalin-Film, denn er versuchte die sowjetische Historie vom Tod Lenins (1924) bis ins erste Nachkriegsjahr als Panorama zusammenzufassen. Stalin trifft immer wieder mit einer russischen Mutter namens Warwara zusammen, die sich, aller Opfer ungeachtet, in ihrer Bereitschaft, an Lenins und Stalins Bemühungen teilzunehmen, nicht beirren lässt. Ihr Gatte Stepan wird von Kulaken erschossen, übergibt ihr aber, ehe er stirbt, einen an Lenin adressierten Brief, der ihm die Konflikte genau schildert. Warwara begibt sich auf den Weg zu Lenins Residenz und stößt dort auf eine Versammlung von Trauernden, denn Lenin hat soeben das Zeitliche gesegnet. Am Sarg Lenins gelobt Stalin, in Gegenwart Warwaras und Tausender, die Einheit der Arbeiter und Bauern zu stärken, die Union der Sowjetrepubliken zu erhalten und zu erweitern, die Rote Armee zu rüsten und dem Klassenfeind Widerstand entgegenzusetzen, und Warwara übergibt ihm den Brief ihres Gatten. Sie nimmt teil an der Konstruktion eines Industrieprojekts in Stalingrad, aber Feinde stiften einen verheerenden Brand, und Warwaras Tochter Olga geht in den Flammen zugrunde. Als der Krieg ausbricht, geht ihr Sohn Sergei mit der Armee an die Front, ihr Sohn Sascha, in einer Tankabteilung mobilisiert, wird von den Deutschen gefangen und erschossen. Als der Angriff gegen Moskau fehlschlägt, entschließt sich Hitler (dessen Bild Tschiaureli noch beschäftigen wird), Stralingrad anzugreifen, wo die deutschen Heere kapitulieren. Nach Kriegsende wird Warwara in den Kreml eingeladen, wo sie Stalin persönlich und in Paradeuniform begrüßt und ihr mit Handkuss dafür dankt, so viele Opfer auf sich genommen zu haben. Sie, Warwara, macht es Stalin und den anderen Sowjetbürgern möglich, das Gelöbnis, das sie Lenin geschworen haben, zu erfüllen.

Micheil Tschiaurelis »Der Fall von Berlin«, der dritte seiner kanonischen Stalin-Filme, geht auf eine Initiative des Filmministers Bolschakow zurück, der wünschte, einen Technicolor-Film zum siebzigsten Geburtstag Stalins im Repertoire zu sehen.

Stalin selbst korrigierte das Drehbuch von P. A. Pawlenko (einschließlich einiger sprachlicher Wendungen, die ihm nicht behagten), und Gelowani übernahm wieder seine Rolle, aber zum letzten Mal, denn (wie Marjamow bezeugt) sein lokal georgischer Akzent war nicht geeignet, »den Führer aller Völker« glaubhaft darzustellen. Er wurde im Stalingrad-Film von Alexei Diki ersetzt, der sich bemühte, akzentfreies Russisch zu sprechen, obgleich ihm die Stalin-Rolle nicht behagte, denn er fühlte, er stelle »ein Monument aus Granit«, kein menschliches Wesen dar.[49]

Tschiaurelis »Der Fall von Berlin« war als historisches Panorama gedacht (mit dem Anspruch, dokumentarisch zu überzeugen), und mit und neben Stalin sind die Mitglieder des Politbüros zu sehen, Hitler und seine widerborstigen Generäle (Jan Werich, ein Tscheche und der ehemalige Gründer des antifaschistischen Prager Befreiten Theaters, überraschend in der Rolle Görings, zumindest im ersten Teil) und die Stars unter den Teilnehmern der Teheraner Konferenz, Winston Churchill und F. D. Roosevelt. Das Volk wird von dem Rekord-Stahlarbeiter Aljoscha und seiner geliebten Lehrerin Natascha inkarniert. Sie wird in ein deutsches Lager verschleppt, er an der Front verwundet, aber in Gegenwart des Befreiers Stalin finden sie wieder zusammen.

Die beiden Filmteile – im ersten die Vorbereitung des Angriffs auf Berlin, im zweiten sein Fall – sind gegensätzlich gearbeitet: Hitler schreit hysterisch, wenn er seinen unruhigen Generälen Befehle erteilt und ihre Meldungen entgegennimmt, dass die Russen wieder die Front durchbrochen haben. Im Gegensatz dazu die Unbewegtheit Stalins, der sich in Ruhe und Konzentration über die Karten beugt, ehe er seine wohlüberlegten Befehle an die loyalen Generäle erteilt. Dann Hitlers und Eva Brauns Selbstmord im Berliner Bunker (das Gift wird an seinem Hund erprobt) und Stalins feierliche Ankunft in Berlin – im ganz und gar unhistorischen Flugzeug (so wie Leni Riefenstahl den immerzu fliegenden Hitler darzustellen pflegte, den ein satirisch begabter Regisseur schon 1936 in einem Film mit dem Untertitel »Aus den Wolken kommt das Glück« parodierte). Stalin steigt, gleichsam in weißer Engelsuniform, aus dem Flugzeug, wohlgekämmt, wie aus einem Friseurladen, und die Lehrerin Natascha, die ihren Aljoscha wiedergefunden hat, tritt vor und küsst den Generalissimo, um ihm für die Befreiung aller zu danken.

Als Stalin diese Szene sah, soll er gefragt haben, »sehe ich wirklich so gut aus und so dumm«, und sein Darsteller Diki antwortete ihm später, er erscheine so, »wie sich das Volk Stalin vorstelle«. Und damit war der Generalsekretär offenbar zufrieden.[50]

10.

In der unmittelbaren Vorkriegszeit wollte man große Gestalten der russischen Geschichte im patriotischen Bewusstsein der Bürger wachrufen, und im Januar 1941 erteilte Schdanow dem Regisseur Eisenstein den staatlichen Auftrag, einen Film über den Zaren Iwan zu entwerfen und zu drehen. Ein späterer Briefentwurf Eisensteins an Stalin (1944) lässt allerdings keinen Zweifel daran, dass sich Eisenstein keinen Illusionen über den eigentlichen Auftraggeber hingab, denn er schrieb Stalin, er hätte den Film nach seinen »Instruktionen« realisiert.[51] Die Frage ist nicht abwegig, warum Stalin diesen wichtigen Auftrag, seinen grausamen Lieblingszaren betreffend, gerade Eisenstein erteilte, der nicht immer hoch in seiner Gunst stand. Eisenstein war allzu lange in Mexiko geblieben, in seiner diplomatischen Korrespondenz hatte ihn Stalin schon als »Deserteur« (oder noch Schlimmeres bezeichnet), und das politische Fiasko von »Beschinwiese« war keine besondere Empfehlung. Aber es war Schumjazki, der in unentwegter Opposition gegen Eisenstein verharrte, und nicht Stalin, und sobald Schumjazki die Notwendigkeit eines Berufsverbotes für Eisenstein zu fordern begann, kam es sogar zu einer Spaltung des Zentralkomitees (Stalin, Schdanow und andere für Eisenstein, allein Kaganowitsch gegen ihn), und Stalin gab Eisenstein die Möglichkeit, »Alexander Newski« zu drehen, ohne Montage und ganz nach Stalins Wünschen. Der

Erfolg des Newski-Films, den, nach amtlicher Angabe 23 Millionen Zuschauer sahen, überzeugte Stalin, ihm auch Iwan anzuvertrauen (Schumjazki, der Missliebige, wurde am 23. Juni 1938 hingerichtet).

Eisenstein fühlte sich durch die neue Aufgabe, deren Schwierigkeiten sich erst im Verlauf seiner Arbeit ergeben sollten, unmittelbar inspiriert und begann schon am 21. Januar 1941 seine ersten Gedanken zu skizzieren. Einen Monat später entwarf er 51 Szenen und fuhr dann fort, auf seiner Datscha in Kotowo[52] und in Alma-Ata (wohin man ihn und sein Team nach Kriegsbeginn evakuiert hatte) an einem Skript zu arbeiten, immer in engem Kontakt mit Filmminister Bolschakow, dessen Leitlinien er sich unterordnete. Bolschakow meinte, es sei nicht notwendig, die Allianz Iwans mit den Briten zu akzentuieren, und Eisenstein folgte ihm.

Im ersten Teil des Films wandelt sich die Legitimität des Zaren Iwan. Im Eingang findet seine feierliche Krönung durch die Kirche und die amtlichen Würdenträger statt (obwohl die Bojaren ihre Opposition nicht verbergen), aber nach vielen Schicksalsschlägen kehrt sich Iwan seinem Volk zu, gründet sein eigenes Armeekorps, die Opritschnina, aus Soldaten schlichter Herkunft, und lässt sich vom Volk selbst zum Zaren wählen. Auch die Heirat mit Anastasia, aus der Familie der Romanow, schenkt ihm kein ungetrübtes Glück (ein Freund geht ins Kloster, der andere hört nicht auf, sie als Unverheiratete zu sehen), und kaum hat Iwan geheiratet (im Film einmal, in der Geschichte siebenmal), fordert ihn der Khan von Kasan zum Krieg auf. Kasan fällt, denn das russische Heer unterminiert Festung und Stadt und jagt die Pulverfässer in den Gräben und Kellern in die Luft. Iwan kehrt schwer krank nach Moskau zurück, empfängt die letzten Sakramente, und der Streit um seine Nachfolge beginnt sich abzuzeichnen. Er selbst will seinen Sohn Dmitri als Nachfolger sehen, aber seine heimtückische Verwandte Eufrosinia eher ihren Sohn Wladimir, um den sich die Bojaren zu scharen beginnen. Während Iwan seiner Genesung entgegenzusehen beginnt, ermordet Eufrosinia Iwans Gattin mit einem Becher Gift, und der Zar beginnt an eine Strafe Gottes zu glauben. In diesem Augenblick ist es der Artilleriekapitän Basmanow, der ihm die Bildung einer eigenen Truppe empfiehlt, mitsamt seinem loyalen Sohn Fedor als Befehlshaber der neuen Opritschnina, welche allein die Interessen des Zaren verficht, und Iwan fasst den Mut, sich vom Moskauer Volk selbst in seinem Amt bestätigt zu sehen, sozusagen der erste »Volkszar« der Historie.

Im Juli 1942 publizierte Eisenstein einen Artikel in der *Iswestija*, in welchem er Iwans Grausamkeiten gegen seine Widersacher erörterte, ganz im Sinne des stalinistischen Regimes, »heute ist es ganz offenbar, dass, wer das Vaterland verrät, die Todesstrafe verdient, dass diejenigen, die zum Feinde ihres Mutterlandes übergehen, einer harten Strafe gewärtig sein müssen, und dass es notwendig ist, unbarmherzig gegen jene vorzugehen, welche die Grenzen ihres Geburtslandes dem Feinde öffnen«. Eisenstein fand sich, in seinen Erörterungen und in seinem Film, in das lebhafte Streitgespräch der Historiker über Tugenden und Laster Iwans verwickelt, nicht so sehr als Bundesgenosse des marxistischen Historikers M. N. Pokrowski, der die Klassenkonflikte eher betont hatte als die Persönlichkeiten der Herrscher. Eisenstein erschien seinen Zeitgenossen eher als Verbündeter des Historiker R. J. Vipper, der 1922 eine revisionistische Studie über Iwan publiziert hatte, die ihn zum tugendhaften Zaren erhob und die Gründung der Opritschnina (seiner Schutzstaffel) geradezu als demokratische Neuerung rühmte. Stalin selbst approbierte[53] in einem Brief an Bolschakow das Szenario am 13. September 1943 und wollte den Film so bald als möglich hergestellt sehen: »Das Drehbuch ist nicht schlecht ausgefallen. Genosse

Eisenstein ist seiner Aufgabe gerecht geworden. Iwan der Schreckliche als fortschrittliche Kraft in seiner Zeit und die Opritschnina als sein nützliches Instrument erscheinen nicht übel. Das Szenarium sollte so bald als möglich realisiert werden.« Das war Wasser auf Bolschakows Mühle, aber es war nicht einfach, mitten in der Kriegszeit einen aufwendigen Film herzustellen, und Eisenstein hörte nicht auf, von zwei, gar drei notwendigen Teilen zu sprechen. Die Produktion des ersten Teiles, in Alma-Ata, war im Juli 1944 beendet, Eisenstein schnitt noch einiges in Moskau. Stalin sah am 26. Dezember 1944 im Kreml zustimmend den ersten Teil, dann begann die Distribution in Stadt und Land, an der Front und im freundlichen Ausland. Im Vorfrühling 1947 war der Film endlich auch in New York zu sehen, und Bosley Crowther schrieb am 10. März in der *New York Times*, der Film sei von einer »monumentalen Eindringlichkeit, in welcher unsere Sinne von mittelalterlicher Majestät gesättigt werden«. Er fügte allerdings hinzu, Eisensteins Entwurf Iwans »sei auffallend totalitären Charakters«. Sein Zar »könnte ebensogut einer von Hitlers teutonischen Helden als ein im Staate Stalins verehrter Mann sein«. Dennoch: »Dieser Film ist ein Kunstwerk und sollte nicht von jenen versäumt werden, welche die Leinwand als Instrument der Ausdruckskraft sehen.«

Als man sich in Moskau entschloss, den Iwan-Film (Teil I) öffentlich vorzuführen, war noch nicht klar, ob er zuletzt aus zwei oder drei Teilen bestehen würde. Eisenstein beharrte noch, wie er in einem Radiovortrag betonte, auf seiner Idee einer Trilogie, der Filmminister wollte höchstens zwei Teile. Die konkrete Filmarbeit begann im Herbst 1945 in Alma-Ata, die Aufnahmen wurden noch im gleichen Jahr beendet, und Eisenstein hatte die Chance, als sein eigener Redakteur zu schneiden. Aus Gründen: Kritische Zeitgenossen, darunter Wiktor Schklowski und Grigori Alexandrow, die Gelegenheit hatten, die Entwicklungen zu verfolgen, sparten nicht mit Einwänden, und selbst Pera Ataschewa, Eisensteins Gattin, riet ihm, »Onkel Joe« zufriedenzustellen und Iwan schon im zweiten Teil als Sieger aus den kriegerischen Konflikten hervorgehen zu lassen.

Im zweiten Teil des Films schließen sich die Widersacher Iwans enger zusammen, um ihm die Herrschaft streitig zu machen. Prinz Staritski, einst ein enger Vertrauter des Zaren, huldigt dem König von Polen, und die Bojaren, die (nach dem Willen des Zaren) ihre Ländereien nun mehr verwalten sollen, anstatt sie zu besitzen, organisieren eine unversöhnliche Verschwörung. Der Opritschnik Fedor glaubt alle Beweise in der Hand zu haben, die Eufrosinia als Mörderin Anastasias, der Zarewna, identifizieren, aber der Zar will sich noch selbst von der Gültigkeit dieser Beweise überzeugen. Die Bojaren planen, Eufrosinias Sohn Wladimir, nach einem Attentat auf Iwan, zum Zaren zu erheben. Iwan und Fedor, die mehr von der Verschwörung wissen, als die Bojaren ahnen, laden Wladimir zu einem Bankett ein, und Fedor macht ihm den Vorschlag, für einige Augenblicke doch den Zaren Iwan (dessen Ornat und Thron man bereitgestellt hat) zu spielen. Der gedungene Mörder tötet ihn, weil er glaubt, den echten Zaren vor sich zu haben. Eufrosinia glaubt, ihr Augenblick sei gekommen, aber sie muss erkennen, dass der Leichnam ihr eigener Sohn Wladimir ist. Der Zar verurteilt sie und erklärt, dass seine inneren Feinde besiegt seien und dass er von nun an all seine Macht gegen die äußeren Feinde seiner Herrschaft kehren werde.

Zwischen dem Februar und dem September 1947 nahmen die Diskussionen eine dramatische Wendung. Nach neueren Dokumenten soll Bolschakow den zweiten Teil Stalin, Lawrenti Beria und anderen vorgeführt haben, die ihn fast entsetzt ablehnten (ein »Alptraum«, so Stalin). Der Generalsekretär rügte vor allem den orgiastischen Tanz der Opritschnina und den willenlosen Iwan, »eine Art von Hamlet«.⁵⁴ Im August beschäftigte sich das Zentralkomitee mit vier problematischen Filmen, einschließlich »Iwan der Schreckliche«, Teil II, das Ergebnis der Diskussion wurde am 4. September veröffentlicht (Stalins Einwände wiederholend). Und Eisenstein und Tscherkassow, der Darsteller des Iwan, richteten einen Brief an Stalin, in welchem sie ihre Absicht betonten, den Film revidieren zu wollen, und um eine Audienz baten, um notwendige Fragen im Einzelnen erörtern zu dürfen.

Stalin lud die beiden Briefschreiber mit einiger Verspätung, die er mit seiner Arbeitsüberlastung entschuldigte, am 26. Februar 1947 zu einem Gespräch in Gegenwart Schdanows und Molotows in den Kreml ein, und die Diskussion dauerte von elf Uhr nachts an mehr als zwei Stunden lang. Das Gespräch wiederholte die Einwände Stalins, und die Antworten der Filmgäste waren nicht die überzeugendsten. Die Opritschnina, sagte Stalin, war »schlecht abgebildet«, denn es war, zum Unterschied von der feudalen Armee der Bojaren, ein »königliches Heer, eine reguläre, fortschrittliche Armee«, nicht, wie im Film gezeigt, ein »Ku-Klux-Klan«. Zar Iwan war im Film eher »Hamlet« als Zar, immer »unentschieden«. »Alle raten ihm, was er tun soll, aber er selbst entscheidet nicht, was er tun soll.« Stalin wird nicht müde, ihn »einen großen und weisen Herrscher« zu nennen (zehn Klassen über Ludwig XI.). Er war »wahrhaft grausam«, sein Fehler war, die fünf mächtigsten Bojarenfamilien nicht »zu liquidieren«. Er sperrte jemanden ein, »tat dann lange Buße und betete«, und Gott »mischte sich in seine Arbeit«. Das Ergebnis des Gesprächs blieb offen; die beiden Bittsteller wollten den Film noch einmal überarbeiten⁵⁵, aber Eisenstein widmete sich in der Folgezeit vor allem seinen theoretischen Essays, und ein Herzinfarkt setzte seinem Leben am 11. Februar 1948 ein Ende. Er hinterließ seinen

Freunden und Widersachern den zweiten Teil, ohne den Film je nach Stalins Einwänden korrigiert und ohne sich Stalin noch einmal unterworfen zu haben, demonstrativ, in seiner originalen Gestalt.

DANKSAGUNG

Hier bietet sich mir endlich die erwünschte Gelegenheit, allen jenen zu danken, die meine Arbeit durch Rat und Tat gefördert haben, vor allen anderen meiner Frau Paola, die mir nahelegte, meine 95. Geburtstagstagfeier als eine produktive Herausforderung und nicht ein Signal wachsender Resignation zu interpretieren. Ich danke der Yale University Library, die mir von früher her vertraut war, und der Rutgers University Library, die mir ihre Sammlungen öffnete und durch den Interlibrary Loan Service Zugang zu amerikanischen und europäischen Büchersammlungen ermöglichte. Mein Dank gebührt den Brünner und Wiener Redaktionen des Sammelbandes »Děti v Brně« (2015) und der Zeitschrift *Transit* (Folge 41), die es mir gestatteten, einige Seiten meiner Kino-Erinnerungen in mein Vorwort aufzunehmen. Nadya Lushina war die Erste, die mir die bibliografischen Wege in die russische Filmliteratur ebnete (ehe sie an die Universität Gießen zurückkehrte), und dann war es Liya Zalaltdinova, die mir mit Umsicht und Wissen in meiner Arbeit weiterhalf, bevor sie ihre linguistischen Seminare an der Universität von Albany (New York) begann. Lidia Levkovitch, russische Lektorin an der Rutgers University, war eine Mitarbeiterin, die meine Expeditionen in die kritische Literatur stabilisierte und viele meiner Fragen mit ausführlichen Memoranda beantwortete, die eigentlich selbständige Essays zu sowjetischen Filmfragen bilden könnten. Ich verbrachte viele Monte des Jahres 2016 in Rom (wo sich meine Frau eines Forschungsstipendiums an der Amerikanischen Akademie erfreute) und war täglich im Deutschen Historischen Institut an der Via Aurelia Antica zu finden, wo ich die freundlichste Aufnahme fand und dank der

Fürsorge von Frau Diplombibliothekarin Elisabeth Dunkl und Herrn Dr. Thomas Hofmann mit den Publikationen aus den unerschöpflichen Beständen des Instituts zu arbeiten vermochte, und wenn notwendig, mit seltenen Dissertationen aus fernen deutschen Universitätsbibliotheken (mit Flugpost herangeholt). Meine Bozner Cousine Alma Moroder förderte meine Arbeit im Laufe ihrer slawistischen Studien, indem sie mir zwei seltene Essays Lunatscharskis in alten Zeitschriften lokalisierte, und ich danke ihr herzlich für Mühe und Aufmerksamkeit. Aus Berlin kam eine andere gute Nachricht, denn Frau Sabine Tolksdorf benachrichtigte mich, dass es mir gestattet sei, aus den spanisch publizierten Filmessays Margherita Sarfattis in der Zeitschrift *Revista international del cine* (1933, Standort Staatsbibliothek Berlin) zu zitieren, und das tat ich auch, gerne und mit Notwendigkeit.

Der deutsche Text meines Buches verdankt seinen Zusammenhalt und seine Einheitlichkeit der Germanistin Susan Doose, die (ungeachtet ihrer Arbeit an ihrer eigenen Rutgers-Dissertation) nicht zögerte, meine Arbeit in allwöchentlichen Sitzungen mit neuen Büchern und elektronisch zu fördern. Sie kontrollierte Namensgebung und Transliteration der russischen Terminologien (nicht die einfachste der Fragen), bereitete viele Versionen des wachsenden Textes vor, wie sie das Lektorat benötigte, und beschäftigte sich zuletzt auch noch mit Fragen der Illustrationen, wie sie in einem Filmbuch notwendig sind. Wenn man von einer hochqualifizierten und verlässlichen wissenschaftlichen Mitarbeiterin sprechen darf, ist das Wort am rechten Ort, und ich habe allen Grund, ihr für alle Mühe und Selbstlosigkeit aufrichtig zu danken.

ANHANG

LENIN

Bibliografie

Brigit Beumers, A History of the Russian Cinema. Oxford/New York 2009.

G. Boltjanskij, Lenin i Kino. Moskva 1925.

Christine Engel (Hrsg.), Geschichte des sowjetischen und russischen Films. Stuttgart 1999.

Sheila Fitzpatrick, The Commissariat of Enlightenment: Soviet Organization of Education and the Arts under Lunacharsky. Cambridge 1970.

A. M. Gak, Samoe vazhnoe iz vsekh iskusstv: Lenin i Kino. Moskva 1973^2.

Peter Kenez, The Birth of the Propaganda State: Soviet Methods of Mass Persuasion 1917–1929. New York 1985.

Peter Kenez, Cinema and Soviet Society 1917–1953. New York 1992.

Jay Leyda, Kino: A History of the Russian and Soviet Film. Princeton 1960/1983.

V. Listov, Lenin i Kinematograph: 1917–1924. Moskva 1985.

V. Listov, »Early Soviet Cinema: 1917–1924«, Historical Journal of Film, Radio, and Television 1991, 11.2, S. 121–127.

A. V. Lunačarskij, Kino na zapade i u nas. Moskva 1928.

Sheila Och, Lenin im sowjetischen Spielfilm. Frankfurt 1992.

Robert Payne, The Life and Death of Lenin. New York 1964.

Dmitrii Pisarevskii, 100 Soviet Films. Moscow 1967.

Peter Rollberg, Historical Dictionary of Russian and Soviet Cinema. Lanham/Toronto 2009.

Victor Sebestyen, Lenin the Dictator: An Intimate Portrait. London 2017.

Richard Taylor, The Politics of Soviet Cinema: 1917-1929. Cambridge 1979.

Richard Taylor/Ian Christie (Hrsg.), The Film Factory: Russian and Soviet Cinema Documents: 1896–1939. Cambridge 1988.

Denise Youngblood, Soviet Cinema in the Silent Era, 1918–1935. Ann Arbor 1985.

Denise Youngblood, Movies for the Masses. Popular Cinema and Soviet Society in the 1920s. Cambridge/New York 1992.

Anmerkungen

1 Payne (1964), S. 654; Werner Hahlweg, Lenins Rückkehr nach Russland. Leiden 1956.
2 Instruktive Einzelheiten bei Peter Kenez (1985).
3 Fitzpatrick (1970).
4 Vgl. Natalja Lunačarskij Rosenel, Pamyat' serdca (Erinnerungen). Moskva 1962.
5 Frances H. Early, A World without War. Syracuse 1977. Charles Recht in Verbindung mit den radikalen Feministinnen seiner Epoche.
6 Terezínská pamětní kniha, Praha (Melantrich), I–III, 1935. Theresienstädter Gedenkbuch, I–III, 606, 995; 288, 1104; 841.
7 Rechts gesamter Nachlass gesammelt in der Taminent Library/ Robert F. Wagner Labor Archives, New York University.
8 Gak (1973²), S. 209.
9 Vgl. ebd., S. 204.
10 Vgl. ebd., S. 208.
11 Vgl. ebd., S. 42; zum Teil übersetzt ins Englische in: Taylor/Christie (1988), Doc. 12, S. 56.
12 Leyda (1960), S. 160/61.
13 Vgl. ebd., S. 126/27.
14 Vgl. Taylor/Christie (1988), S. 94–97.
15 Ebd., S. 154–159. Aus: Komsomolskaja Prawda, 15. Dezember 1926.
16 Lunačarskij (1928).
17 Vgl. Taylor/Christie (1988), S. 50–52.
18 James C. Scoville, »The Taylorization of V. I. Lenin«, in: Industrial Relations. A Journal of Economy and Society. XL, 4, S. 620–625.
19 Exzerpte aus Frederick W. Taylor, Seubert und Gilbreth, in: Lenin, Collected Works, Vol. 39, Notebooks on Imperialism. Moskva 1968, S. 152–156.
20 Vgl. Scoville, S. 621.
21 Vgl. ebd., S. 623.
22 Vgl. Gak (1973²), S. 203/04; Boltjanskij (1925), S. 27/28.
23 E. Drabkina in: Gak (1973²), S. 141–144. Ursprüngliche Publikation 1965.
24 Vgl. Gak (1973²), S. 204; Boltjanskij (1925), S. 28.
25 Vgl. Gak (1973²), S. 205; Boltjanskij (1925), S. 30.
26 Vgl. Gak (1973²), S. 205.
27 Vgl. ebd., S. 206.
28 Vgl. ebd.
29 Vgl. ebd., S. 141.

30 Vgl. Gak (1973²), S. 143; Iswestija, 22. November 1918, S. 4.
31 Vgl. Gak (1973²), S. 147; Kino-Front 1947, 13/14, S. 4.
32 Vgl. Gak (1973²), S. 150; Boltjanskij (1925), S. 25.
33 Vgl. Gak (1973²), S. 147.
34 Vgl. ebd., S. 141.
35 E. K. Tissè, »Zametky Kinooperatora«, in: Gak (1973²), S. 171–175. Ursprüngliche Publikation 1959.
36 Rashit Yangirov, »Onwards and Upwards! The Origins of the Lenin Cult in Soviet Cinema«, in: D. Spring/R. Taylor (Hrsg.), Stalinism and Soviet Cinema, London/New York 1993, S. 17–35.
37 Vgl. Gak (1973²), S. 193.
38 Vgl. ebd., S. 192; Frau Krupskaja klagte, dass ihr Gatte wenig von Capri zu erzählen wusste (kein Wort über die Filme). N. K. Krupskaja, Reminiscences of Lenin. London 1960, S. 194.
39 Vgl. Krupskaja, S. 176.
40 Vgl. Gak (1973²), S. 193.
41 E. Drabkina in: Gak (1973²), S. 141–144.
42 Listov (1985), S. 135–139, 148–150 etc.
43 Lenin through the eyes of Lunacharsky. Moscow 1980, S. 110.
44 Listov (1985), S. 148. Aus dem Nachlass Lunatscharskis.
45 A. Goldovin in: Gak (1973²), S. 140. Ursprüngliche Publikation 1924.
46 Vgl. Kenez, Cinema and Soviet Society from the Revolution to the Death of Stalin. London/New York 2008, S. 42/43.
47 Ebd., S. 42.
48 A. E. Razumnij, U istokov. Vospominania Kinorezhissera. Moskva 1975 (die Pagina fehlt).
49 Vgl. Listov (1985), S. 155/56.
50 E. Yaroslavskij in: Gak (1973²), S. 180. Ursprüngliche Publikation 1929.
51 Boltjanskij (1925), S. 41–44.
52 Youngblood (1985), S. 17.
53 Vgl. Gak (1973²), S. 192.

MUSSOLINI

Bibliografie

Ruth Ben-Ghiat, Fascist Modernities: Italy 1922–1945. Berkeley 2002.
Peter Bondanella, A History of Italian Cinema. New York/London 2009.
R. J. B. Bosworth, Mussolini. London/New York 2001.
Gian Piero Brunetta, Cent' anni di cinema italiano. Roma 1991.
Carlo Celli/Marga Cottino Jones, A New Guide to Italian Cinema. New York 2007.
R. de Felice, Mussolini il revolutionario. Torino 1965.
R. de Felice, Mussolini il fascista: la conquista del potere. Torino 1967.
R. de Felice, Mussolini il fascista: l'organisazzione del stato fascista. Torino 1968.
R. de Felice, Mussolini il duce: l'anni del consenso. Torino 1974.
D. Forgacs/S. Gundle, Mass Culture and Italian Society from Fascism to the Cold War. Bloomington 2008.
L. Freddi, Il cinema: Il governo dell'imagine. Roma 1949.
Andrea Grewe/Giovanni di Stefano, Italienische Filme des 20. Jahrhunderts in Einzeldarstellungen. Berlin 2015.
Emil Ludwig, Mussolinis Gespräche mit Emil Ludwig. Berlin 1932.
Gino Moliterno, Historical Dictionary of Italian Cinema. Lanham/Toronto 2008.
Rachele Mussolini, La mia vita con Benito. Milano 1948.
Vittorio Mussolini, Vita con mio padre. Milano 1957.
Q. Navarra, Memorie del cameriere di Mussolini. Milano 1946.
Roberto Olla, Il Duce and his Women. Richmond 2011.
Jacqueline Reich/Piero Garofalo (Hrsg.), Re-viewing Fascism: Italian Cinema 1922–1943. Bloomington 2002.
Renzo Renzi (Hrsg.), Il cinema dei dittatori: Mussolini, Stalin, Hitler. Bologna 1992.
Steven Ricci, Cinema and Fascism: Italian Film and Society 1922–1943. Berkeley 2008.
Margherita Grassini Sarfatti, L'America, ricerca della felicità. Milano 1937.
Margherita Grassini Sarfatti, My Fault: Mussolini as I knew him, hrsg. von Brian R. Sullivan. New York 2014.
Imbert Schenk, Film und Kino in Italien. Essays zur italienischen Filmgeschichte. Marburg 2014.
Wolfgang Schieder, Der italienische Faschismus: 1919–1945. München 2010.

Wolfgang Schieder, Benito Mussolini. München 2014.
Denis Mack Smith, Mussolini: A Biography. New York 1982.

Anmerkungen

1. R. J. B. Bosworth (2001), Kap. 2, S. 35–49; Smith (1982), S. 1–4; Schieder (2014).
2. Z. B. »La poesia di Klopstock dal 1789 a 1795«, in: Pagine Libere (Lugano). 1. November 1908, Nr. 21; oder »La vita di Friedrich Nietzsche«, in: Avanti (Milano), 15. April 1912. Nr. 224. Vgl. Karl Uhlig, Mussolinis deutsche Studien, Jena 1941.
3. Vgl. Bosworth (2001), S. 50–66; Smith, S. 25–34.
4. Olla (2011), Kap. 4.
5. Olla (2011), Kap. 8. Leda Rafanelli, Una Donna e Mussolini. Milano 1946.
6. Karin Wieland, Das Leben der Margherita Sarfatti und die Erfindung des Faschismus. München/Wien 2004; Philip V. Cannistraro/Brian R. Sullivan, Il Duce's Other Woman. New York 1993; Margherita Grassini Sarfatti (2014).
7. Vittorio Mussolini, »Mio padre amava, semmai, il teatro«, in: Renzi (1992), S. 43–47; Ludwig (1932).
8. Christel Taillibert, L'Institut international du cinématographe éducatif. Paris/Montreal 1999, S. 63.
9. Ebd. (Luigi Freddi zitierend), S. 10.
10. Ebd., S. 100–101.
11. Vgl. Ernesto G. Laura, Le stagioni dell' Aquila: Storia dell' Istituto Luce. Roma 2000, S. 11–15.
12. Ebd., S. 17–20. Taillibert (1999), S. 63–69.
13. Laura (2000), S. 21.
14. Taillibert (1999), S. 63–65.
15. Bosworth (2001), S. 256, Ill. 17.
16. Nicola Mazzanti/Gian Luca Farinelli, »Lo spazio scenico del balcone«, in: Renzi (1992), S. 97-101.
17. Vittorio Mussolini, »Mio padre amava, semmai, il teatro«, in: Renzi (1992), S. 43–44.
18. Taillibert (1999), S. 68–70, 77–87.
19. Sarfatti (2014), S. 183–184.
20. Rachele Mussolini (1948), S. 28–29.
21. Ebd., S. 53.
22. Ebd., S. 68.
23. Ebd., S. 103–104.

24 Ebd., S. 96.
25 Ebd., S. 198.
26 Zitiert in: Smith (1982), S. 126.
27 Vgl. Olla (2011).
28 Vgl. Anmerkung 6.
29 Ricciotto Canudo (1877–1903). Sein Manifest über den Film als sechste Kunst wurde im Jahre 1911 publiziert.
30 Revista International de Cinema Educativo, 1933, V. 1, S. 5–7.
31 Revista International de Cinema Educativo, 1933, V. 2, S. 727–730.
32 Margherita Sarfatti (1937), Kap. XIII.
33 Simona Urso, Dal mito del Duce all mito americano. Venezia 2003.
34 Vgl. Antonio Spinosa, I Figli del Duce. Milano 1983, S. 69–75.
35 Vittorio Mussolini (1957), S. 49.
36 Edda Mussolini Ciano, My Truth. As told to Albert Zarea. New York 1977, S. 60.
37 Francesco Pitassio, »Unentschuldigte Absenz«, in: Armin Loacker (Hrsg.), Kunst der Routine. Der Schauspieler und Regisseur Max Neufeld. Wien 2008, S. 258–276.
38 Orio Calderon (Hrsg.), Il lungo viaggio del cinema italiano: Antologia di »Cinema« 1936–1943. Padova 1965.
39 Vgl. ebd., S. 263.
40 Vgl. ebd., S. LXXX.
41 Vittorio Mussolini, »Mio padre amava, semmai, il Teatro«, in: Renzi (1992), S. 46; Peter Brunella, A History of Italian Cinema. New York 2009, S. 53–58; Marcia Landy, Italian Film. Cambridge 2000, S. 214–215; Schenk (2014), S. 125–127; William van Watson, »Luchino Visconti's (homosexual) Ossessione«, in: Reich/Garofalo (2002), S. 172–195.
42 Richard Lewis Ward, A History of the Hal Roach Studios. Carbondale 2005, S. 100. Hal Roach war ein freundlich begrüßter Gast im Hause Mussolini gewesen, vgl. Vittorio Mussolini (1957), S. 73–74. Vittorio über seine amerikanische Reise: S. 77–78 ff. Sein Empfang im Weißen Haus: S. 79–81, einschließlich Eleanor Roosevelts Dankesbillett für seine roten Rosen.
43 Goebbels' Urteil: »Ein gut gemachter nationaler Film aus dem Abessinienkrieg. Aber künstlerisch nicht gut.« (7. November 1939), vgl. Felix Moeller, Der Filmminister. Goebbels und der Film im Dritten Reich. Berlin 1998, S. 80.
44 »liceal fascista« (Gianni Puccini), zitiert von Orio Calderon (1965), S. LXXX.
45 Philip V. Cannistraro (Hrsg.), Historical Dictionary of Fascism. Westport, London 1982, S. 233.

46　Freddi (1949), S. 300.
47　Ebd., S. 300–301.
48　Ebd., S. 313.
49　Als man gegen Chaplins »Modern Times« polemisierte, argumentierte Freddi, der Film sei gegen amerikanische Lebensverhältnisse gerichtet, und es sei widersinnig, ihn zensurieren zu wollen.
50　Cannistraro (1982), S. 565–566.
51　Aus einem Bericht Luigi Freddis, nach seinem Berlin-Besuch 1936, zitiert in: Benjamin G. Martin, The Nazi-Fascist New Order for European Culture. Cambridge 2006, S. 96.
52　Moliterno (2008), S. 79–80.
53　Ebd., S. 81–82.
54　Ludwig (1932), S. 210–213; Vittorio Mussolini (1957), S. 42–43.
55　Vittorio Mussolini (1957), S. 42–43.
56　Ricci (2008).
57　Moliterno (2008), S. 256–257.
58　G. Casadio, E. G. Laura, F. Cristiano, Telefoni bianchi: Realta e fizione nella societa e nel cinema italiano degli anni quaranti. Ravenna 1991; Gian Piero Brunetta (1991), S. 248–261.
59　Vgl. Ricci (2008), S. 95–104.
60　Freddi (1949), S. 400.
61　Vgl. Ricci (2008), S. 90–96.
62　Vgl. Goebbels, Tagebücher, 18. Februar und 21. März 1937 (»ein geräuschloses Verbot« erwägend).
63　Moeller (1998), S. 420.
64　Romano Mussolini, Il duce mio padre. Milano 2004, S. 93–94.
65　Freddi (1949), S. 169.
66　Über Zensurprobleme vgl. Mino Argentieri, La censura nel cinema italiano. Roma 1974. Hinweise bei Jacqueline Reich, »Mussolini at the Movies«, S. 3–29, in: Reich/Garofalo (2002).
67　Freddi (1949), S. 163–169.
68　Ebd., S. 397.

HITLER

Bibliografie

Steven Bach, Leni: The Life and Work of Leni Riefenstahl. New York 2007.
Nicolaus von Below, The Memoirs of Hitler's Luftwaffe Adjutant 1937–1945. London 2010.
Alan Bullock, Hitler: A Study in Tyranny. New York 1971^2.
Thomas Doherty, Hollywood and Hitler 1933–1939. New York 2013.
Bogusław Drewniak, Der deutsche Film 1933–1945. Ein Gesamtüberblick. Düsseldorf 1987.
Saul Friedländer, Auftakt zum Untergang. Hitler und die Vereinigten Staaten von Amerika. Stuttgart 1965.
Brigitte Hamann, Hitlers Wien: Lehrjahre eines Diktators. München 1956.
Ernst (Putzi) Hanfstaengl, Hitler: The Missing Years. London 1957.
Adolf Hitler, Mein Kampf I–II. München 1943 (851. Auflage).
Hitlers Tischgespräche im Führerhauptquartier, hrsg. von Henry Picker. Bonn 1951.
Hitler's Secret Conversations: 1941–1944, Einleitung von H. R. Trevor-Roper. New York 1953.
Heinrich Hoffmann, Hitler Was My Friend. London 1955.
Franz Jetzinger, Hitlers Jugend. Wien 1956.
Ian Kershaw, Hitler. Stuttgart 1998 (2 Bände).
Volker Koop, Warum Hitler King Kong liebte, aber den Deutschen Micky Maus verbot: Die geheimen Lieblingsfilme der Nazi-Elite. Berlin 2015.
Karl Wilhelm Krause, Zehn Jahre Kammerdiener bei Hitler. Hamburg 1950.
August Kubizek, Hitler, mein Jugendfreund. Graz 1953.
Carsten Laqua, Wie Micky Maus unter die Deutschen fiel: Walt Disney und Deutschland. Berlin 1992.
Heinz Linge, With Hitler to the End. The Memoirs of Hitler's Valet (übersetzt von Geoffrey Brooks). London/New York 2013.
Peter Longerich, Hitler: Biographie. München 2015.
Werner Masur, Adolf Hitler: Legende, Mythus, Wirklichkeit. München 1971.
Fritz Redlich, Hitler: Diagnosis of a Destructive Prophet. Oxford 1998.
Christa Schroeder, Er war mein Chef, hrsg. von Anton Joachimsthaler. München 2002.

John Toland, Adolf Hitler. New York 1976.

Ben Urwand, The Collaboration: Hollywood's Pact with Hitler. Cambridge 2013.

Fritz Wiedemann, Der Mann, der Feldherr werden wollte. München 1964.

Anmerkungen

1. Vgl. Urwand (2013), Kap. I, S. 10–43; Doherty (2013).
2. Kubizek (1953); Peter Longerich (2015), Prolog.
3. Kubizek (1953), S. 186.
4. Hitler, Mein Kampf (1943), Band II, S. 274–279.
5. Hitler, Secret Conversations (1953), S. 169.
6. Kubizek (1953), S. 155, 230; Jetzinger (1956), S. 197.
7. Hitler, Mein Kampf (1943), II, 11. Kap., S. 649 ff.
8. Ebd., S. 525–526.
9. Ebd., S. 278.
10. Bella Fromm, Blood and Banquets. New York 1990, S. 46.
11. Redlich (1998), S. 57.
12. Toland (1976), S. 229–230, 252–256; vgl. Joachim C. Fest, Hitler: Eine Biographie. Frankfurt 1973, S. 444–448.
13. Vgl. Angela Lambert, The Lost Life of Eva Braun. London 2006; Heike B. Görtemacher, Eva Braun: Life with Hitler (übersetzt von Damion Searls). New York 2011.
14. Hanfstaengl (1957), S. 221.
15. Krause (1950), S. 20.
16. von Below (2010), S. 16.
17. Linge (2013), S. 56–57.
18. Schroeder (2002), S. 186.
19. Wiedemann (1964), S. 69.
20. Lambert, The Lost Life of Eva Braun (2006), Teil IV, Abt. 17.
21. Linge (2013), S. 58.
22. Vgl. Felix Moeller, Der Filmminister. Goebbels und der Film im Dritten Reich. Berlin 1998, Kap. VI, Teil 2, S. 364–402.
23. Hitler, Secret Conversations (1953), S. 42 (Dok. 32).
24. Hitlers Tischgespräche (1951), S. 61 (Dok. 16), 103.
25. Vgl. Margarete Slezak, Der Apfel fällt nicht weit vom Stamm. München 1963, Kap. 5.
26. Vgl. Drewniak (1987), S. 949.
27. Moeller (1998), S. 103.

28 Vgl. Uwe Klöckner-Draga, Renate Müller: Ihr Leben, ein Drahtseilakt. Bayreuth 2006.
29 Vgl. E. R. Clements, Queen of America? The case of Renate Müller. London 1944.
30 Klöckner-Draga (2006), S. 219–233.
31 Vgl. Bach (2007).
32 Ebd., S. 77.
33 Leni Riefenstahl, Memoiren. München 1987, S. 154–155.
34 Bach (2007), S. 103.
35 Ebd., S. 97.
36 Ebd., S. 153–164.
37 Ebd.
38 Daniel B. Hinton, The Films of Leni Riefenstahl. London u. a. 1992², Kap. IV.
39 Bach (2007), S. 245–246.
40 Drewniak (1987), S. 622.
41 Ebd., S. 634.
42 Ebd.
43 Ebd.
44 Ebd.
45 Vgl. Wes D. Gehring, Laurel and Hardy. A Bio-Bibliography. New York 1990.
46 Drewniak (1987), S. 528.
47 Ebd., S. 823.
48 Moeller (1998), S. 331; vgl. Laqua (1992).
49 Drewniak (1987), vgl. Kap. 3 und 4.
50 Drewniak (1987): Das Mädchen Irene (S. 630), Stadt Anatol (ebd.).
51 Drewniak (1987): Der Fall Deruga (S. 634).
52 Vgl. Gehring (1990).
53 Vgl. Koop (2015).
54 Redlich (1998), S.124.
55 Kubizek (1953), S. 140.
56 Toland (1976), S. 157.
57 Moeller (1998), S. 78.
58 Hitlers Tischgespräche (1951), S. 63.
59 Ebd., S. 50.
60 Drewniak (1987), S. 632.

GOEBBELS

Bibliografie

Gerd Albrecht, Nationalsozialistische Filmpolitik. Stuttgart 1969.
Lída Baarová, Die süße Bitterkeit meines Lebens. Koblenz 2001.
Steven Bach, Leni: The Life and Work of Leni Riefenstahl. New York 2007.
Claus-Ekkehard Bärsch, Der junge Goebbels. Erlösung und Vernichtung. München 1995.
Bogusław Drewniak, Der deutsche Film 1933–1945. Ein Gesamtüberblick. Düsseldorf 1987.
Uwe Julius Faustmann, Die Reichskulturkammer. Aachen 1995.
Joseph Goebbels, Die Tagebücher, hrsg. von Elke Fröhlich, 32 Bände. München 1993–2008.
Joseph Goebbels, Die Tagebücher: Sämtliche Fragmente, hrsg. von Elke Fröhlich, München u. a. 1987.
Helmut Heiber, Joseph Goebbels. Berlin 1965.
Anja Klabunde, Magda Goebbels: Annäherung an ein Leben. München 1999.
Klaus Kreimeier, Die Ufa-Story. Geschichte eines Filmkonzerns. München 1992.
Peter Longerich, Goebbels: Eine Biographie. München 2010.
Klaus Jürgen Maiwald, Filmzensur im NS-Staat. Dortmund 1983.
Roger Manvell/Heinrich Fraenkel, Doctor Goebbels: His Life and death. London 1960.
Kai Michel, Vom Poeten zum Demagogen. Die schriftstellerischen Versuche Joseph Goebbels'. Köln 1999.
Felix Moeller, Der Filmminister. Goebbels und der Film im Dritten Reich. Berlin 1998.
Stanislav Motl, Lída Baarová/Joseph Goebbels. Prag 2009.
Susan Tegel, Nazis and the Cinema. London/New York 2007.
Toby Thacker, Joseph Goebbels. Life and Death. Houndmills 2009.
David Welch, Propaganda and the German Cinema 1933–1945. London 2001.

Anmerkungen

Um die Anmerkungen zu vereinfachen, sind die Zitate aus den Goebbels-Tagebüchern im Text selbst durch das Datum (in Klammern) identifiziert.

1. Longerich (2010), S. 22–27; Manvell/Fraenkel (1960), S. 1–41.
2. Vgl. Bärsch (1995), II, S. 1–2.
3. Moeller (1998), S. 67 (Gösta Berling).
4. Vgl. Longerich (2010), Abschnitte 2 und 3, S. 92–95.
5. Kreimeier (1992), S. 227.
6. Vgl. Thomas Hanna-Daoud, Die NSDAP und der Film bis zur Machtergreifung. Köln 1996.
7. Ebd., S. 45.
8. Moeller (1998), S. 60.
9. »Kampf um Berlin«, Hanna-Daoud (1996), S. 220–221.
10. Ebd., S. 129–131.
11. Albrecht (1969), S. 12–13.
12. Ebd., S. 439–442.
13. Ebd., S. 17–23.
14. Ebd., S. 23–24.
15. Ebd., S. 24–25.
16. Ebd., S. 27–28.
17. Vgl. Neue Deutsche Biographie, Berlin, 2007, XXIII, S. 640–641, Autorin: Ulrike Krone-Balcke.
18. Vgl. Reinhold Schünzel, Schauspieler und Regisseur (revisited), Cinegraph, hrsg. von Hans-Michael Bock, Jan Distelmeyer und Jörg Schöning. Köln 2009.
19. New York Times, Frank S. Nugent. 24. März 1937.
20. Kreimeier (1992), S. 303–312.
21. Drewniak (1987), S. 631.
22. Vgl. Richard Billinger, Der Gigant. Berlin 1937.
23. Steffen Jentner, Alfred Braun: Radiopionier und Reporter in Berlin. Berlin 1998.
24. Peter Demetz, Die Goldene Stadt: Ein Kapitel deutscher Filmgeschichte, Adalber-Stifter-Jahrbuch, München, XIII, 2009, S. 95–106; vgl. Ivan Klimeš, Veit Harlan: Zlaté město. Dějiny a Současnost, 5 (2003), S. 21–23.
25. Veit Harlan, Im Schatten meiner Filme. Selbstbiographie, hrsg. und mit einem Nachwort versehen von H. C. Opfermann. Gütersloh 1966; vgl. Siegfried Zielinski, Veit Harlan. Analysen und Materialien

zur Auseinandersetzung mit einem Film-Regisseur des deutschen Faschismus. Frankfurt 1981.
26 Florian Leimgruber (Hrsg.), Luis Trenker, Regisseur und Schriftsteller: Die Personalakte Trenker im Berlin Document Center. Bozen 1994; Einbürgerungsurkunde (Deutsches Reich) 9. September 1940.
27 Brief an die Reichsfachschaft Film, vom 11. Juni 1940 (Leimgruber).
28 Vgl. Trenker, Alles gut gegangen, Gütersloh 1989; Hans J. Panitz (Hrsg.), Luis Trenker ungeschminkt. Bilder, Stationen und Begegnungen. Innsbruck 2009.
29 Longerich (2010), S. 317.
30 Klabunde (1999), S. 266.
31 Baarová (2001), Kap. 33 und folgende.
32 Stanislav Motl, Lída Baarová/Joseph Goebbels. Die Schatten des Dritten Reiches. Prag 2009, S. 233–241 (reiches Bildmaterial).
33 Moeller (1998), S. 61 (Fußnote).
34 Longerich (2010), S. 41; Bärsch (1995), S. 72.
35 Moeller (1998), S. 299–300.
36 Drewniak (1987), S. 164–165 (Stand von August 1944).
37 Peter Cornelsen, Helmut Käutner: Seine Filme, sein Leben. München 1980; Wolfgang Jacobsen/Hans Helmut Prinzler (Hrsg.), Käutner. Berlin 1992.

STALIN

Bibliografie

K. M. Anderson (Hrsg., u. a. Redakteurin: G. L. Bondareva), Kremlevskii Kinoteatr 1928-1953. Dokumenty, Moskva 2005.

Maria Belodubrovskaya, Not According to Plan: Filmmaking under Stalin. Ithaca/London 2017.

Oksana Bulgakowa, Sergei Eisenstein: Eine Biographie. Berlin 1998.

Christine Engel (Hrsg.), Geschichte des sowjetischen und russischen Films. Stuttgart 1999.

Harry M. Geduld/Ronald Gottesmann (Hrsg.), Sergei Eisenstein and Upton Sinclair. Bloomington/London 1970.

E. C. Gromov, Stalin: Vlast i isskustvo. Moskva 1998.

Peter Kenez, Cinema and Soviet Society: From the Revolution to the Death of Stalin. London/New York 2008.

Oleg. V. Khlevniuk, Stalin: New Biography of a Dictator (übersetzt von Nora Seligman Favorov). New Haven/London 2015.

Steven Kotkin, Stalin: Paradoxes of Power 1878-1928. New York 2014.

Steven Kotkin, Stalin: Waiting for Hitler 1919-1941. New York 2017.

Jay Leyda, Kino: A History of the Russian and Soviet Film. Princeton 1960/1983.

G. Marjamov, Kremlevskij Tsensor. Moskva 1992.

Jamie Miller, Soviet Cinema: Politics and Persuasion under Stalin. London/New York 2010.

Simon Sebag Montefiore, Stalin: The Court of the Red Tsar. New York 2004.

I. A. Musskij, Sto Velikih Otechestvennyh Kinofilmov. Moskva 2005.

Maureen Perrie, The Cult of Ivan the Terrible in Stalin's Russia. New York 2001.

Peter Rollberg, Historical Dictionary of Russian and Soviet Cinema. Lanham/Toronto 2009.

Rimghaila Salys, The Musical Comedy Films of Grigorii Alexandrov. Bristol/Chicago 2009.

Dmitrij Ščeglov, Ljubov' i maska. Moskva 1997.

Marie Seton, Sergei M. Eisenstein. New York 1952.

Timothy Snyder, Bloodlands: Europe between Hitler and Stalin. New York 2010.

Rosemary Sullivan, Stalin's Daughter: The Extraordinary and Tumultuous Life of Svetlana Alliluyeva. New York 2015.

Richard Taylor/Ian Christie (Hrsg.), The Film Factory: Russian and Soviet Cinema Documents: 1896–1939. Cambridge 1988.

Robert Tucker, Stalin as Revolutionary 1879–1929. A Study in History and Personality. New York 1973.

Robert Tucker, Stalin in Power. The Revolution from Above 1928–1941. Cambridge/London 1990.

Denise Youngblood, Movies for the Masses. Popular Cinema and Soviet Society in the 1920s. Cambridge/New York 1992.

Anmerkungen

1 Montefiore (2004), S. 162, 516.
2 Tucker (1973), Kapitel 3; vgl. Kotkin (2014), S. 11–56.
3 Alexander Mikaberidze, A Historical Dictionary of Georgia. New York 2015, S. 228–231.
4 Anderson (2005), S. 81–92.
5 Montefiore (2004), S. 35; vgl. Khlevniuk (2015), S. 66.
6 Anderson (2005), S. 82–83.
7 Vgl. Leyda (1992), S. 435.
8 Anderson (2005), S. 83.
9 Ebd.
10 Vgl. Geduld/Gottesman (1970).
11 Ebd., S. 212.
12 Montefiore (2004), S. 162–163; vgl. auch Kotkin (2017), S. 219–220.
13 Leyda (1992), S. 314–318.
14 Anderson (2005), S. 949.
15 Ebd., S. 949–950.
16 Ebd., S. 950.
17 Ebd., S. 963.
18 Ebd., S. 1001.
19 Am 9. März 1936 sah Stalin den Film zum 38. Mal; vgl. Anderson (2005), S. 1050–1051.
20 Vgl. Sullivan (2015).
21 Rollberg (2009), S. 319–321.
22 Sullivan (2015), S. 622–623.
23 Vgl. Salys (2009).
24 Ebd., S. 303.
25 Musskij (2005), S. 115.
26 Valerii Golovskoi, »Legenda o Volge-Volge«, Kinovedcheskie zapiski, 69 (2004), S. 333–338.
27 Seton (1952), S. 453.

28 Bulgakowa (1998), S. 182.
29 Seton (1952), S. 372–379.
30 Bulgakowa (1998), S. 190.
31 Ebd., S. 199.
32 Ebd.
33 Vgl. Marjamov (1992), S. 7–11.
34 Anderson (2005), S. 975–976.
35 Marjamov (1992), S. 47.
36 Ebd., S. 27.
37 Ebd., S. 113–114.
38 Anderson (2005), S. 693–704.
39 Marjamov (1992), S. 94–97.
40 Leyda (1992), S. 440.
41 Marjamov (1992), S. 82.
42 Vgl. die Gestalten Scipios, des Afrikaners, und Giovanni de' Medicis in den entsprechenden Filmen; Steven Ricci, Cinema and Fascism: Italian Film and Society 1922–1943. Berkeley 2008, S. 88–102.
43 Vgl. die Gestalt des Soldatenkönigs Friedrich Wilhelm und des Kronprinzen Friedrich; Bogusław Drewniak, Der deutsche Film 1933–1945. Ein Gesamtüberblick. Düsseldorf 1987, S. 190–192.
44 Leyda (1992), S. 337–338, 442.
45 Ebd., S. 44.
46 Ebd., S. 341–342, 352.
47 Ebd., S. 444; vgl. die kritische Analyse des Films von Dwight Macdonald in: The Partisan Review. New York 1939, Bd. 5, Nr. 5, S. 55–57.
48 Rollberg (2009), S. 139–142; vgl. Kenez (2008), S. 208–212.
49 Marjamov (1992), S. 104–105.
50 Arsenij Zamostianov, Iosif Stalin v Kino: 12 Voploschenij. Istorik magazine: http://историк.рф/special_posts/сталин-в-кино/
51 Vgl. Perrie (2001).
52 Ebd., S. 150.
53 Ebd., S. 161.
54 Ebd., S. 173.
55 Ebd., S. 174.

BILDNACHWEIS

Lenin

- S. 23 A. W. Lunatscharski © John Massey Stewart/Mary Evans/picturedesk.com
- S. 25 Charles Recht © Courtesy of John Recht / Tamiment Library
- S. 41 Lenins Frau N. K. Krupskaja © Sammlung Rauch / Interfoto / picturedesk.com
- S. 43 Lenin, seine Schwester Marija und sein Arzt © Russian State Archive of Social and Political History

Mussolini

- S. 54 Margherita Sarfatti © ullstein bild – Frieda Riess / Ullstein Bild / picturedesk.com
- S. 57 Walt Disney mit seiner Frau Lillian und Luigi Freddi in Rom © Scherl / SZ-Photo / picturedesk.com
- S. 61 Mussolini legt den Grundstein für das neue Gebäude des Istituto Luce © ARCHIVIO STORICO ISTITUTO LUCE – CINECITTA' S.r.l.
- S. 64 Mussolini und seine Familie © ARCHIVIO STORICO ISTITUTO LUCE – CINECITTA' S.r.l.
- S. 75 Vittorio Mussolini © Ullstein Bild / picturedesk.com
- S. 93 Aus dem Film »Scipione l'africano« © Centro Sperimentale di Cinematografia

Hitler

- S. 108 Margarete Slezak © akg-images / picturedesk.com
- S. 111 Jenny Jugo © akg-images / picturedesk.com
- S. 115 Renate Müller © akg-images / picturedesk.com
- S. 119 Leni Riefenstahl mit Kameramann © ullstein bild Dtl. / Kontributor
- S. 128 Laurel und Hardy in »Swiss Miss« © Photo 12 / Alamy Stock Foto
- S. 133 »The Lives of a Bengal Lancer« (Bengali) © Photo 12 / Alamy Stock Foto
- S. 136 Hitler als Zuschauer © Hulton Deutsch / Contributor

Goebbels

S. 151 Reinhold Schünzel © akg-images / picturedesk.com
S. 153 »Amphitryon – Aus den Wolken kommt das Glück«, Komödie von Reinhold Schünzel © Deutsche Kinemathek – Horst von Harbou
S. 156 »Die goldene Stadt« © Friedrich-Wilhelm-Murnau-Stiftung, Wiesbaden
S. 163 Lída Baarová © akg-images / picturedesk.com
S. 165 Hochzeit mit Magda © ullstein bild – TopFoto
S: 179 Helmut Käutner © ullstein bild – Röhnert
S. 183 »Unter den Brücken« © Anton-Weber-Nachlass, Schellerten

Stalin

S. 188 Der junge Stalin © ullstein bild – adoc photos / Photographe inconnue
S. 197 »Tschapajew« © ITAR-TASS News Agency / Alamy Stock Foto
S. 202 Stalin und Tochter Swetlana (1936) © ullstein bild – Granger, NYC
S. 205 »Zirkus« © SPUTNIK / Alamy Stock Foto
S. 213 »Alexander Newski« © Mosfilm Cinema Concern, 1938

INHALT

Vorwort 7

Kapitel 1 LENIN 21
Kapitel 2 MUSSOLINI 51
Kapitel 3 HITLER 97
Kapitel 4 GOEBBELS 139
Kapitel 5 STALIN 187

Danksagung 233
Bibliografien und Anmerkungen 237
Bildnachweis 253